宁夏回族自治区产教融合示范专业——工商管理专业
宁夏回族自治区普通本科高等院校一流基层教研室

Practical Teaching Guide for
Business Administration

工商管理专业实践
教学指导书

王　悦　杨保军／编

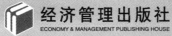

经济管理出版社
ECONOMY & MANAGEMENT PUBLISHING HOUSE

图书在版编目（CIP）数据

工商管理专业实践教学指导书/王悦，杨保军编 .—北京：经济管理出版社，2022.9
ISBN 978-7-5096-8714-7

Ⅰ.①工… Ⅱ.①王… ②杨… Ⅲ.①工商行政管理—教学研究—高等学校 Ⅳ.①F203.9

中国版本图书馆 CIP 数据核字（2022）第 173031 号

组稿编辑：杨国强
责任编辑：王格格　姜玉满
责任印制：黄章平
责任校对：陈　颖

出版发行：经济管理出版社
　　　　　（北京市海淀区北蜂窝 8 号中雅大厦 A 座 11 层　100038）
网　　址：www. E-mp. com. cn
电　　话：（010）51915602
印　　刷：唐山昊达印刷有限公司
经　　销：新华书店
开　　本：720mm×1000mm/16
印　　张：20
字　　数：348 千字
版　　次：2022 年 11 月第 1 版　　2022 年 11 月第 1 次印刷
书　　号：ISBN 978-7-5096-8714-7
定　　价：68.00 元

序①

一、新时代民族院校商科专业人才培养的要求

党的十九大报告明确指出，中国特色社会主义进入了新时代。在新时代大背景下，互联网、大数据以及生物技术等不断发展，促生着大量依托新技术、新知识形成的商业模式，新金融、新电商、新物流的产生形成了技术、知识与商业模式的深度融合，不断推动着商科专业教育的发展。变动不居的社会环境、快速发展的科学技术增加了教育变革的难度②。传统的基于知识驱动的商科教育模式不断被多学科深度融合的教育模式取代，来自政府、企业和社会的需求对高等院校商科人才培养提出了越来越高的要求。如何在传统教育经验基础上融合现代数据科学、智能科学、计算机科学的最新技术成为商科专业人才培养的重要突破方向。

（一）民族院校商科专业必须培养德才兼备的工商管理高层次人才

习近平同志在全国教育大会上指出："在党的坚强领导下，全面贯彻党的教育方针，坚持马克思主义指导地位，坚持中国特色社会主义教育发展道路，坚持社会主义办学方向，立足基本国情，遵循教育规律，坚持改革创新，以凝聚人心、完善人格、开发人力、培育人才、造福人民为工作目标，培养德智体美劳全面发展的社会主义建设者和接班人。"教育部的《高等学校课程思政建设指导纲要》指出："培养什么人、怎样培养人、为谁培养人是教育的根本问题，立德树人成效是检验高校一切工作的根本标准。"作为党的教育重要组成部分的民族高等教育更应在教育过程中承担起立德树人、培养德智体美劳全面发展的社会主义

① 杨保军. 创新创业教育导向的民族院校商科专业实践教学体系构建［J］. 黑龙江教育学院学报，2018，37（12）：51-54.
② 张曦，张志祯，王永忠. 新技术背景下教育新生态的建构与实践——以宁波市为例［J］. 中国电化教育，2017（9）：18-24.

建设者和接班人的重任。民族院校商科专业招生人数众多，深受学生欢迎，适应了民族地区经济社会发展的需要，因此就需要在教育过程中通过思政课程、专业课程、实践课程等多个环节加强培养，成为培养德才兼备的工商管理高层次人才的重要力量。

（二）民族院校商科专业人才培养必须体现新的商业思维

商业思维反映不同时期商业人才面对市场需求所具备的思维模式，是商业人才应对市场需求变化所形成的思考方式。在今天，来自市场竞争形成的新的商业模式、商业技术的应用，多学科交叉融合和计算机技术的大量应用促发了人们对商业形态、商业思维新的思考，商业人才需要逐步构建起"计算思维""数据思维""交互思维""哲学思维"以及"伦理思维"，这些思维的交叉融合是商业创新的动力源泉，给民族高等院校商科专业教育带来了巨大的挑战，使我们必须思考现有专业的内涵和外延以及教育模式。在以教师为中心的灌输式教育思维里，众多的民族高等教育工作积累了大量的教育经验，形成了经典的传统的商科教育思维。然而，在今天商业竞争的新时代里，传统的商科专业人才培养理念已经不能适应社会需求，决定了民族高等商科教育教学模式必须转型，以新的商业思维理念审视现有的专业内涵、教育教学方法，只有这样才能凸显民族高等教育在社会人才培养上的价值。

（三）民族院校商科专业人才培养必须体现出创新创业教育导向

专业教育一直是民族高等院校教育的核心内容，强调基于学校的办学条件、专业培养方向、课程设计形成符合专业要求的人才培养内涵。多年来，我国高等院校在专业教育上已经形成各有特点的专业教育模式。但是专业教育也存在自身难以克服的缺点：过于专业的教育使学生视野不够开阔，通识教育程度较低，基于学科背景的专业教育限制了学生专兼结合的能力培养，使学生创新能力和创业能力没有得到充分培养。因此，开展民族院校创新创业教育可以使学生将创新思维融入到专业学习中，从而不断提升学生的创新能力；鼓励学生学习创业知识，提升创业能力的氛围为学生提供了尝试创业的环境，从而在专业教育中融合创新创业教育，提升了学生的创业能力和创新能力，激发了学生的创业激情，从而提升学生的就业竞争力。创新教育是以培养学生创新思维、创新能力为核心的教育，创业教育是培养学生创业理念和创业知识，提升创业能力的教育。良好的创新创业教育是以严格的理论教育和实践教学为基础的，通过课堂教学、校内实验实训、校外实践等方式培养学生的创新创业知识和能力。民族院校肩负着培养少数民族地区经济社会发展需要的专门人才的使命，开展创新创业教育对不断改进民族院校专业教育、提升民族高等院校人才培养能力具有重要意义。

（四）民族院校商科专业人才培养实践教学体系必须体现出面向民族地区新经济建设需要的实践能力

现代高等教育已经逐渐由知识吸纳型教育向知识运用型教育、知识创造型教育转变，民族院校商科专业应用人才培养的特征决定了强化实践教学的重要性。面对当前及未来新经济的迅猛发展，传统的以教师为中心、以理论讲授为主的商科教育模式将逐步转变为强化学生专业实践能力提升、创新创业能力提升的教学模式。通过课程实验、专业综合实训实验，不断提升学生的企业感知能力、商科专业实践能力；通过创新创业项目指引，在创新创业导师的带动下，实现学生创业能力的提升；通过加强与企业深度融合培养的教学模式，建设实习基地，在专业导师、创新创业导师、企业导师的共同带动下，通过参与市场需求调查与分析、数据采集的需求分析、企业实践项目实施、企业课程实施、完成毕业论文或毕业设计，提升学生的创新能力，从而推进学生知识、能力和素质的全面提升①。

二、商科专业实践存在的问题

随着我国社会主义市场经济体制的日趋成熟和供给侧结构性改革的不断优化，促使商科专业在良好的商业氛围、商业政策等多方面因素的共同作用下迅速蓬勃发展，学校对培养学习者实践技能的重视程度也越来越高。例如，通过增加实践课数量、加强"双师"学院建设，教学质量得到明显提高。然而，学生所具备的实践技能与社会的实际需求之间仍有巨大差距。在培养实践技能的同时，也面临着许多课程实践中的疑惑和挑战。

（一）院校深化校外实践教学工作难以组织协调

商科管理类专业培养目标对工作实操性要求和创新性较高，规划学生进入中小企业从事实践工作以有效提高学生将知识转化为实践技能的能力、工作实操能力和创新性。但是，在实践中需要解决很多问题，使得这种行之有效的教学方法难以达到人才培养的预期目标。经过对整个实践教学模式的梳理，总结出具体存在以下几个问题：首先是难以寻找到合适的企业为学生提供匹配的工作岗位，商

---

① 杨保军. 基于融合视角的民族院校商科专业创新创业教育模式初探［J］. 民族高等教育研究，2018，6（3）：5-10+40.

科专业学生到企业开展实践活动对岗位的要求较高，尤其是岗位对于个人自身实践技能的提升程度尤为重视，学校通常希望找到可以应用教学知识和管理技能的职位。事实上，公司通常提供提升学生实践操作能力最有效的职位。其次，很难找到大量的管理类职位来满足学校实习要求，也就是说，企业往往无法提供大量的管理类职位供商科管理类专业学生做批量实习。最后，实践活动存在一定的管理问题和监管空白，学生的管理成本较高，商科专业学生实践即使安排在同一个城市，实际的实践工作所在地也难以集中。这无疑给学校安排校企实习合作带来诸多管理问题。商科管理类专业的校外实践教学工作需要企业提供足够且合适的实习机会，以提升学生实践技能的能力水平，另外学校因前期难以组织协调，后期难以监督管理而产生的相关问题导致商科专业学生的实践教学工作难以协调。

（二）学校培训不能发挥学生自身的主动性和积极性

通过校企合作的方式实习组织难度大、费用相对较高，一些高校将实习环节的重心转移到了学院实训室。在教学设计和规划模拟训练过程中，教师讲课、学生听课时常采用灌输式的教学法。这种做法只能导致理论知识的增加，而不能充分融合学生的行动和独立性、积极性，导致学生在实习和学习中的独立性、研究性、互动性无法得到充分有效的发挥，难以达到实践教学的预期目标和效果。所以，校内实践教学显然已经无法适应职业教育教学的需要和现有经济市场对于管理型人才的需求。

（三）现行的实践方式和内容不足以提高学生的适应能力和沟通能力

管理类专业的实训侧重点主要是教学示范和成果检查。培训的步骤流程大多是预先安排好的，步骤往往是静态的程序，整个训练过程就是一个严格的机械过程。学生在整个培训过程中，只需按照前面提供的分步说明进行操作即可获得实验指导书上标注的结果，但学生通常知其然而不知其所以然，往往无法理解实训的作用和重要性，导致在工作岗位上由于无法真正接触到复杂多变的现实经济业务，缺乏实践经验和实践能力从而显得无能为力。

三、商科专业实践教学体系构建

（一）北方民族大学商科专业实践课程体系设置

北方民族大学直属于国家民族事务委员会，是一所综合性民族类普通高等院校，学科门类比较齐全，其中，商科专业是招生人数最多的专业群，主要集中在商学院。近年来，商学院积极推动创新创业项目，将创新创业教育融入专业实践教学,逐步形成了基于创新创业导向的商科专业实践教学体系。在整个教学过程中,学生在教师的组织和指导下参加一定的实践活动,把书本知识运用于实践的教学环节,通过课程实验、专业实验实训、跨专业实训、社会实践、毕业实习、毕业设计等实践教学环节,配合管理理论教学培养,锻炼学生专业能力、创新能力和创业能力。在多年的实践教学探索中将各个实践教学环节合理配置,以应用能力培养为主体,按基本技能、专业技能和综合技术应用能力等层次,循序渐进地安排实践教学内容,将实践教学的目标落实到各个实践教学环节中,让学生在实践教学中掌握必备的、完整的、系统的技能和技术。为此,形成表 1 课程体系。

表 1 商科专业实践课程体系

教学范畴	学习目标	教学活动	课程模块
知识领域	理论体系	课堂讲授/课堂交流	课程实验
专业教育	培养学生思考问题	文献阅读/实践训练/ 学术交流讨论	专业实验课程 跨专业实践课程
创新教育	培养学生具有创新能力	学术交流/学术训练/ 专业比赛/产品设计	认知实习 创新创业比赛
创业教育	培养学生具有创业能力	专业实验/实习创业 项目训练/专业比赛 商业计划书训练	创新创业实践 毕业实习 毕业论文/毕业设计

(二)北方民族大学商科专业实践教学经验

上述教学实践活动突出了对学生创新意识和创新能力的培养,鼓励"学以致用",能充分调动学生的积极性,提高理论和实践相结合的能力,有助于培养既能够正确理解其至精通理论,又能够勇于实践、善于思考的专门人才。在人才培养方案中实践课程学分设置如表 2 所示。

表2 商科专业人才培养方案中实践课程学分设置

专业名称	课时总数 （小时）	课内教学 课时 （小时）	实验教学 课时 （小时）	学分总数 （分）	集中性 实践教学 环节学分 （分）	课内教学 学分 （分）	实验教学 学分 （分）	课外科技 活动学分 （分）	创新创业 教育 （分）
会计学	2682	1996	294	159	20.5	114.5	16	4	4
工商管理	2698	1942	348	159	21.5	112.5	17	4	4
物流管理	2698	1946	360	159	20.5	114	16.5	4	4
电子商务	2654	1894	368	159	20.5	110	20.5	4	4
财务管理	2654	2002	260	159	20.5	115	15.5	4	4

（1）丰富实践教学内容，构建以能力培养为主线、课内课外相结合的实践教学体系。在实践教学体系设计方面，实践课程分为集中性实践教学环节、课内教学环节、实验教学环节、课外科技活动环节、创新创业教育实践环节，实践环节保持在30%以上，将创新创业教育引入实践教学体系中，突出应用型培养的商科专业特色。

（2）在专业课程实践环节设置安排专业实践，培养学生创新创业的专业能力基础。完善工商管理实践教学环节〔实验、实习、实训、课程设计、毕业论文（设计）、创新制作、社会实践等〕，在原有的"三位一体"实践教学体系的基础上，建设"创新创业"实践教学环节，更好地培养学生的创新创业能力。构建以创新创业教育为导向，按照基本理论培养、专业技能打造以提升学生的综合实践动手操作能力、创新实践能力和创业实践能力。学院制定实践教学质量评估标准，开展实践教学质量评估与实践教学过程的双向同步监控。

（3）以创新创业实践项目和比赛为引导，积极开展创新创业教育。为推进创新创业开展，学院一方面从大二学生开始，学生自主组织团队，通过设计创新和创业实践课题，开展市场调研，进行创新实践项目和创业实践项目立项，最后以创新论文和创业计划书结项，学生在教师指导下，通过走入市场，开展调查研究，设计创新创业项目，得到创新创业教育。同时，学院积极促进学生参加各类创新与创业比赛，以赛带学，以赛代练，通过实验室全面开放，加强对学生自主实验的指导，引导学生参加国家、区级比赛，并计算学分，有效推进创新创业教育活动。

（4）加大实习基地建设，通过"3+1"校企联合培养，积极推进产教融合。

在人才培养模式设计中，为加强实践动手能力，培养学生理论结合实践，学院积极推进产教融合，通过"3+1"设计，在前三年进行专业教育、创新教育和创业实践教育，在第四年，通过校企联合培养方式，选择企业导师，学生带着创新与创业项目进入企业，开展实践教学。通过实习基地建设，在原有的39家实习基地的基础上，推进"实习带动就业""创业带动就业"的办学理念，有效地提升了学生的就业与创新创业能力。

在此教学框架中，根据民族院校学生的特点，北方民族大学商科专业实践教学体系以创新创业教育为导向，加强工商管理实践教学平台建设。根据商科专业人才培养特点，按专业认知实验、专业实训与实验、综合实践的实践教学体系的建设，投入专项资金建设基础实验室、专业实验室、创新创业实验室、实习实训基地和校企合作实训基地，以满足专业教育和创新创业教育的要求。为现在新技术和新经济不断影响下加强创新创业实践环节，学院通过购买软件，加强实验室建设，积极引入物联网技术、大数据技术嵌入到实践教学模块中；另外以服务换资源，通过为企业提供培训、管理咨询服务，联合开发具有民族地区特色的实训案例进课堂，深化校企合作培养，提升创新创业实践教学质量。

四、工商管理专业实践教学体系设计

工商管理专业是一门具有较强实践性的专业。经过工商管理学科培养的学生不仅需要具有良好的理论知识基础以及需要具备基本的操作方法，而且还需要具备运用所学理论知识识别、分析和解决实际生产经营活动中存在的问题的实践技能。学生只有具备创新和实操能力，才能更好地满足社会对管理人才的需求。因此，要培养具有实践应用能力和良好职业素质的本科应用型人才，势必要提升本科阶段实践教学的参与度，建立出色的课程体系和教学模式。

（一）工商管理专业实践教学的总体思路

在响应教育部和学校构建实用型本科工商管理类专业实践教学体系的要求和原则下，工商管理专业实践教学的思路如下：

（1）构建"实验、实训、实操"三重实践教学基础体系，打造统一的工商管理实践学习平台。形成"课程体验、综合培养、毕业实习"三个环节高度融合的实践教育体系，增强工商管理学科实践教学的灵活性。

（2）打造实践学习平台必须打破按学科划分经验和实习内容的模式，既要注意各门课程、各学科的差异性，又要兼顾学科间的联系与互动，充分整合不同课程，不同专业具备的优势资源，提升实践教学平台的开放性、共通性与灵活性。

（3）提高未来教学计划中设计实验与创新实验课的时间比例，加强综合课程实验、独立实验、创新实验的教学内容。

（4）研究开放型实验室的建立和运行，为学生实践能力的培养和全面提升提供平台。

（5）制定丰富的校外实践教学规则，适当地开展校企合作。让学生在校期间能够接触多种类型的组织与现实业务，最大程度上缩短学校理论知识学习与社会实际业务操作的差距。

（二）工商管理专业实践教学内容

1. 课程实验环节

在安排工商管理专业实践教学计划时，除了保证实验课程所需的课时外，内容也应尽量多样化、合理化，以增强学生的设计、创新和自主实验能力。为增强实践能力，营造良好的体验环境和交流平台，工商管理专业课程实验在利用信息技术构建体验式环境的基础上，除了物理教学外，还配合运用其他教学方法。同时，学生可以利用学校和学院以及自己拥有的先进计算机管理软件搭建合理的实验平台，营造良好的实验环境。因此，实践教学配套设施的选择非常重要。在选择教学配套软件时，要充分考虑其通用性和实际适用性，以及软件供应商的跟进能力和可持续服务能力，确保课程实验环节的实验率和完成率。拥有相关设施的条件，可采用实体现场教学与虚拟体验相结合的教学方式，让学生在体验中既有感性的自我认知和自我认同，又能应用相关理论知识，提高实践技能，巩固对理论知识的掌握。课程设计是针对所学课程开展的相关实践活动，因而课题的选择要充分考虑本专业的特色、未来的发展方向及当今社会的实际需求。在必修实验课程的基础上，教师可按照不同层级的难度和实验研究方向将每个实验划分为不同类型的实验课程，最大程度上挖掘学生潜能，提升学生特长能力水平。同时，设立开放性实验平台，为学生提供训练和实践能力持续提升的途径，使学生实现自主实践学习，让学生开展全天候、全方位的自主学习。

2. 毕业实习环节

毕业实习是学生获得实践技能相关知识，巩固课堂所学理论知识必不可少的实践教育环节。它是教学计划的重要组成部分，是实现专业培养目标的保证和前提。通过实习可以使学生更加清楚地了解与自己今后职业相关的信息，如职业规划、职业发展前景等，同时可以让学生清晰地认识到自己与实际社会工作存在的差距，间接起到开拓认知层次的作用，有助于未来个人工作岗位的选择。

第一，扩展对实习的理解。认知实践可以使学生提高自我认知和社会认知的感官知觉水平，了解企业的经营情况和业务内容等，为进一步掌握理解理论知识提供帮助。学生通常都是在短时间内去参观某个特定的公司，无法达到预期的参观效果。工商管理专业有广泛的就业选择，会被不同类型的组织录用，而不同类型组织的运作模式截然不同。因此，有必要创建涵盖各个学科、不同类型的实习模块，形成一套实践教学的规则，从而提高学生的实践能力。

第二，合理安排生产实习。生产实习是一种强调学生参与程度的、与专业密切相关的实践活动，是毕业实习前的准备与适应工作，应在专业课开设的过程中设置配套的生产实习实践活动，让学生实际参与企业的日常经营活动，或是模拟参与企业的运作活动，了解企业的运作流程、决策部署、经营策略等。加强理论知识与实践活动结合的过程，为以后的专业课程学习安排及明确自己的就业方向奠定基础。

第三，提高实习质量。毕业实习的目的在于通过沉浸式的教学方式，让毕业生参与到与本专业相关联的工作岗位当中，了解岗位的基本工作流程和所需要的相关工作技能，让学生更加深入地体会到自身掌握的理论知识与实际工作之间存在的差距。工商管理的毕业实习工作虽然已经开展了较长时间，但是仍然与教学大纲的目标和社会实际需要存在差距。一方面，学院应当加强对于本科生毕业实习的监督管理工作，监督学生参加实习并积极为部分学生提供合适的实习岗位；另一方面，学院可以建立校外实训基地或通过模拟系统辅助学生实习工作的开展，多措并举保证并提升实习的质量水准。

3. 实训环节

第一，系统化的实训课程安排。工商管理专业在校实训的教学工作主要涉及以下几项实训课程：一是跨专业实训，该教学工作是将商学院目前所有专业的学生采取自由结合的方式组成掌握各种专业知识的综合性团队，旨在通过不同专业的组合共同面对模拟经营中的问题并利用各专业的专业特长解决问题达成跨专业实训的目标，使学生通过实训了解企业的生产经营过程，提升知识的综合运用能力。二是地理 ERP 沙盘模拟、TOP-BOSS 模拟、创业实训等是工商管理专业特有的实训课程，这些实训课程以工商管理专业的发展方向为核心打造，学生通过在课程提供的平台中进行团队合作或是个人竞争的方式进行企业管理、管理职能角色模拟和模拟创业等实践活动，对专业知识有了更加清楚系统的认识，提升了学生知识转化为实践操作的能力，间接缩小了学校与社会和工作岗位之间的距离，提高了学生的综合素质能力水平。

第二，毕业论文环节。撰写毕业论文是实现本科教学和培养目标的重要环节，学生可以运用所学的基本理论知识和基本方法，探索和分析与专业相关的实际问题，建立初步的学术研究能力，并为撰写毕业论文进行技能训练。在毕业论文的选题、程序和规范化等方面，要求学生尽可能紧跟毕业设计要求，真正提高毕业论文的理论知识应用能力和实践动手能力。

第三，通过实际比赛，发掘学生潜在的创造力。针对工商管理专业，准备有效的竞赛模式，将理论知识、兴趣与竞赛有机结合，挖掘学生潜能、激发和调动学生的积极性。学生在激烈的竞争中充分发挥自己的综合实践能力，更有利于学生对管理思想的理解，对市场运作模式的了解，从而提高学生的综合实践能力。比赛方式可以灵活多样，可以是同一个专业，也可以是多学科的学生通过团队合作在同一阶段竞争。还可以参加许多社会组织举办的比赛，如用友软件有限公司主办的大学生创业大赛、ERP 沙盘模拟大赛等。

第四，丰富第二课堂，多渠道开展社会实践活动。第二课堂是人才培养的重要组成部分，是进一步培养学生创新实践能力的重要途径之一，是提高学生就业竞争力的有效手段。高校要充分利用课外时间，提高对第二课堂建设的重视。例如，组织学生广泛参与各种专业协会的社会实践活动。同时，让具有一定创新能力的学生在校期间参加不同类型、不同层次的科研活动，有助于提高他们的科研能力和实践能力。科研活动可由学校学生自主审批，也可吸收部分符合条件的学生参与教师科研工作，进一步拓宽应用型人才的培养渠道。

工商管理专业实践教学体系的建设与完善任重而道远，遵循实践型本科工商管理专业的教学规律，秉承"重实践、强能力"的教育教学理念，以实践教学改革为突破口，以校内外实训环节建设为抓手，以培养高素质的实践应用型人才为目标，对工商管理专业实践教学不断优化改革与持续创新，构建符合工商管理专业实践教学规律的、满足专业人才培养目标的实践教学体系，以铸牢中华民族共同体意识为主线，培养出适应民族地区需要，适应现代商科发展需要的高素质应用型工商管理人才。

目　录

第一章　课程实验教学

第一节　管理学课程实验

一、实验目的及要求

管理学是一门实践性极强的课程，"管理"本身是实践活动的过程。北方民族大学商学院面向全院六个本科专业学生在大一第一学期开设"管理学课程"，低年级新生刚刚从高中进入到大学，几乎没有社会经验，对企业缺乏了解，没有学习过任何工商管理方面的专业知识，刚一开始接触管理学，完全不知所云。因此管理学的教学必须结合一定的实践活动进行，通过情景模拟、案例分析等理论联系实际的教学内容，不但可以提高学生的学习兴趣，巩固应掌握的学科基础理论知识，还可以培养和提升学生运用管理知识发现问题、分析问题和解决问题的实践能力，以便更加高效地达到本课程的预期教学目标。具体目标包括：

（1）激发学生的学习兴趣，较好地掌握相关理论知识；

（2）能够理论联系实际，提升学生的实践操作能力；

（3）培养学生具备管理者的基本知识和技能；

（4）为学生后续相关课程的学习奠定良好的理论基础；

（5）培养学生独立发现问题、分析问题和解决问题的能力；

（6）满足学生创业的需求。

二、实验内容（见表1-1）

表1-1 管理学课程实验内容

	实验项目名称	课时	实验目标、要求
实验一	环境分析与问题界定	4	课余时间利用网络或图书馆公开发表的文献资料搜集一家企业的相关资料，应用环境分析的方法分析该企业的内外部环境，发现问题并提出解决方案
实验二	模拟商业计划书的写作	4	通过成立创业小组，各自确定创业方案，完成商业计划书的写作并以PPT形式进行汇报
实验三	决策的过程	4	情景模拟：沙漠求生，掌握决策过程的六个阶段及其影响因素，体会群体决策与个体决策各自的优缺点
实验四	测试你的领导风格	2	学生通过自测能够直观地理解领导风格与管理风格的区别，更清醒地认识自己所具备的领导素质，有的放矢地锻炼培养自己
实验五	人际关系技能测评	2	培养学生与陌生人人际交往的能力、与他人沟通的能力

三、参考课时

第1、第2、第3板块各4课时，第4、第5板块各2课时，共16课时。

四、实验材料

硬件：多媒体教室；

软件：无；

材料：依据实训内容准备。

五、考核方式

出勤情况：20分；

纪律表现：20分；

实训报告：60分；

考核分为四个级别：优秀、良好、合格、不合格。

优秀：能在规定时间内完成所有任务的90%以上者；

良好：能在规定时间内完成所有任务的80%～90%者；

合格：能在规定时间内完成所有任务的 60%~80%者；

不合格：能在规定时间内完成所有任务的 60%以下者。

六、实验教学内容

（一）实验一：环境分析与问题界定

1. 实验目的

本实验根据企业内外部环境分析方法的教学内容和教学重点的要求设计，以达到通过案例训练培养提高学生查阅资料、分析问题、解决问题的实践能力的作用。

2. 实验内容与步骤

步骤一：利用迈克尔·波特的"五力模型"分析企业的竞争环境。利用"PEST 模型"分析企业的宏观环境，利用 SWOT 分析技术综合分析企业的内外部经营环境。既要考虑企业的现实外部经济环境，又要考虑企业未来发展的经济环境，从而确定企业主要产品的优势、劣势、机会和威胁，为下一步的决策提供依据。

步骤二：制定目标。根据第一步企业的内外部环境分析结果，详细制定出利用机会、发挥优势、回避劣势的目标，要注意目标的制定应切实可行。

步骤三：设计决策方案。明确了要达到的目标后，决策者首先应明确所有的约束前提条件，其次考虑已定目标，设计出多个综合方案，并对每个方案的结果进行预测。在多数情况下，由于决策者的时间、精力有限，方案的成本约束，以及组织的内外部环境的制约，决策者所制订的方案是有限的。但所有的行动方案必须在对信息进行分析的基础上形成。

步骤四：评价、选择方案。决策者的经验、个性、对待风险的态度不同，所选择的方案是不同的。但一般情况下评价和选择方案应遵循的共性主要有三个方面。首先，考虑方案的可行性。决策者必须了解组织是否拥有充足的资源以保证实施某一方案，主要指资金和其他资源；方案的执行结果是否同组织的战略相适应，是否与内部政策保持一致，是否符合组织的组织文化，使得全体员工能够自觉地投入到方案的实施中去。其次，考虑行动方案的有效性和满意程度。行动方案必须满足决策目标，不一定是最优的，但要保证一定的投入产出比。需要指出的是，在实际工作中，某一方案在实现预期目标时很可能对其他目标产生积极或消极影响。因此目标的多样性在一定程度上增加了实际决策的难度，决策者必须分清不同决策目标的相对重要程度。最后，考虑行动方案执行后将会产生的结果。一方面是方案本身的执行可能会给组织目前带来的结果，包括经济利益和社会效益；另一方面是方案的执行将会产生长远的效果，不仅指组织其他部门，而且还包括对竞争对手现在和未来可能造成的影响，是否能给组织带来竞争优势。

对实验方案都应采用统一客观的量化标准进行衡量，这样有助于提高评估和选择过程的科学性。

在教师指导下，由学生自由组合成 6~8 人为一组的讨论小组，并确定负责人。根据所学习的管理学相关知识，结合案例实际和理论内容，分析问题。

讨论过程如下：

（1）企业资料收集；

（2）小组讨论；

（3）课堂发言；

（4）教师点评。

3. 实验注意事项

（1）各实验小组在教师的统一安排和小组长的组织下，严格按照实验要求开展实验，不得随意调整小组成员和实验内容；

（2）各小组在实验开展之前必须进行周到细致的计划和安排，并制订出具体的实验进程计划；

（3）每位成员在实验前需对所要应用的专业章节知识进行认真的复习；

（4）各小组对每个实验项目至少开展两次集体讨论，对实验中存在的问题和疑虑要及时与指导教师交流。

（二）实验二：模拟商业计划书的写作

1. 实验目的

本实验要求学生根据所学的管理学相关方法，深入实践，根据给定的题目进行市场调研并撰写商业计划书，以达到训练培养创新能力与策划能力，掌握实际编制计划的方法的目的。

2. 实验内容与步骤

学生在系统学习管理学理论后，要能够按照规范的商业计划书的要求，为某一特定的产品和企业进行策划，考查学生综合应用理论知识进行具体问题策划的能力。

步骤一：选择与所学专业相关的主题制订相应的商业计划书。所策划的活动内容与主题，既可以由主讲教师统一指定，也可以由学生根据自我规划和兴趣爱好自主选择。例如：①想开设一家校园超市，应如何进行商业策划？②北方民族大学目前在校学生有一万多人，水果的消费有着广阔的市场空间。校园内有若干个小卖部和三个中型超市经营水果，但是一些同学认为这些水果的种类较少或者不够新鲜而不愿意在此购买。在学校周边有一些水果商贩为同学们提供时令水果。但部分同学又不愿意走到校园外较远的地方购买水果。而且普遍认为水果一次性购买较多会花钱较多，一次吃不完又不好保存，每天购买又嫌太麻烦，所以同学们尽管都有经常吃水果的习惯，对水果有强烈的需求，但由于种种原因而放弃了购买。因此开设一家网上水果超市具有良好的市场前景，会大大方便同学们的水果购买以及一些工作繁忙的老师的水果消费。请结合上述有关材料完成一篇"大学生网上水果超市"的商业计划书。③据不完全统计，北方民族大学的学生每学期购买各类教辅用书及其他类书籍的费用一般在 1000 元左右，其中各种考证参考书籍占其总费用的 60% 左右。许多同学考试合格之后，对于考证参考书籍的处理方式主要有：直接扔掉或捐给希望工程；以废品的形式按照 0.6 元/斤的低价卖给废品收购者；转手半卖半送给其他有需要的同学，或者干脆直接送给认识的人。这对于考证参考类书籍的使用是巨大的浪费。对教材的循环使用同样蕴含巨大的商机：北方民族大学教务处规定学校只给大一的学生统一征订教材，其他年级不再统一订书，由同学们自行解决教材，由于大部分院系开设的课程所选教材具有较长的周期性，教科书的更新迭代相对缓慢，一般在几年内同一专业使用的都会是同一版本的教材，所以很多同学都会倾向于选择二手书，但是寻找合适的二手书很不方便，去旧书店找书不仅麻烦，浪费大量的人力物力，而且还不一定能找到；虽然学校每年都有跳蚤市场，但还是不能满足大部分学生的需求。另外北方民族大学多数大学生为异地就学，同学们毕业时不愿意也不方便将大多数书籍带回去，大部分同学都会将书籍当作废纸在学校处理掉。所以开一家收购毕业生的教辅书籍再租借或出售给低年级学生为主要业务的综合性服务书店是一个不错的创业计划。请结合上述有关材料完成一篇"大学生网上二手书店"的商业计划书。要求学生应通过前期合理详细的市场调研，获取较为充分的材料；合理运用创造性、发散性思维，提升策划活动的创意性；要科学合理地安排规划有关要素，保证商业计划书的结构合理、完整，可以清晰地反映学生的商业构想和商业理念。

步骤二：每位同学都要独立完成一篇策划书的写作，以抽签的形式随机抽取

10~15 位同学进行展示，其他同学可以进行评价。

步骤三：在每位同学进行个别策划的基础上，完成一篇规范的商业计划书。在课堂讲演后由教师和学生进行点评，之后自由组成策划小组运用"头脑风暴法"等方法，形成集体的方案，一位小组成员负责方案的撰写，一位负责 PPT 的制作，一位负责讲演，一位负责答辩，最终形成意见一致的最可能成功的方案，形成公司的创意。

3. 实验注意事项

（1）认真准备策划企业和策划产品资料，通过网络搜索、实际调研或图书情报查阅等方法查找资料。

（2）必须按照规范的商业计划书的格式完成撰写工作。

（3）要根据给定材料，结合自己掌握的资料撰写，切忌抄袭。

（三）实验三：决策的过程

1. 实验目的

理解一般的决策过程包括六个方面，决策是解决问题的过程，要识别问题，诊断原因，才能确定目标，进行方案的选择。群体决策和个体决策各有优缺点，在实际应用中应结合采用。

2. 实验内容与步骤

8 月某日上午，你乘坐的飞机迫降在美国索诺拉大沙漠中。飞行员已经遇难，其他人均未受伤，机身已经报废并即将失火。你已获知，飞机迫降地点距离原定目标位置 100 千米左右，飞机降落前机组已经把情况报告给 100 千米外的指挥中心。离飞机迫降点大约 80 千米附近有个村落。

你所在的沙漠相当平坦，除了偶见一些仙人掌外，可以说是一片不毛之地，日间温度约 45℃。你们穿着 T 恤、短裤和教练鞋，每个人都带有手帕。飞机即将燃烧，机上有 15 件物品，性能良好，如果只能抢救出其中的 6 件，你们会选择什么？

机上幸存者与你们组人数相同。假设大家选择共进退，不会分开各走各的路。

15 件物品包括：

A. 胶雨衣　　　　　　　　B. 磁石指南针

C. 降落伞　　　　　　　　D. 手电筒

E. 当地航空图　　　　　　F. 一本《沙漠中可食的动物》

G. 盐片一瓶（100 片） H. 一副太阳镜

I. 装有弹药的手枪一支 J. 伏特加酒 4000 毫升

K. 外套一件 L. 4000 毫升清水

M. 大折刀 N. 薄纱布一箱

O. 化妆镜

首先是个人分别单独将这些物品按对你生存的重要性排序，不得与其他人讨论，时间为 10 分钟。

其次你将把你的排序情况与小组其他人员进行小组内部讨论，并得出小组一致同意的"排序"。这一步骤时间为 40 分钟。

小组排序要求所有成员都必须参与意见，并达成共识。在小组达成共识的过程中，不允许投票，不允许抛硬币。最后教师会给出专家排序的标准答案，越接近专家排序结果的，生存机会越高。

表 1-2 小组讨论表

序号	供应品清单	第一步 个人决策	第二步 集体决策	第三步 专家意见
A	胶雨衣			
B	磁石指南针			
C	降落伞			
D	手电筒			
E	当地航空地图			
F	一本《沙漠中可食的动物》			
G	100 片盐片			
H	一副太阳镜			
I	装有弹药的手枪一支			
G	伏特加酒 4000 毫升			
K	外套一件			
L	4000 毫升清水			
M	大折刀			
N	薄纱布一箱			
O	化妆镜			

在教师指导下，由学生自由组合成 6~8 人为一组的案例讨论小组，并确定

负责人。根据所学习的知识结合案例实际和理论内容，分析问题。

讨论过程如下：

（1）情景案例预习；

（2）小组讨论；

（3）课堂发言；

（4）教师点评。

以下资料供参考：

许多研究沙漠求生问题的专家，搜集了无数案例和生还者资料，得出以下结论：飞机失事后，最好停在失事的地方附近，等待救援。如果想走出沙漠，多数人无法生还。

（1）化妆镜：在各项物品中，镜子是最终获救的关键。镜子反射的太阳光可产生相当于七万支蜡烛燃烧的亮度，如反射太阳光线，地平线另一端也可看见。只要有一面完好的镜子，获救的概率有80%。

（2）外套一件：人体内有40%~50%是水分，在沙漠中流汗和人体呼吸作用会使人体内水分含量急剧下降，保持镇定可减缓人体的脱水速度。穿外套能降低皮肤表面由人体呼吸作用导致的水分蒸发。如果没有选择外套，维持生命的时间将会大大缩短。

（3）4000毫升清水：如有外套和化妆镜两项物品，大约可维持三天的生存时间。干净的淡水有助于减缓脱水速度，及时补充人体因流汗和呼吸作用损失的水分。口渴时，饮水可使头脑保持清醒，思维保持相对理性和镇定。

（4）手电筒：手电筒是在夜间最方便、最高效的照明工具，可以在夜间提供稳定持续的光源输出。有了化妆镜和手电筒，可在任何时间内向外界发出求救信号，而且手电筒的镜片和光源可被用作引火的点火物。

（5）降落伞：可用作遮挡白天强烈的阳光照射，用仙人掌的根茎做支撑物，降落伞做帐篷顶，可最大程度上降低阳光暴晒对人体带来的伤害。

（6）大折刀：可切碎仙人掌补充水源或切割营杆，也有其他用途，可排于优先选择的位置。

（7）塑胶雨衣：可用作简易集水器，在沙漠中挖一个洞，将雨衣覆盖在上面，再将洞口处的雨衣向下按压，使其形成漏斗状，沙漠中昼夜温度差距可使空气中的水蒸气凝结在雨衣表面，并在洞口处汇聚。将雨衣上汇聚的水滴在手电筒的手柄中储存。这样做一天大约可以获取500毫升的储水量。

（8）手枪：弹药在必要时可做引火物使用，关键时刻还可以朝天鸣枪提醒附近的搜救队员，帮助搜救队快速准确地确定救援方位，多数意外事件是因为求生者不能发出明显的声音导致搜救队无法及时确定方位而错过最佳的救援时机。

（9）太阳镜：在沙漠剧烈的阳光照射下人会患上光盲症。用降落伞遮阴可避免眼睛受损，但使用太阳镜更加舒适。

（10）纱布：沙漠湿度低，空气干燥，致病菌不易传播，人体患病概率相对较低。但是人体大量脱水会导致血液凝结。急救箱里面的纱布除包扎保护用途之外还可当绳子固定物体或用作引燃物生火。

（11）指南针：除利用其反射面发送求生信号外，其他并无太大实质性用处，反而有诱使遇险人员离开失事地点的风险，且沙漠中地质环境复杂，指南针很容易失去作用，无法为遇险人员提供预期指引方向的作用。

（12）航空图：可用作引燃物点火或卫生纸使用，同样存在诱使遇险人员离开失事地点的风险。

（13）书本：最大问题是脱水而非饥饿，打猎、进食等行为均会导致不必要的水分消耗，且假设该沙漠中几乎为不毛之地，基本无法为遇险人员提供足够的食物补充。

（14）伏特加酒：酒精进入人体会消耗大量的水分进行代谢，同时酒精代谢也会降低人体体温并产生大量有害物质，这在昼夜温差大、自然环境恶劣的沙漠中是致命的。

（15）100 片盐片：人们过高评估盐片的用途。如血液内盐分短时间内增加，会导致人体内细胞脱水死亡，同时需要大量的水分平衡过高的含盐量，造成不必要的淡水消耗。

3. 实验注意事项

（1）各实验小组在教师的统一安排和小组长的组织下，严格按照实验要求开展实验，不得随意调整小组成员和实验内容；

（2）各小组在实验开展之前必须进行周到细致的计划和安排，并制订出具体的实验进程计划；

（3）每位成员在实验前需对所要应用的专业章节知识进行认真的复习；

（4）各小组对每个实验项目至少开展两次集体讨论，对实验中存在的问题和疑虑要及时与指导教师交流。

（四）实验四：测试你的领导风格

1. 实验目的

学生通过自测能够直观地理解领导风格与管理风格的区别，更清醒地认识自己所具备的领导素质，有的放矢地锻炼培养自己。

2. 实验内容与步骤

请仔细阅读下列各个句子并认真思考，若 a 句最能恰当形容你，请打"√"，若 b 句对你来说最不恰当，请打"√"。请务必认真作答，以获得更加准确、合理的积分。

（1）a. 你是个大多数人第一时间都会向你寻求帮助的人。

　　b. 你十分激进，而且时刻以自身利益为优先考虑对象。

（2）a. 你工作积极认真，且比身边大多数人更能激励或启发他人。

　　b. 你会努力去争取一项职位，因为这个职位可以使你对大多数人和所有的财务拥有更大的权力。

（3）a. 你会尝试着尽自己最大的努力去影响所有事件的结果。

　　b. 你会迫不及待地清除所有阻碍达成目标的障碍。

（4）a. 很少有人像你一样时刻都充满自信。

　　b. 你想取得世上与你相关的任何东西时，你不会有任何的疑惑和恐惧。

（5）a. 你有能力激励或启发他人并跟随你的领导。

　　b. 你喜欢有人按照你的命令开展行动：若必要的话，你不反对使用威胁的手段达成目的。

（6）a. 你会尝试着尽自己最大的努力去影响所有事件的结果。

　　b. 你会做全部重要的决策，并期望别人去实现它。

（7）a. 你身上具有吸引别人的特殊魅力。

　　b. 你乐于处理一件事情中必须面对的各种情况。

（8）a. 你喜欢直面公司的管理层，向他们请教复杂的问题。

　　b. 你喜欢计划、指挥和控制各个部门的成员为你所用，以确保最佳的福利和利益最大化。

（9）a. 你会向企业群体和公司请求必要的帮助，以改进工作和经营效率。

　　b. 你会对他人的个人生活和财务方面的问题提出个人建议并作出决策。

（10）a. 你会干涉官僚阶层的"拖、推、拉"的工作作风，并施压以改善其工作效率和工作成果质量。

b. 你会更加注重工作地点的金钱利益和福利，而非人情利益。

（11）a. 你每天会在太阳升起前，有条不紊地开始新的一天的工作，直到晚上六点整。

b. 为了达成所建立的预期目标，你会定期地经过权衡利弊后解雇不具备生产力、不符合企业发展规划的员工。

（12）a. 你会对他人的工作成果质量负责，言外之意你会判断他们的工作成果质量，而不是你们共同的工作成果质量。

b. 为达到最终的成功你会付出全部的精力与时间。

（13）a. 你是一个真正敢于自我开创和革新的人，对自己选择做的每件事充满无限的热情。

b. 无论做什么，你都会在效率和质量上比别人出色。

（14）a. 无论做什么事情，你都时刻力求最好、最高和第一。

b. 你拥有内在驱动力、积极性人格和奋斗精神，并坚定不移地追求任何有价值的事情。

（15）a. 你总是积极参与各项竞赛类活动，包括体育运动，并因为优异的表现而获得多项荣誉。

b. 获得最终的成功于你而言，比参与的享受感更加重要。

（16）a. 假如你可以及时获得相关收益回报，你会更加坚持自己选择的事情。

b. 你对所从事的工作只有短暂的热情，很快会失去新鲜感，产生厌倦感。

（17）a. 实际上，你都是依靠内在驱动力行事，并以实现自己从未做过的事情为己任。

b. 作为一个自我要求的高度完美主义者，你时常强迫自己有保留地去实现自己的理想。

（18）a. 你实际上确定的目标感和方向感，远高于自己设定的预想和规划。

b. 追求工作和事业上的成功，对你来说是其他任何事情无法比拟的。

（19）a. 你会对需要努力和做出快速决策的职位产生浓厚兴趣。

b. 你是坚守利润、成长和扩展概念的。

（20）a. 在工作的选择上，你认为独立和自由的重要性高于工资薪金和职位安全。

b. 你比较倾向于受他人的控制和他人权威影响的职位。

（21）a. 你时刻坚信凡是对自身分内的事情最能上心，最能冒险的人最后会赢得金钱和物质上的最大补偿。

b. 只有少数人认为你本人应该更充满自信。

（22）a. 你被公认为是充满勇气的、朝气蓬勃的乐观主义者。

b. 作为一个具有明确发展方向和规划的人，你可以很快把握住稍纵即逝的机会。

（23）a. 你善于赞美他人，而且赞美若是符合时宜的，你会准备对其加以信赖。

b. 你喜欢他人，但对他们采取正确的方法解决事情的能力缺乏足够的信心支持。

（24）a. 你通常宁可选择给他人不明确的利益分配方案，也不愿意与他人发生争辩。

b. 当你面对着"说出那像什么时"，你的作风是间接的。

（25）a. 假如他人偏离正确的价值观取向，由于你是刚正不阿的，故你毫无保留地纠正他人。

b. 你是在强调弱肉强食、适者生存的生活环境中成长起来的，所以经常对自己自我设限。

你的得分：计算一下你圈 a 的数目，然后乘以 4，就是你领导特质的百分比。同样地，计算 b 所得的分数，然后乘以 4，就是你管理特质的百分比。

领导人特质（圈 a 的总数）×4 =

管理人特质（圈 b 的总数）×4 =

（五）实验五：人际关系技能测试

你是否想了解更多关于自己人际关系方面所存在的问题呢？那就来做下面这样一个详细的测试：

下面每道题有"是""否"两种选择，请你根据自己的实际情况，选择其中一种答案，并在相应题目上打"√"。

（1）你平时是否关心自己的人际交往关系？

（2）在食堂里，你是否经常独自一人就餐？

（3）和一大群人在一起相处时，你是否会产生失落感或孤寂感？

（4）你是否经常不经他人允许就擅自使用他人的物品？

（5）当一件事与预期目标发生重大偏差时，你是否会埋怨同组的合作成员？

（6）当你的朋友面临困难时，你是否发现他们并没有打算求助你的想法？

（7）假如朋友跟你开玩笑没有掌握好分寸，你是否会因此板起面孔甚至反目成仇？

（8）在公共场合，你是否有当众把鞋子脱掉的习惯？

（9）你是否认为在任何场合都应该不隐瞒自己的个人观点？

（10）当你的同学或朋友在自己坚持的事情上取得进步或成功时，你是否真的为他或她高兴？

（11）你是否喜欢拿别人开玩笑？

（12）当与自己兴趣爱好截然不同的人相处在一起时，你是否感到索然无味，甚至是无话可说？

（13）当你住在楼上时，你是否会随意往楼下倒水或者丢垃圾？

（14）你是否会经常性指出别人身上存在的不足之处，并要求他们去进行合理的改进？

（15）当别人正在融洽地进行交谈时，你是否会贸然地打断别人的谈话？

（16）你是否关心并经常谈论别人的私事？

（17）你是否善于和长辈们谈论他们关心的问题？

（18）你在与别人交流时是否经常出现一些不文明的口头用语？

（19）你是否经常会做出一些言而无信的事情？

（20）当他人与你交谈或对你讲解一些事情时，你是否经常认为自己难以聚精会神地认真倾听下去？

（21）当你来到一个新的集体时，你是否会认为结交新朋友是件容易的事？

（22）你是不是个愿意慷慨解囊招待同伴的人？

（23）你是否会向别人倾诉自己的抱负、挫折以及有关个人的各种事情？

（24）当你告诉别人一件事时，是否试图把有关事情的旁枝末节都交代得很清楚？

（25）遇到不顺心的事，你是否会精神沮丧、意志消沉、丧失斗志，或把怨气转嫁到家人、朋友、同学身上？

（26）你是否经常不经过深思熟虑随意发表个人意见？

（27）你是否注意平时不吃大葱、大蒜等具有刺激性气味的食物，以避免口带尴尬的气味？

（28）你是否经常无缘无故地发牢骚？

（29）在公共场合，你是否会当众很随便地称呼别人的绰号？

（30）你是否关心报纸电视等信息传播渠道中报道的社会新闻？

（31）当你发现自己无意中做错了事或损害了别人的利益时，你是否会很快地承认错误或道歉恳求他人原谅？

（32）闲暇时，你是否喜欢跟别人通过社交软件或面对面的方式聊天？

（33）你跟别人约定时间地点见面时，是否经常让别人等你到达？

（34）你是否会与别人谈论一些自己感兴趣而他们缺乏兴趣的话题？

（35）你是否有逗乐或取悦儿童的小手法？

（36）你平时是否告诫自己不要说虚情假意或是违心的话？

计分与评价方法：

（1）是　　（2）否　　（3）否　　（4）否　　（5）否　　（6）否

（7）否　　（8）否　　（9）否　　（10）是　　（11）否　　（12）是

（13）否　　（14）否　　（15）否　　（16）否　　（17）是　　（18）否

（19）否　　（20）否　　（21）是　　（22）是　　（23）是　　（24）否

（25）否　　（26）否　　（27）是　　（28）否　　（29）否　　（30）是

（31）是　　（32）是　　（33）否　　（34）否　　（35）是　　（36）是

如果你所选的答案与上面所列这道题的答案相同，就得分；如果不相同，就不得分。然后把全部得分加起来，与下面的评价表对照（见表1-3），便能大致判断出自己人际关系的好坏。

表1-3　评价表

总分	人际关系情况
30 分以上	优秀
25~29 分	良好
19~24 分	一般
15~18 分	较差
15 分以下	极差

工作占据我们生活的大部分时间。工作中的人际关系，在很大程度上决定着我们的生活是否快乐。

第二节　经济法课程实验

本实验指导从职业岗位对经济法知识与能力要求的实际需要出发，建立起一套经济法课程能力体系。通过实验教学，使学生能够对法律在实际生活中的应用有一个感性的认识，培养学生合理运用经济法律法规制度理智分析并可以正确处理经济法律问题的能力，着重训练学生将所学的基础理论知识转化为实际的工作能力，全面提高经济法知识的综合应用能力，为学生们未来从事与法律相关的职业奠定坚实的理论知识基础。实际操作中着重强调学生的问题分析能力与辨别能力，所用案例资料以近年生活中典型案例为主，教师自寻案例为辅，以培养学生学法、用法、守法的自觉性，提高学生依法保护自身合法权益和依法从事生产经营活动的意识。

本实验指导书适用于商学院和经济学院的会计、财务管理、工商管理、金融、经济学等专业。

一、实验目的与要求

通过一系列的实验学习，使学生在掌握经济法基本理论的基础上，具备较强的实务操作能力和综合问题分析能力，同时，通过对实务性问题的分析、处理，帮助学生在更深层次上理解经济法理论中的重点和难点。主要目标如下：

（1）掌握经济纠纷解决途径的选择与应用：包括仲裁与诉讼两种不同方式的应用与程序上的区别等；

（2）掌握经济组织法的具体应用：包括个人独资企业法、合伙企业法、公司法、破产法等相关法律在现实生活与实际工作中的应用；

（3）掌握合同法的具体应用：包括合同的合法订立、合同效力鉴别、合同纠纷处理、起草合同书等专业能力训练；

（4）掌握物权法的具体应用：包括区分不同物权的效力、掌握物权效力优先规则、抵押权当事人的权利和担保物权竞合的处理规则；

（5）掌握知识产权法的具体应用：包括商标权、著作权的鉴别与实际案例分析能力；

（6）掌握经济竞争法的具体应用：包括消费者权益保护法、反垄断法、产品质量法等在现实生活中和实际案例中的应用；

（7）掌握破产法具体的应用：包括对重整程序、和解程序与清算程序之间的转换规则，破产申请主体、破产案件的受理效果，债务人财产的范围、破产费用与公益债务的范围，债权申报期限，破产财产分配的掌握。

二、实验内容（见表1-4）

表1-4　经济法课程实验内容

序号	实验项目	课时	实验目标、要求
实验一	代理制度	4	正确识别不同的民事行为能力及代理效力 掌握代理的概念、种类、法律特征 掌握代理权的行使、无权代理和表见代理 区分直接代理和间接代理、本代理和复代理、无权代理和表见代理三组概念
实验二	诉讼时效制度	4	正确界定诉讼时效 掌握诉讼时效的适用范围、种类 掌握诉讼时效的中止、中断和延长 掌握诉讼时效中断的特殊规则
实验三	经济纠纷解决途径的选择与应用	4	掌握违反经济法的法律责任形式 正确区分不同的纠纷解决方式，选择适宜的解决方法 掌握仲裁与诉讼两种不同方式的应用与程序上的区别 识别仲裁范围 识别法院的地域管理与审判制度
实验四	个人独资企业法、合伙企业法应用能力	4	正确分析个人独资企业与合伙企业的事务管理纠纷案例 区分个人独资企业与一人公司在设立条件、运行机制、责任承担方式等方面的区别 明确个人独资企业原投资人在企业解散后的持续偿债责任 区别合伙企业由于不同合伙事务的决议与执行，存在的一致决、多数决等不同表决方法 掌握合伙财产份额转让与出质的程序与要件 掌握合伙企业与第三人的关系，特殊普通合伙与有限合伙的特殊规定

右上角：续表

序号	实验项目	课时	实验目标、要求
实验五	公司法应用能力	4	正确分析公司法案例，掌握公司法的主要内容和主要法理 掌握公司各组织机构的职责、权利 理解股权特征、掌握股权类型 掌握董事、监事与高管人员的任职资格、忠实义务、赔偿责任及股东的救济 掌握公司债权、股票的类型、发行条件、转让限制 掌握公司解散清算的程序 掌握上市公司的相关规定
实验六	市场主体法应用能力——模拟组建一个公司、企业	4	正确区分不同组织，并规范地模拟组建公司 识别公司设立过程中的违法行为及公司内部管理中的不规范行为 判定公司的组建是否合法，分析公司设立中的出资问题和公司运行过程中股东权利的行使问题 掌握公司的设立、股东资格与权力、组织机构，学会正确设立有限责任公司 识别公司设立、运作过程中的违法行为及公司内部管理中的不规范行为并会正确处理
实验七	合同法应用能力	4	掌握合同订立中的要约与承诺，能正确判断合同成立与否 识别不同效力的合同，掌握格式条款的特殊效力规则 掌握合同履行抗辩权的内涵及其成立要件 熟悉并掌握合同法解除的事由及解除权行使规则 正确分析违约责任归属及如何处理纠纷 能对合同草案提出理化建议
实验八	物权法应用能力	4	区分不同物权的效力，掌握物权效力优先规则 掌握善意取得适度的适用范围和构成要件 识别按份共有和共同共有 掌握土地承包经营权、建设用地使用权、宅基地使用权和地役权，区分地役权和相邻关系 综合掌握抵押权、质权、留置权和担保物权的竞合，熟悉抵押权当事人的权利和担保物权竞合的处理规则

三、参考课时

32 课时。

四、实验材料

硬件：网络、计算机；

软件：无；

资料：经济法案例集、经济法网络平台讨论题库、自测题库。

五、考核办法

在实验过程中重点考核学生根据现行法律法规分析问题与解决问题的能力，在实验结束前，学生需提交个人和小组实验报告，指导教师应对每个学生进行全面系统化的考查，考查以笔试和口试的形式进行，根据考查情况、实验报告的质量，并结合实验期间的表现、任务完成情况等方面（所占比例：实验表现 30%，实验报告质量 40%，考查成绩 30%）综合评定，具体按优（90 分以上）、良（80~89 分）、中（70~79 分）、及格（60~69 分）、不及格（60 分以下）五级记分制评定学生实验成绩。

六、实验教学内容

（一）实验一：代理制度

1. 实验目的与要求

要求以法律基础知识的学习为基础，通过本实验让学生掌握法律关系、法律行为与代理关系。

2. 实验内容

（1）正确识别不同的民事行为能力及代理效力；

（2）掌握代理的概念、种类、法律特征；

（3）掌握代理权的行使，识别有效代理；

（4）区别无权代理的三种情况和法律后果；

（5）区分直接代理和间接代理、本代理和复代理、无权代理和表见代理三组概念。

3. 实验步骤

第一，认真复习法律基础知识的相关内容；

第二，教师事先通过网络平台提供案例资料；

第三，学生分组讨论形成报告；

第四，在课堂上由各组代表陈述各自的理由和结论，各小组之间进行交流；

第五，教师给予点评，分析总结，提出课后思考。

4. 考核办法

以小组为单位，分别由组长和每个成员根据各成员在讨论中的表现进行评估打分；教师根据各组代表的陈述，依据知识掌握程度、法理分析准确性、结论正确性等方面给出书面成绩。判别正确，占 30%；分析正确，理由、依据充分占 50%；小组讨论及代表陈述占 20%。

5. 思考与练习

（1）代理具有哪些特征？

（2）简述代理的适用范围和种类。

（3）何谓代理权的滥用？

（4）无权代理导致的法律后果是什么？

（5）表见代理的含义及其要件是什么？

6. 案例资料示例

示例一：

李某某 14 周岁，获得一项实用新型专利权。李父与一所儿童福利院订立赠与合同，将该实用新型的专利权赠送给该儿童福利院，借以帮助儿童福利院筹集资金。李母得知此事后，主张赠与合同无效。请用所学知识做出分析。

示例二：

2013 年，甲方委托乙方（经纪人）代销手机。张某代理乙方与甲方签订合同，在签订合同时，向甲方交了 1500 元的押金。后乙方将应交付甲方的货款，直接打入甲方的账户。12 天后，张某找甲方退回 1500 元押金。甲方要求张某提交押金条。张某说，该条因为公安局查办另一个案件，给收走了。甲方即将 1500 元押金退给张某。后来张某逃逸。乙方持押金条起诉甲方，要求甲方退回 1500 元。请用所学知识做出分析。

（二）实验二：诉讼时效制度

1. 实验目的与要求

要求以法律基础知识的学习为基础，通过本实验让学生掌握诉讼时效的适用范围、种类、起算、中止、中断和延长。

2. 实验内容

（1）了解诉讼时效的效力；

（2）正确分析诉讼时效期间的中止、中断及延长；

（3）正确识别界定诉讼时效期间。

3. 实验步骤

第一，认真复习法律基础知识的有关知识；

第二，教师事先提供资料，学生分组讨论形成报告；

第三，各小组之间交流，陈述各自理由和结论；

第四，教师分析总结给予点评。

4. 考核办法

以小组为单位，分别由组长和每个成员根据各成员在讨论中的表现进行评估打分；教师根据各组代表的陈述，依据知识掌握程度、法理分析准确性、结论正确性等方面给出书面成绩。判别正确，占 30%；分析正确，理由、依据充分占50%；小组讨论及代表陈述占 20%。

5. 思考与练习

（1）何谓诉讼时效的中止？

（2）引起诉讼时效中断的事项具体有哪些？

（3）债权人对部分债权主张权利，诉讼时效中断的效力是否及于剩余债权？

（4）连带债权人中的一人发生诉讼时效中断效力的事由，效力是否及于其他连带债权人？

（5）债权人提起代位权诉讼的，对债权人的债权和债务人的债权是否发生诉讼时效中断的效力？

6. 案例资料示例

甲于 2012 年 7 月 1 日向乙借了 4000 元，约定在 2013 年 5 月 1 日归还，到期后，甲因某种原因未能偿还，便向乙提出要求推迟两个月归还，乙表示同意。但是，在推迟的时间届满后仍未归还，乙于 2013 年 12 月 1 日向法院起诉，要求甲归还欠款。

问：

（1）本案诉讼时效应从何日开始？为什么？

（2）若诉讼时效届满后，甲履行义务后以诉讼时效届满不保护为由要求返还的，法院是否予以支持？

（3）诉讼时效的中止和中断有何区别？

（4）若乙向当地仲裁机构申请仲裁，仲裁机构是否受理？为什么？

（三）实验三：经济纠纷解决途径的选择与应用

1. 实验目的与要求

通过本实验让学生正确区分仲裁与诉讼；能够选择适当方式解决不同的经济纠纷。

2. 实验内容

（1）掌握违反经济法的法律责任形式（民事责任、行政责任和刑事责任）；

（2）正确区分不同的纠纷解决方式，选择适宜的解决方法；

（3）掌握仲裁与诉讼两种不同方式的应用与程序上的区别；

（4）识别仲裁范围；

（5）识别人民法院的地域管理与审判制度。

3. 实验步骤

第一，认真复习法律基础知识的有关知识；

第二，教师事先提供资料，学生分组讨论形成报告；

第三，有条件的可组织学生现场听庭，并指导学生开设模拟法庭；

第四，各小组之间交流，陈述各自理由结论，教师分析总结给予点评。

4. 考核办法

以小组为单位，分别由组长和每个成员根据各成员在讨论中的表现进行评估打分；教师根据各组代表的陈述，依据知识掌握程度、法理分析准确性、结论正确性等方面给出书面成绩。解释不同纠纷处理方式的区别占60%；小组讨论及代表陈述占20%；模拟法庭情况占20%。

5. 思考与练习

（1）如何判断仲裁协议的有效性？

（2）如何理解和适用仲裁条款的独立性？

（3）仲裁审理方式与诉讼的不同之处有哪些？

（4）申请撤销仲裁裁决必须符合哪些法定条件和理由？

6. 案例资料示例

张甲受聘在一家物贸公司工作，并与该公司签订了 2010 年 12 月至 2014 年 12 月为期四年的劳动合同。2013 年 7 月 8 日，物贸公司的部分客户信息资料丢失，物贸公司怀疑系张甲所为，将其开除。为此，张甲与物贸公司发生争议。张甲能否与物贸公司签订仲裁协议适用仲裁法通过仲裁方式解决该争议？

（四）实验四：个人独资企业法、合伙企业法应用能力

1. 实验目的与要求

要求以个人独资企业法、合伙企业法的学习为基础，通过本实验让学生掌握个人独资企业、合伙企业在设立、事务管理、对外关系、解散与清算等方面的相关知识。

2. 实验内容

（1）正确分析个人独资企业与合伙企业的事务管理纠纷案例，发现两者的本质区别；

（2）区分个人独资企业与一人制公司在法定设立条件、企业运行机制、责任承担方式等方面的实质性区别；

（3）明确个人独资企业原投资人在企业因破产或其他解散事由出现后导致企业解散，解散后的持续偿债责任；

（4）区别合伙企业由于不同合伙事务的决议与执行，存在的一致共同表决、多数表决等不同表决方法的差异；

（5）掌握普通合伙企业与有限合伙企业财产份额转让与出质的程序与要件及两种企业在处理该类业务时的区别；

（6）掌握合伙企业与第三人的关系，特殊普通合伙与有限合伙的特殊规定等。

3. 实验步骤

第一，认真复习法律基础知识的相关内容；

第二，教师事先提供资料，学生分组讨论形成报告；

第三，各小组之间交流，陈述各自的理由和结论；

第四，教师分析总结给予点评。

4. 考核办法

以小组为单位，分别由组长和每个成员根据各成员在讨论中的表现进行评估打分；教师根据各组代表的陈述，依据知识掌握程度、法理分析准确性、结

论正确性等方面给出书面成绩。解释不同企业组织之间内部管理体制的区别，判别正确，占30%；分析正确，理由、依据充分占50%；小组讨论及代表陈述占20%。

5. 思考与练习

（1）个人独资企业的事务管理方式有哪几种？个人独资企业拥有哪些权利？

（2）个人独资企业、合伙企业解散时的财产清偿顺序法律是如何规定的？

（3）简述特殊的普通合伙企业的责任形式。

（4）合伙企业法对合伙人财产份额的转让作了哪些限制性规定？

（5）合伙人在执行合伙事务中的义务包括哪些内容？

（6）有限合伙人的权利有哪些？

（7）比较普通合伙人与有限合伙人丧失民事行为能力的处理上有何异同？

（8）简述退伙的原因。

（9）《合伙企业法》对合伙损益分配作了哪些原则性规定？

6. 案例资料示例

示例一：

某甲是我国某商业银行的会计人员，2012年5月10日申报五万元人民币向工商局办理个人独资企业从事服装经营，在向工商局提供文件时，未说明自己是商业银行的工作人员，工商局核发营业执照后，某甲在经营过程中，由于单位工作繁忙，因而委托他的同学某乙经营管理，并口头授权对订立一万元以上合同须经他的同意。2012年8月某乙与某丙签订了一份货款两万元的服装买卖合同（某丙不知某乙的权限仅限于一万元），事后，某乙未向某甲告知订立合同的情况。2012年10月，由于某甲工作调动决定解散企业，但某乙提出，不要解散企业，提出将企业营业执照转让给他经营，这样便于原来的顾客联系业务，于是某甲表示同意，双方订立书面转让营业执照的协议，并且约定此前欠某丁的货款一万元及以后的一切债务均由某乙承担。2014年2月工商局在检查中发现该企业存在一些活动不符合《个人独资企业法》的有关规定。问：

（1）你认为本案中哪些情形不符合法律规定？

（2）某乙和某丙签订的买卖合同是否有效？为什么？

（3）某甲和某乙的转让协议及约定是否有效？为什么？

示例二：

甲、乙、丙三个注册会计师各出资100万元，设立了A会计师事务所（特殊普通合伙企业）。甲、乙因重大过失出具了虚假的审计报告，致使合伙企业负担了 1000 万元的债务。合伙企业的全部财产为 600 万元。请问，合伙企业的债务应当如何清偿？如果当事人甲、乙非故意或者非重大过失造成了 1000 万元的债务，又该如何清偿？

（五）实验五：公司法应用能力

1. 实验目的与要求

要求以公司法的学习为基础，通过本实验让学生掌握公司的设立、股东资格与权力、组织机构及公司运作过程中产生的法律问题等相关知识。

2. 实验内容

（1）正确分析公司法案例，掌握公司法的主要内容和主要法理；

（2）掌握公司各组织机构的职责、权利；

（3）理解股权特征和股权类型；

（4）掌握董事、监事与高管人员的任职资格、忠实义务、赔偿责任及股东的救济；

（5）掌握公司债权、股票的类型、发行条件、转让限制；

（6）掌握公司解散清算的程序；

（7）掌握上市公司的相关法律规定。

3. 实验步骤

第一，认真复习公司法有关知识；

第二，教师事先提供资料，学生分组讨论形成报告；

第三，各小组之间交流，陈述各自理由结论；

第四，教师分析总结给予点评。

4. 考核办法

以小组为单位，分别由组长和每个成员根据各成员在讨论中的表现进行评估打分；教师根据各组代表的陈述，依据知识掌握程度、法理分析准确性、结论正确性等方面给出书面成绩。判别正确，占 30%；分析正确，理由、依据充分占 50%；分组讨论及代表陈述占 20%。

5. 思考与练习

（1）如何理解控股股东？

（2）目前世界上较有影响的公司资本制度有哪些？简述法定资本制度。

（3）简述股东会的形式及议事规则。

（4）简述国有独资公司组织机构的特殊性。

（5）何谓股东代表诉讼制？

（6）简述股份有限责任公司董事会的职权和议事规则。

（7）公司法对公司董事、监事、高级管理人员股份转让有何限制？

（8）我国公司法对发起人的义务、责任是如何规定的？

（9）创立大会享有哪些职权？

（10）依据公司法及有关规定对哪些主体发行的股票必须是记名股票？

（11）公司解散的原因有哪些？公司非破产清算中清偿顺序是怎样的？

6. 案例资料示例

2013 年 1 月 5 日，某上市股份有限公司（以下简称 A 公司）第一大股东甲向 A 公司董事会邮寄了一份提议召开临时股东大会的提案，提案内容是提名 9 名新董事与 2 名新监事的候选人。由于种种原因，董事会没有收到这份提案。2013年 1 月 25 日，甲即在报纸上刊登公告，就提案内容以及股东大会召开的时间、地点向全体股东作了通知。而且在公告中，甲即宣称将自行召集和主持本次股东大会。此后，A 公司董事会曾以公司名义向某区人民法院起诉要求暂缓召开此次股东大会，理由是提案内容与提案程序违法，但被某区法院驳回。此后，董事会于 2013 年 2 月 9 日公告宣布要主持本次大会。2013 年 2 月 11 日上午，纷争双方均出现在 B 宾馆，甲提议召开的临时股东大会定在四楼于 9 点整准时召开。由于 A 公司的董事长乙要求主持甲召集的股东大会，遭到拒绝后，A 公司董事会做出临时决议，决定于 10 点整在 B 宾馆的三楼召开本次临时股东大会。在甲召开的股东大会上，出席会议的股东为 5 位，登记股份总数为 2469 万股，占 A 公司总股本的 22.5%，其中，近 5 万股由于登记问题成为废票，有表决权股份共计 2464万股，占出席会议的总股数的 99.8%，占 A 公司总股本的 22%。股东大会的表决结果是，全票通过了更换 A 公司董事会、监事会成员的议案。

董事长乙召集的股东大会上，参加的股东所登记股份共计 4072 万股，占 A公司总股份的 37%。会上，4000 多万股反对更换 A 公司董事会、监事会成员的议案。2013 年 2 月 8 日，丙等组成的新董事会进驻 A 公司，导致原董事会无法正常工作。

2013 年 3 月，甲向某市中院提起诉讼，请求判令 A 公司立即结束法人治理的混乱状态。

根据现行《公司法》，对上述案件进行分析，并回答下列问题：

（1）请分析说明股东甲是否有权召集并主持股东大会，为什么？

（2）由乙等人组成公司董事会所召集和主持的临时股东大会合法吗？为什么？

（3）你认为法院会如何判决？

（六）实验六：市场主体法应用能力——模拟组建一个公司、企业

1. 实验目的与要求

要求以个人独资企业法、合伙企业法、公司法、外商投资企业法的学习为基础，通过本实验让学生正确区分不同的市场组织类型，并依照现行法律规范地模拟组建企业。

2. 实验内容

（1）依据公司法的规定和相关法律法规，判定公司的组建是否合法，分析公司设立中的出资问题和公司运行过程中股东权力的行使问题；

（2）掌握公司的设立、股东资格与权利和义务、组织机构，学会合法设立有限责任公司及公司经营过程中产生的法律问题等相关知识。

3. 实验步骤

第一，个人独资企业法、合伙企业法、公司法、外商投资企业法学习过程中提前布置筹建企业任务。

第二，提前三周由学生按照各自兴趣意愿分组形成筹建小组（5~8 人）。

第三，依据已学知识，由学生小组自行查阅搜集企业设立法定程序、资料等；提出设立有限公司的方案；模拟股东出资，签订股东出资书面协议；完成资产评估和资产转移手续；模拟制定公司规章，选定公司经营场所，建立公司组织机构；模拟完成公司工商注册登记手续。

第四，将申请注册公司的各项资料，提交由老师初审。

第五，老师汇总各组申请资料上传网络平台，各小组互审。

第六，审核批准，各小组互评审核通过，否则驳回申请。

第七，确定注册成功的企业后，被选入小组制作 PPT 介绍本企业设立情况。

第八，各个小组相互提问质询，评定各组成绩；以小组为单位，分别由组长和每个成员根据各成员在讨论中的表现进行评估打分。

第九，教师分析总结给予点评。

4. 考核办法

教师根据各组代表的陈述，依据知识掌握程度、模拟企业组建规范、章程规

范、组织机构设置合理等方面给出书面成绩，占30%；由组长负责对本组成员在模拟企业建立过程中的工作情况给予自评分，占20%；由各个小组按照各组代表陈述及接受质询答辩情况给予互评分，占50%。

5. 思考与练习

（1）个人独资企业的设立条件是什么？设立个人独资企业时应当提交的法定文件是什么？

（2）普通合伙企业的设立条件是什么？

（3）简述合伙企业合伙人的出资形式及要求（包括有限合伙企业），合伙企业的登记事项包括哪些内容？

（4）简述有限责任公司的设立条件、设立程序。股份有限责任公司的设立条件。

（5）股东的出资方式有哪些？简述公司股东权利。

（七）实验七：合同法应用能力

1. 实验目的与要求

要求以合同法的学习为基础，通过本实验让学生掌握合同的订立、合同效力鉴别、合同纠纷处理等相关知识，并具备起草合同文书的能力。

2. 实验内容

（1）掌握合同订立中的要约与承诺，能正确判断合同成立与否；

（2）识别不同效力的合同，掌握格式条款的特殊效力规则；

（3）掌握合同履行抗辩权的内涵及其成立要件；

（4）熟悉并掌握合同法定解除的事由及解除权行使规则；

（5）正确分析违约责任的归属及如何合法地处理合同纠纷；

（6）能对优化合同草案提出合理化的意见和建议。

3. 实验步骤

第一，认真复习合同法总论部分知识；

第二，教师事先提供资料，学生分组讨论形成报告；

第三，学生分组模拟订立合同并相互交流，对合同草案提建议；

第四，在此基础上，教师分析总结典型案例，小组讨论，同时引导学生分组收集整理合同纠纷案例资料，各小组之间进行交流。

4. 考核办法

以小组为单位，分别由组长和每个成员根据各成员在讨论中的表现进行评估打分，占 30%；教师根据各组代表的陈述，依据知识掌握程度、法理分析准确性、结论正确性等方面给出书面成绩，占 30%；对合同草案提出的修改建议正确、全面，占 40%。

5. 思考与练习

（1）合同的基本分类有哪些？合同法的基本原则有哪些？

（2）格式条款合同适用中应注意的问题有哪些？

（3）要约是否可以撤回、撤销？

（4）效力待定合同、可撤销的合同的主要类型有哪些？

（5）简述双务合同的履行抗辩权。

（6）简述向第三人履行、由第三人履行的履行原则。

（7）合同保全中的撤销权与可撤销合同中的撤销权有何不同？

（8）简述代位权诉讼、撤销权诉讼中的主体及管辖（注意两者的不同之处）。

（9）合同担保的方式有哪些？保证的方式有哪些？简述定金的效力。

（10）承担违约责任的方式有哪些？

6. 案例资料示例

示例一：

甲公司于 6 月 10 日向乙公司发出要约订购一批红木家具，要求乙公司于 6 月 15 日前答复。6 月 12 日，甲公司欲改向丙公司订购红木家具，遂向乙公司发出撤销要约的信件，于 6 月 14 日到达乙公司。6 月 13 日，甲公司收到乙公司的回复，乙公司表示红木家具缺货，问甲公司能否用杉木家具代替。甲公司的要约于何时失效？

示例二：

甲公司与乙公司于 2013 年 5 月 20 日签订了买卖合同，甲为买方，乙为卖方。双方约定：

（1）乙公司于 10 月 30 日前分两批向甲公司交付某种型号的机器设备 10 套，总价款合计为 150 万元；

（2）甲、乙公司给付定金 25 万元；

（3）如一方迟延履行合同，应向另一方支付违约金 20 万元；

（4）丙公司作为乙公司的保证人，在乙公司不能履行时，丙公司承担一般保证责任。

合同依法生效后，甲公司因故未向乙公司给付定金。10 月 1 日乙公司向甲公司交付了 3 套设备，甲公司支付了 45 万元货款。之后该种设备价格大幅上涨，乙公司向甲公司提出变更合同，要求将剩余的 7 套设备价格提高到每套 20 万元，甲公司不同意，随后乙公司通知甲公司解除合同。

11 月 1 日，甲公司仍未收到剩余的 7 套设备，既而严重影响了其正常生产，并因此遭受了 50 万元的经济损失。于是甲公司诉至法院，要求乙公司增加违约金数额并继续履行合同，同时要求丙公司履行一般保证责任。

要求：据合同法律制度的规定，分别回答下列问题：

（1）合同约定甲公司向乙公司给付 25 万元定金是否合法？并说明理由。

（2）乙公司通知甲公司解除合同是否合法？并说明理由。

（3）公司要求增加违约金数额依法能否成立？并说明理由。

（4）甲公司要求乙公司继续履行合同依法能否成立？并说明理由。

（八）实验八：物权法应用能力

1. 实验目的与要求

要求以物权法的学习为基础，通过本实验让学生掌握物权的效力、类型、物权的变动及保护规则，所有权的内容、类型，用益物权的概念、特征、类型，担保物权的类型等相关知识，并具备解决实务问题的能力。

2. 实验内容

（1）熟悉物权的变动规则，区分不同物权的效力，掌握物权效力优先规则；

（2）掌握善意取得适度的适用范围和构成要件；

（3）识别按份共有和共同共有；

（4）掌握土地承包经营权、建设用地使用权、宅基地使用权和地役权，区分地役权和相邻关系；

（5）综合掌握抵押权、质权、留置权和担保物权的竞合，熟悉抵押权当事人的权利和担保物权竞合的处理规则。

3. 实验步骤

第一，认真复习物权法部分知识；

第二，教师事先提供资料，学生分组讨论形成报告；

第三，学生分组分析案例资料并相互交流；

第四，在此基础上，教师分析总结典型案例，小组进行讨论。

4. 考核办法

以小组为单位，分别由组长和每个成员根据各成员在讨论中的表现进行评估打分，占30%；教师根据各组代表的陈述，依据知识掌握程度、法理分析准确性、结论正确性等方面给出书面成绩，占50%；分组讨论及代表陈述占20%。

5. 思考与练习

（1）《物权法》中对物权的基本分类有哪些？

（2）所有权包括哪些权能？

（3）不动产所有权和动产所有权的转移以什么为标准？

（4）物上请求权与损害赔偿请求权有何区别？

（5）征收和征用有何区别？

（6）依据《物权法》的规定哪些财产可以作为抵押物？

（7）依据《物权法》的规定可以作为权利质押的权利有哪些？

（8）简述抵押权当事人的权利与义务。

（9）简述担保物权竞合的处理规则。

（10）善意取得制度的构成要件有哪些？

6. 案例资料示例

2013 年 10 月 25 日，甲向乙借款 10 万元，并用自己的一辆汽车抵押，但没有办理抵押登记。2013 年 11 月 3 日、5 日，甲分别向丙、丁借款 10 万元，同样以该汽车抵押，并分别于 11 月 7 日、8 日办理了抵押登记。2013 年 11 月 15 日，甲向戊借款 10 万元，也用该汽车抵押，但没有办理登记。戊要求甲再提供其他担保，甲的好友己交给戊一份文书，表明自己愿意为甲和戊的借款合同做保证人，戊收下后未作任何表示。2013 年 12 月 1 日，甲的各项借款均已到期，但甲均未偿还，乙、丙、丁、戊均对该汽车主张抵押权。另查明，甲在 2013 年 10 月 29 日已经将该车租给了庚，租期为 2 年，每月租金为 15000 元。2014 年 4 月，在各债权人申请强制执行后，经过法院拍卖，该汽车由辛拍得。根据上述事实，请回答：

（1）关于甲的汽车各抵押权的先后顺序，下列选项正确的是（　　）

    A. ①乙②丙③丁④戊　　　　B. ①丙②丁③戊④乙

    C. ①丁②戊③丙④乙　　　　D. ①丙②丁③乙和戊

（2）辛买得该车后，能否请求庚返还该车？如果可以，能在何时行使请求权？

（3）抵押权人是否有权请求庚支付到期租金，优先清偿自己的债权？

第三节　基础会计课程实验

基础会计课程实践就是在手工模拟实验室里根据模拟的现场发生的会计业务，运用所学的会计核算方法和程序，完成从建立新账、编制记账凭证、登记日记账、明细账和登记总账到编制会计报表等一系列会计核算工作。它是会计学专业的一门重要实践性课程，会计学专业学生必须完成基础会计课程实践。

一、实验的目的与要求

基础会计课程实验为基础会计学课程的实践性教学环节，是学生综合运用所学的初级会计学知识解决实际问题，理论联系实际必不可少的技能性操作环节。其设计目的为：

1. 知识目标

使学生巩固所学课程的基本理论、基本技能和基本方法，使其把书本中的理论知识和实际会计业务处理方式进行对照比较、加深认识、加强理解，达到理论教学和会计实务实际操作的有机统一，为进一步学习管理会计学和成本会计学等后续课程奠定理论基础。

2. 能力目标

通过会计模拟实习操作，使学生对企业生产经营过程中的各经济业务环节的处理进行一次全面系统的演习，达到熟悉和掌握会计核算程序和业务操作技术，提高独立分析问题及解决问题能力的目的。

3. 品德目标

通过会计模拟实验，将会计理论知识和专业实践有机结合起来，使两者有机地统一。在学习过程中，加强学生的品德教育，树立诚信思想，培养学生良好的职业道德，养成实事求是的科学态度和一丝不苟的科学作风，注意锻炼学生的组织能力，具备强烈的集体责任感，有团队意识、良好的协调和沟通能力。

二、实验内容

会计模拟实验的主要内容包括了解企业工作组织、熟悉会计、掌握会计核算操作能力和会计操作技能。具体如下：

1. 认知企业

了解企业基本情况、企业内部会计制度、会计人员、会计人员岗位分工以及会计工作组织形式。

2. 掌握会计手工核算技能

a. 基础训练。包括阿拉伯数字的书写和汉字大写数字的书写。

b. 技能训练。

第一，建立会计账簿。根据企业情况设置会计科目，建立并启用账簿，录入期初数据。

第二，审核各种原始单据，根据已经审核无误的原始凭证，填制记账凭证并审核。

第三，根据已审核无误的原始凭证和记账凭证，填制现金日记账和银行存款日记账。

第四，根据已审核无误的原始凭证和记账凭证，填制明细账。

第五，根据已审核无误的原始凭证和记账凭证，填制科目汇总表。

第六，根据科目汇总表，填制总分类账。

第七，月末对账和结账。

第八，根据总分类账和明细账，填制资产负债表和损益表。

c. 会计操作技能。通过手工会计操作手段，提高学生处理会计业务的能力，具体包括会计凭证的装订、账簿和报表等会计资料的归档和管理的技能。

三、实验教学内容

（一）实验一：阿拉伯数字的书写

1. 实验目的与要求

（1）掌握阿拉伯数字的标准写法，做到书写规范、清晰和流畅。

（2）按照标准写法进行书写练习，直至书写规范、流畅，指导教师认可。练习时可用"会计数字练习用纸"，也可用账页进行书写。

2. 实验准备

材料：练习时可用"会计数字练习用纸"或账页进行书写。

3. 实验步骤

（1）数字应当一个一个地写，不得连笔写。

（2）字体要各自成形，大小均衡，排列整齐，字迹工整、清晰。

（3）每个数字要紧靠凭证或账表行格底线书写，字体高度占行格高度的1/2以下，不得写满格，以便留有改错的空间。

（4）字体要自右上方向左下方倾斜地写，倾斜度约60度。

（二）实验二：汉字大写数字的书写

1. 实验目的与要求

（1）掌握汉字大写数字的标准写法，做到书写规范、流畅。

（2）按照标准写法进行书写练习，直至书写规范、流畅，得到指导教师认可。

2. 实验准备

材料：练习时可用"会计数字练习用纸"或账页进行书写。

3. 汉字大写数字的标准写法

（1）汉字大写数字要以正楷或行书字体书写，不得连笔写。

（2）不允许使用未经国务院公布的简化字或谐音字。大写数字一律用"壹、贰、叁、肆、伍、陆、柒、捌、玖、拾、佰、仟、万、亿、元、角、分、零、整（正）"等。不能用"毛"代替"角"、"另"代替"零"。

（3）字体要各自成形、大小匀称、排列整齐，字迹要工整、清晰。

（三）实验三：填制原始凭证

1. 实验目的与要求

（1）通过本项实验，使学生掌握原始凭证的基本内容、填制方法及填制和审核要求，了解原始凭证的意义。

（2）按照原始凭证的填制要求，填写各种原始凭证。

2. 实验准备

（1）实验用具：参加实验学生每人准备碳素墨水钢笔一支。

（2）经办业务有关人员的姓名，由指导教师统一命名，如会计主管姓名、出纳姓名、有关单据填制和审核人员姓名。

（3）统一准备经办业务人员、单位财务专用章、现金收讫、转账收讫戳记。

（4）正确填制各项经济业务的原始凭证，字迹工整、数字规范、手续（签章）齐全。

3. 实验步骤

（1）复习教材中原始凭证的填制要求。

（2）了解各项经济业务的内容、数量、金额、经办人员等。

（3）填制各项经济业务的原始凭证，并在凭证上签名或盖章，或加盖单位财务公章。

4. 实验资料

企业名称：向阳有限责任公司（增值税一般纳税人）。

开户银行：中国建设银行宁夏分行同心路支行账号：67274004846992715。

纳税人登记号：1442247893230。

会计人员：毛晓；出纳员：张丽玉；会计主管：李特。

2012 年 9 月发生的有关交易或事项如下：

（1）9 月 1 日，开出现金支票从银行提取 5000 元现金备用（填制现金支票，如表 1-5 所示）。

表 1-5　现金支票

中国建设银行（宁） 现金支票存根 No. 675843288 <u>附加信息</u>	中国建设银行现金支票（宁）　　　　No. 675843288										
	出票日期（大写）　年　月　日　付款行名称：										
	收款人：　　　　　　　　出票人账号：										
	本支票付款期限十天	人民币		百	十万	千	百	十	元	角	分
出票日期　年　月　日		（大写）									
收款人：		用途									
金额：		上列款项请从									
用途：		我账户内支付									
单位主管会计		出票人签章　复核记账									

（2）9 月 2 日，职工毛晓丽赴上海出差，预借差旅费 4000 元，财务人员审核无误后付现金（填制借款单，如表 1-6 所示）。

表 1-6　借款单

年　月　日

部门		借款事由			
借款金额	金额（大写）				￥
批准金额	金额（大写）				￥
领导		财务主管		借款人	

（3）9 月 3 日，出纳员张丽玉将当天的销售款 120800 元现金存入银行（其中面额 100 元的 800 张，面额 50 元的 800 张，面额 10 元的 80 张）（填制银行现金交款单，如表 1-7 所示）。

表 1-7　中国建设银行现金交款单

账别：　　　　　　　　　　　　　　　　　　　　　　　　　年　月　日

交款单位		收款单位													
款项来源		账号		开户银行											
大写金额				亿	千	百	十	万	千	百	十	元	角	分	
券别				合计金额	科目（贷） 对方科目（借）										
整把券															
零张券															

（4）9 月 7 日，开出转账支票 50000 元，向北方工厂预付购料款（填制转账支票，如表 1-8 所示）。

表 1-8　转账支票

中国建设银行（宁） 现金支票存根 No. 675345786 **附加信息** 出票日期　年　月　日 收款人： 金额： 用途： 单位主管会计	**中国建设银行转账支票（宁）**　　　No. 675345786 出票日期（大写）　年　月　日　付款行名称： 收款人：　　　　　　　　　　　　　出票人账号：

本支票付款期限十天	人民币 （大写）	百	十	万	千	百	十	元	角	分
	用途 上列款项请从 我账户内支付 出票人签章　复核记账									

（5）9月8日，向顾里公司厂购进材料300件，单价每件1000元，增值税51000元，开出转账支票付款，材料验收入库（填制材料入库单和转账支票，如表1-9、表1-10所示）。

表1-9　材料入库单

供应单位：　　　　　　　　　　　　　　　　　　　　　　　　年　月　日

发票号：111078							字第　号									第二联记账联
	材料名称	规格材质	计量单位	应收数量	实收数量	单价	金额									
							千	百	十	万	千	百	十	元	角	分	
				运杂费												
				合计												
备注																
仓库		会计		收料员						制单						

表1-10　转账支票

中国建设银行（宁）现金支票存根 No. 675345789 附加信息 出票日期 年 月 日 收款人： 金额： 用途： 单位主管会计	中国建设银行转账支票（宁）　　　No. 675345789									
	出票日期（大写） 年 月 日　付款行名称：									
	收款人：　　　　　　　　　出票人账号：									
	本支票付款期限十天	人民币（大写）	百	十	万	千	百	十	元	角	分
		用途									
		上列款项请从我账户内支付									
		出票人签章　复核记账									

（6）9月10日，向祥康公司销售产品200件，每件800元（不含增值税），开出增值税专用发票，收到对方的转账支票，当日填写银行进账单送存银行（填制增值税专用发票及银行进账单，如表1-11、表1-12所示）。

表 1-11　宁夏增值税专用发票

抵扣联　　　　　　　　　　　　　　　　　　　　　　　开票日期：年　月　日

购货单位	名称： 纳税人识别号：1657856912390 地址、电话：银川市黄河路 666 号 2011456 开户行及账号：工商银行西夏区分行 78654588				密码区	6+-〈2〉6〉927+296+/加密版本：01 446〈600375〈35〉〈4/37009931410 2-2〈2051+24+2618〈70445/3-15〉〉 09/5/-1〉〉〉+2			第一联：抵扣联 购货方抵扣凭证
货物或应税劳务名称	规格型号	单位	数量	单价	金额	税率	税额	
合计								
价税合计（大写）							（小写）	
销货单位	名称： 纳税人识别号： 地址、电话： 开户行及账号：			备注				
收款人：　　复核：　　开票人：　　销货单位：（章）								

注：增值税专用发票一式三联，第一联为抵扣联，第二联为发票联，第三联为记账联。

表 1-12　中国建设银行进账单（收账通知）
年　月　日第　号

付款人	全称		收款人	全称									此联是收款人开户行交给收款人收账通知
	账号			账号									
	开户银行			开户银行									
人民币（大写）				千	百	十	万	千	百	十	元	角	分
	票据种类			收款人开户行盖章									
	票据张数												
单位主管会计　　复核记账													

5. 实验思考

（1）各项经济业务的办理流程或会计凭证传递的流程。

（2）填制原始凭证的种类，应填制何种记账凭证？

（3）各企业应如何设计原始凭证格式？

6. 实验报告

实验完毕，编制实验报告，其内容包括：

（1）实验涉及的内容、实验的时间、实验中实施的具体步骤。

（2）实验操作的方法及操作中存在的具体问题。

（3）实验的心得体会。

（四）实验四：审核原始凭证

1. 实验目的与要求

（1）通过本实验，掌握原始凭证审核的内容和方法。

（2）审核原始凭证，认真审核后指出其中存在的问题并提出修改处理意见和方法。

2. 实验准备

认真复习原始凭证包括的内容和审核的方法。

3. 实验步骤

（1）审核原始凭证。根据原始凭证审核的内容和方法，认真审查每一笔经济业务事项所涉及的原始凭证是否准确无误。

（2）指出存在的问题。每一笔经济业务事项所取得或填制的原始凭证中，至少有一张凭证存在一处或多处错误或不完整。认真审核后指出其中存在的问题。

4. 实验资料

（1）2012 年 10 月 3 日，采购员王敏赴北京采购材料，填写一份借款单并经主管领导批准（见表 1-13）。

表 1-13　借款单

2012 年 10 月 3 日

部门	供应科		借款事由：参加订货会
借款金额（人民币大写）贰仟元整 ￥：2000.00			
批准金额（人民币大写）贰仟元整 ￥：2000.00			
领导	周伟	财务主管	李特	借款人

（2）2012 年 10 月 8 日，加工车间王冠领用圆钢 4000 千克，计划单价 10 元，领用角钢 3000 千克，计划单价 5 元（工作单号 1220，工作项目：车工），生产锁具。

表 1-14 向阳有限责任公司领料单

领料部门：　　　　　　　　　　　　　　　　　　　　2012 年 10 月 8 日

材料 规格及名称	单位	数量		计划 单价	金额	过账
		请领	实发			
圆钢	千克	4000	4000	10.00	4000.00	
角钢	千克	3000	3000	5.00	15000.00	

仓库负责人：　　记账：　　发料：王红　　领料：

（3）2012 年 10 月 9 日，销售 CG-1 产品 500 件，单价 200 元，HG-2 产品 500 件，单价 100 元，开出增值税专用发票（见表 1-15）一份并将有关联交给东方明珠有限公司，同时收到东方明珠签发的转账支票（见表 1-16）一张，尚未送存银行。

表 1-15 宁夏回族自治区增值税专用发票

记账联　　　　　　　　　　　　　　　　　开票日期　2012 年 10 月 9 日

购货单位	名称：东方明珠有限公司 纳税人识别号：3708662346633898 地址、电话：银川市前进路 16 号 6230355 开户行及账号：工商银行宁夏支行 8040-4129		密码区	6+-〈2〉6）927+296+/＊加密版本 01 446〈600375〈35〉〈4/＊37009931410 2-2〈2051+24+2618〈707050445/3-15〉〉 09/5/-1〉〉〉+2			
货物或应税劳务名称	规格型号	单位	数量	单价	金额	税率	税额
甲产品 甲产品 合计	CG-1 HG-2	件 件	500 100	200.00 500.00	100000.00 50000.00 ￥150000.00	17%	17000.00 8500.00 25500.00
价税合计（大写）	⊗拾柒万伍仟伍佰元（小写）￥175500.00						
销货单位	名称：向阳有限责任公司 纳税人识别号：1442247893230 地址、电话：银川市西夏区解放路 888 号 2666666 开户行：建设银行宁夏分行同心路支行 账号：67274004846992715		备注				

收款人复核　　开票：张强　　销货单位：（章）

（注：第三联记账联销货方记账凭证）

表 1-16 转账支票

<table>
<tr><td colspan="11">中国工商银行转账支票（宁）　　No. 6753675432
出票日期（大写）贰零壹贰年拾月玖日　付款行名称：工商银行兴庆支行

收款人：向阳有限责任公司　出票人账号：8040-4129</td></tr>
<tr><td rowspan="6">付
款
期</td><td>人民币拾柒万伍仟伍佰元（大写）</td><td>百</td><td>十</td><td>万</td><td>千</td><td>百</td><td>十</td><td>元</td><td>角</td><td>分</td></tr>
<tr><td></td><td>¥</td><td>1</td><td>7</td><td>5</td><td>5</td><td>0</td><td>0</td><td>0</td><td>0</td></tr>
<tr><td colspan="10">用途购货款上列款项请从我账户内支付
出票人签章　复核记账</td></tr>
</table>

（4）10 月 10 日，签发现金支票（见表 1-17）一张，金额 38566.30 元，从银行提取现金以备发工资。

表 1-17 转账支票

<table>
<tr><td rowspan="8">中国建设银行（宁）
转账支票存根
No. 675345794
<u>附加信息</u>

出票日期 2007 年 4 月
10 日

收款人：
金额：¥386566.30
用途：发工资
单位主管会计</td><td rowspan="8">本
支
票
付
款
期
限
十
天</td><td colspan="10">中国建设银行转账支票（宁）　　No. 675345794
出票日期（大写）贰零壹贰年拾月壹拾日　付款行名称：建设银行同心路支行
收款人：向阳有限责任公司　出票人账号：560101180016</td></tr>
<tr><td>人民币叁万捌仟伍佰</td><td>百</td><td>十</td><td>万</td><td>千</td><td>百</td><td>十</td><td>元</td><td>角</td><td>分</td></tr>
<tr><td>陆拾陆元叁角（大写）</td><td></td><td>¥</td><td>3</td><td>8</td><td>5</td><td>6</td><td>6</td><td>3</td><td>0</td></tr>
<tr><td colspan="10">用途发工资上列款项请从我账户支付
出票人签章　复核记账</td></tr>
</table>

（5）10 月 18 日，办公室职员张明拿来发票一张，报销购买笔记本、钢笔等办公用品费用（见表 1-18）。

表 1-18　宁夏回族自治区商品销售统一发票

客户名称及地址：向阳有限责任公司　　　2012 年 10 月 18 日填制

品名规格	单位	数量	单价	金额						
				万	千	百	十	元	角	分
笔记本	本	20	6.00		1	2	0	0	0	
钢笔	支	12	14.80		1	6	5	6	0	
合计				¥	2	8	5	6	0	

合计金额（大写）贰佰捌拾伍元陆角零分

填票人：刘静　　收款人：毛晓鹃　　单位名称：（盖章）

（第二联 发票）

5. 实验思考

以上哪些原始凭证存在问题？是违反有关法令、制度的问题还是填制不符合要求的问题？

6. 实验报告

实验完毕，编制实验报告，其内容包括：

（1）实验中涉及的内容、实验的时间、实验采取的步骤。

（2）针对原始凭证审核中存在的问题，提出处理意见和解决方法。

（3）实验的心得体会和相关建议。

（五）实验五：编制并审核记账凭证

1. 实验目的与要求

（1）通过本项实验，使学生掌握记账凭证的内容、格式及填制方法、要求和审核。

（2）要求根据审核无误后的原始凭证填制并审核记账凭证。

2. 实验准备

认真复习记账凭证的内容、种类、填制要求和方法以及审核方法和要求。本项实验需通用记账凭证 36 张。

3. 实验资料

向阳有限责任公司 2012 年 11 月发生如下交易或事项。

（1）11 月 1 日，采购员张华预借差旅费 1000 元，以现金支付（见表 1-19）。

表 1-19　借款单

2012 年 11 月 1 日

单位或部门		供应科	借事事由		洽谈业务
申请借款金额		金额（大写）壹仟元整			￥：1000.00
批准金额		金额（大写）壹仟元整			￥：1000.00
领导批示	张磊	财务主管	李特	借款人	张华

（2）11 月 2 日，从银行提取现金 1800 元备用（见表 1-20）。

表 1-20　现金支票存根

中国建设银行（宁）

现金支票存根

No. 675432471

附加信息

出票日 2012 年 11 月 2 日

收款人：向阳公司
金额：￥1800.00
用途：备用

单位主管　会计毛晓

（3）11 月 2 日，生产车间领用材料（见表 1-21）。

表 1-21　领料单

领料部门：生产车间　　　　　　　　　　　　　　　　　　2012 年 11 月 2 日

材料		单位	数量		单位成本	金额	过账
名称	规格		请领	实发			
甲材料	PI—2	千克	423	423	20.00	8460.00	
乙材料	JB—1	千克	2	2	3250.00	6500.00	
工作单号		用途		生产 A 产品			
工作项目							

会计：　　记账：　　发料：张丽　　领料：王大鹏

（4）11月4日，厂部以现金购买办公用品（见表1-22）。

表1-22　银川市商品销售统一发票

购货单位：向阳公司　　　　　　2012年11月4日　　　　　　No. 087243

货号	品名及规格	单位	数量	零售价	金额 万	千	百	十	元	角	分	备注
	计算器	台	2	120.00			2	4	0	0	0	
	合计					¥	2	4	0	0	0	
合计金额（大写）⊗仟贰佰肆拾零元零角零分												

收款：刘亚　　开票：王芳　　单位名称：（盖章）

（5）11月5日，从雪莲公司购进乙材料6千克，单价3100元，价款18600元，增值税3162元，款项以银行存款支付，材料已验收入库（见表1-23、表1-24、表1-25）。

表1-23　宁夏增值税专用发票

发票联　　　　　　开票日期：2012年11月5日

购货单位	名称：向阳公司 纳税人识别号：1442247893230 地址、电话：银川市西夏区26号6813798 开户行：建设银行宁夏分行同心路支行 账号：67274004846992715		密码区	6+-〈2〉6〉927+296+/加密版本：01			
货物或应税劳务名称	规格型号	单位	数量	单价	金额	税率	税额
乙材料	JB—1	千克	6	3100.00	18600.00	17%	3162.00
合计					¥18600.00		¥3162.00
价税合计（大写）	⊗贰万壹仟柒佰陆拾贰元整（小写）21762.00						
销货单位	名称：雪莲公司 纳税人识别号：370613265531672 地址、电话：银川市东大街8号6883019 开户行及账号：工商银行东大街支行80326407028		备注				

收款人：李洋　　复核：张华　　开票人：刘明　　销货单位：（章）

表 1-24 转账支票存根

中国建设银行（宁）

转账支票存根

No.468972114

附加信息

出票日期 2012 年 11 月 5 日

收款人：雪莲公司
金额：￥21762.00
用途：购料

单位主管会计毛晓

表 1-25 材料验收入库单

供应单位：　　　发票号：　　　　　　　　　　　　2012 年 11 月 5 日第　　号

材料类别	材料名称	规格	计量单位	数量	实收数量	单价	金额								第三联
							十万	万	千	百	十	元	角	分	
	乙材料	JB—1	公斤	6	6	3100.00		1	8	6	0	0	0	0	会
检验结果检验员签章：				运杂费											计
				合计			￥	1	8	6	0	0	0	0	
备注															

仓库主管：　　材料会计：　　收料员：　　　经办人：　　制单：陈红

（6）11 月 5 日，李明报销差旅费 850 元，上月借款 1000 元，退回现金 150 元（见表 1-26、表 1-27）。

表 1-26 差旅费报销单

部门：供应科　　　　　　　　　　　　　　　　填报日期 2012 年 11 月 5 日

姓名		李明		出差事由		洽谈业务	出差自 2012 年 9 月 19 日日期至 2012 年 9 月 29 日				共 10 天		附
起讫时间及地点				车船票		夜间乘车补助费			出差乘补费			住宿费	其他		单
月	日	起	月	日	讫	类别	金额	时间	标准	金额	日数	标准	金额	金额	摘要	金额	据
9	19	银川	9	19	西安		130										共
		29	西安	9	29	银川		130				10	15	150	440		叁
			小计				260				10	15	150	440			张
总计金额		（大写）⊗仟捌佰伍拾零元零角零分预借 1000 核销 850 退补 150															

主管：李特　　部门：冯涛　　审核：　　填报人：李明

表 1-27 收款收据

2012 年 11 月 5 日第　号

| 今收到李明 |
| 交来预借款 |
| 人民币（大写）壹佰伍拾元整 ￥150.00 |
| 单位印章　单位负责人　会计主管　经手人毛晓 |

第三联记账联

（7）11 月 6 日，生产车间领用材料（见表 1-28）。

表 1-28 领料单

领料部门：　　生产车间　　　　　　　　　　　　　　　　2012 年 11 月 6 日

| 材料 | | 单位 | 数量 | | 单位成本 | 金额 | 过账 |
名称	规格		请领	实发			
乙材料	JB—1	千克	2	2	3250.00	6500.00	
丙材料	RB—6	米	400	400	25.00	10000.00	
工作单号		用途	生产 B 产品				
工作项目							

会计：　　记账：　　发料：张华　　领料：李明华

（8）11 月 6 日，以银行存款支付市电视台广告费 8000 元（见表 1-29、表 1-30）。

表 1-29 转账支票存根

| 中国建设银行（宁） |
| 转账支票存根 |
| No. 643562115 |
| 附加信息 |
| 出票日期 2012 年 11 月 6 日 |
| 收款人：市电视台 |
| 金额：￥8000.00 |
| 用途：广告费 |
| 单位主管会计毛晓 |

表 1-30　银川市广告业专用发票

客户名称：向阳公司　　　　　　　　　　　　　　　　　　　　2012 年 11 月 6 日

项目	单位	数量	单价	金额	备注	报
广告制作				8000.00		销
						凭
合计金额（大写）：⊗万捌仟零佰零拾零元零角零分						证

单位：（盖章）　　开票人：张超

（9）11 月 6 日，职工孙强报销医药费，以现金支付（见表 1-31、表 1-32）。

表 1-31　医院门诊收费收据

2012 年 11 月 6 日

姓名				孙强			
中药		按摩		化验		人流	
西药	158.00	理疗		透照		B 超	
针灸		心电		处置			
合计（大写）⊗万⊗仟壹佰伍拾捌元零角零分 ¥ 158.00							

表 1-32　医药费报销单

开支内容	金额	结算方式
职工医药费	¥ 158.00	①冲借款元；②转账元； ③汇款元；④现金付讫 158 元
合计	⊗万⊗仟壹佰伍拾捌元零角零分	¥ 158.00

单位负责人：张磊　　会计主管：李特　　经手人：孙强　　出纳：刘艳

（10）11 月 7 日，从蓝天公司购进甲材料 500 千克，单价 20 元，价款 10000 元，增值税 1700 元，款项以银行存款支付，材料已验收入库（见表 1-33、表 1-34、表 1-35）。

表1-33　宁夏增值税专用发票发票联

开票日期：2012 年 11 月 7 日

<table>
<tr><td rowspan="4">购货单位</td><td colspan="5">名称：向阳公司
纳税人识别号：1442247893230
地址、电话：银川市西夏区 26 号 6813798
开户行：建设银行宁夏分行同心路支行
账号：67274004846992715</td><td rowspan="4">密码区</td><td colspan="3">8+-〈3〉6）972＋269＋/加密版本：03646
〈600735〈35〉〈4/37009931410</td></tr>
</table>

货物或应税劳务名称	规格型号	单位	数量	单价	金额	税率	税额
甲材料	PI—2	千克	500	20.00	10000.00	17%	1700.00
合计					￥10000.00		￥1700.00

价税合计（大写）	⊗壹万壹仟柒佰元整（小写）11700.00

<table>
<tr><td rowspan="4">销货单位</td><td colspan="4">名称：蓝天公司
纳税人识别号：6789344526553167
地址、电话：银川市西大街 18 号 5988888
开户行及账号：建设银行民族街支行
8888383839</td><td>备注</td><td></td></tr>
</table>

收款人：王红　　复核：张丽　　开票人：刘涛　　销货单位：（章）

表1-34　中国建设银行信汇凭证（回单）

汇款人	全称	向阳公司		收款人	全称	蓝天公司			
	账号或住址	67274004846992715			账号或住址	8888383839			
	开户银行	建设银行宁夏分行同心路支行			开户银行	工行	行号		2263

金额	人民币（大写）壹万壹仟柒佰元整	千	百	十	万	千	百	十	元	角	分
				￥	1	1	7	0	0	0	0

汇款用途：购料	汇出行盖章 2012 年 11 月 7 日
上列款项已根据委托办理，如需查询，请持此回单来行面洽	
单位主管会计　复核记账	

委托日期 2012 年 11 月 7 日

表 1-35　材料验收入库单

供应单位：　　　发票号：　　　　　　　　　　　　2012 年 11 月 7 日第　　号

材料类别	材料名称	规格	计量单位	数量	实收数量	单价	金额								第三联
							十万	千	百	十	元	角	分	
	甲材料	PI—2	千克	500	500	20.0	1	0	0	0	0	0	0	会计
检验结果 检验员签章：				运杂费										
				合计			￥	1	0	0	0	0	0	0
备注														

仓库主管：　　材料会计：　　收料员：　　经办人：　　制单：陈红

(11) 11 月 10 日，生产车间领用材料（见表 1-36）。

表 1-36　领料单

领料部门：生产车间　　　　　　　　　　　　　　　　2012 年 11 月 10 日

材料		单位	数量		单位成本	金额	过账
名称	规格		请领	实发			
甲材料	PI—2	千克	500	500	20.00	10000.00	
工作单号		用途	车间一般耗用				
工作项目							

会计：　　记账：　　发料：张华　　领料：车力

(12) 11 月 10 日收到华联商厦前欠货款 35100 元（见表 1-37、表 1-38）。

表 1-37　中国建设银行进账单（收账通知）

2012 年 11 月 10 日

付款人	全称	华联商厦	收款人	全称	向阳公司										此交联收是款收人款的人收开账户通知
	账号	20522305782		账号	67274004846992715										
	开户银行	工商银行银川市分行		开户银行	建设银行宁夏分行同心路支行	千	百	十	万	千	百	十	元	角	分	
人民币（大写）		叁万伍仟壹佰元整						￥	3	5	1	0	0	0	0
	票据种类	转账支票		收款人　开户行　盖章											
	票据张数	1 张													
	单位主管会计　复核记账														

表 1-38 收款收据

2012 年 11 月 10 日第　号

交款单位或交款人	华联商厦	收款方式	转账支票
事由收回欠款人民币（大写）叁万伍仟壹佰元整 ￥35100.00 单位印章　单位负责人　会计主管　经手人毛晓		备注	

（13）11 月 11 日，从银行提取现金 82480 元，备发工资（见表 1-39）。

表 1-39 现金支票存根

中国建设银行（宁）

现金支票存根

No. 456608473

附加信息

出票日期 2012 年 11 月 11 日

收款人：向阳公司
金额：￥82480.00
用途：备发工资

单位主管　会计毛晓

（14）11 月 11 日发放工资，工资结算单（略）（见表 1-40）。

表 1-40 工资结算汇总表

2012 年 11 月 11 日

部门		人数	月基本工资	经常性奖金	津贴和补贴		加班工资	应扣工资		应付工资	代扣款项			实发工资
					物价补贴	夜班津贴		病假	事假		电费	水费	小计	
厂部	生产科	4	4800	400	120									5400
	供销科	6	5800	300	180									6560
	劳资科	3	3600	150	90					3840				3840
	财务科	5	4220	200	150		150			4720				4720
	办公室	4	6000	200	120		160		20	6460				6460

续表

部门		人数	月基本工资	经常性奖金	津贴和补贴		加班工资	应扣工资		应付工资	代扣款项			实发工资
					物价补贴	夜班津贴		病假	事假		电费	水费	小计	
车间	生产工人	68	40400	3400	2040		7100		40	52900				52900
	管理人员	2	2260	100	80		160			2600				2600
	合计	92	67080	4750	2780		7930	20	40	82480				82480

（15）11 月 13 日，以银行存款缴纳税款（见表1-41、表1-42）。

表1-41　中华人民共和国税收电子转账专用完税证

发收日期：2012 年 11 月 13 日

税务登记代码	1442247893230		征收机关	银川市西夏区地税局
纳税人全称	向阳公司		收款银行（邮局）	宁商（01531166569）
税（费）种		税收所属期间		实缴金额
股份制企业城建税 教育费附加 所得税		20071101~20071130 20071101~20071130 20071101~20071130		595.00 255.00 21714.00
金额合计		（大写）贰万贰仟伍佰陆拾肆元零角零分 ￥22564.00		
征收机关	收款银行（邮局）（盖章）	经手人（签章）	备注	电子缴税 00038638（27）

仅作纳税人完税凭证

表1-42　税收电子转账专用完税证

中华人民共和国税收电子转账专用完税证 填发日期：2012 年 11 月 13 日				
税务登记代码	1442247893230		征收机关	银川市国税局西夏分局
纳税人全称	向阳公司		收款银行（邮局）	宁商（01531112669）
税（费）种		税收所属期间		实缴金额
增值税		20121001~20121031		8500.00
金额合计	（大写）捌仟伍佰零拾零元零角零分			￥8500.00
征收机关	收款银行（邮局）（盖章）	经手人（签章）	备注	电子缴税 00038638（28）

仅作完税凭证

（16）11 月 14 日，开出转账支票预付 2013 年报纸杂志费（见表 1-43）。

表 1-43　银川市邮政专用发票

2012 年 11 月 14 日　　　　　　　　　　　　　　　　No. 087243

用户名称：向阳公司

业务种类	期数	金额							备注
		万	千	百	十	元	角	分	
2013 杂志	一年			6	8	0	0	0	
2013 报纸	一年		1	3	2	0	0	0	
合计			¥	2	0	0	0	0	0

合计金额（大写）⊗万贰仟零佰零拾零元零角零分

收款：刘亚　　开票：王芳　　单位名称：（盖章）

（17）11 月 14 日销售给宁夏华联商厦 A 产品 600 件，单价 105 元，价款 63000 元，增值税 10710 元；B 产品 800 件，单价 95 元，价款 76000 元，增值税 12920 元，款项已存入银行（见表 1-44、表 1-45）。

表 1-44　宁夏增值税专用发票

记账联开票日期：2012 年 11 月 14 日

购货单位	名称：华联商厦 纳税人识别号：650602165081023 地址、电话：银川市新华街 235 号 开户行及账号：工商银行银川市分行 20522305782		密码区	6+-〈2〉6〉927+296+/加密版本：01 446〈600375〈35〉〈4/37009931410			
货物或应税劳务名称	规格型号	单位	数量	单价	金额	税率	税额
A 产品 B 产品 合计	JC—2 JR—6	件 件	600 800	105.00 95.00	63000.00 76000.00 ¥139000.00	17% 17%	10710.00 12920.00 ¥23630.00
价税合计（大写）	⊗壹拾陆万贰仟陆佰叁拾元整 （小写）162630.00						
销货单位	名称：向阳公司 纳税人识别号：1442247893230 地址、电话：银川市西夏区 26 号 6813798 开户行：建设银行宁夏分行同心路支行 账号：67274004846992715		备注				

收款人：王平　　复核：刘军　　开票人：王涛　　销货单位：（章）

表 1-45 中国工商银行进账单（收账通知）

2012 年 11 月 14 日

付款人	全称	华联商厦公司	收款人	全称	向阳公司	此交
	账号	20522305782		账号	20522305782	联收是款收入人款的
	开户银行	工商银行银川市分行		开户银行	工商银行西夏区分行	人收开账户通行知

人民币（大写）	壹拾陆万贰仟陆佰叁拾元整	千	百	十	万	千	百	十	元	角	分
			¥	1	6	2	6	3	0	0	0

票据种类	银行转账支票	
票据张数	1 张	
单位主管会计　复核记账		收款人　开户行盖章

（18）11 月 14 日，从沈阳购进运输车哈飞宝通两辆，货款及运费已汇出。有关单据如表 1-46、表 1-47、表 1-48 所示。

表 1-46 辽宁省公路货运专用发票（乙）

发票联

发货单位：哈飞汽车公司　地址：大连路 38 号　电话：8550368　2012 年 11 月 14 日

卸货地点	解放路 16 号				收货单位	宁夏银川向阳公司		地址	西夏区 26 号	电话	6813798
货物名称	包装	件数	实际重量	计费运输量		货物等级	计费里程	运费率	运费金额	其他费用	运杂费小计
				吨	千米					费目	金额	
哈飞宝通		2								装卸费		2000.00
运杂费合计人民币	（大写）零万贰仟零佰零拾零元零角零分 ¥ 2000.00											
备注												

填票人：　收款人：孙梅　单位名称：（盖章）

表 1-47 辽宁增值税专用发票

发票联开票日期：2012 年 11 月 14 日

<table>
<tr><td rowspan="5">购货单位</td><td colspan="3">名称：向阳公司</td><td rowspan="5">密码区</td><td rowspan="5">6+－〈2〉6〉589+256+/＊加密版本 01446 〈600375〈35〉〈4/＊370089314102－2〈2051 ＋24＋2335 〈707060445/3－15〉〉09/5/－1〉〉〉+2</td><td rowspan="10">第二联 发票联 购货方记账凭证</td></tr>
<tr><td colspan="3">纳税人识别号：1442247893230</td></tr>
<tr><td colspan="3">地址、电话：银川市西夏区 26 号 6813798</td></tr>
<tr><td colspan="3">开户行：建设银行宁夏分行同心路支行</td></tr>
<tr><td colspan="3">账号：67274004846992715</td></tr>
<tr><td>货物或应税劳务名称</td><td>规格型号</td><td>单位</td><td>数量</td><td>单价</td><td>金额</td><td>税率</td><td>税额</td></tr>
<tr><td>哈飞宝通</td><td></td><td>辆</td><td>2</td><td>130000</td><td>260000.00</td><td>17%</td><td>44200.00</td></tr>
<tr><td>合计</td><td></td><td></td><td></td><td></td><td>￥260000.00</td><td></td><td>￥44200.00</td></tr>
<tr><td>价税合计（大写）</td><td colspan="7">⊗叁拾万零肆仟贰佰元整 （小写）￥304200.00</td></tr>
<tr><td rowspan="4">销货单位</td><td colspan="3">名称：哈飞汽车公司</td><td rowspan="4">备注</td><td rowspan="4"></td></tr>
<tr><td colspan="3">纳税人识别号：560101180012364</td></tr>
<tr><td colspan="3">地址、电话：沈阳市大连路 18 号 8540367</td></tr>
<tr><td colspan="3">开户行及账号：中国农行大连路支行 380180113364</td></tr>
</table>

收款人： 复核： 开票人：张蓬飞 销货单位：（章）

表 1-48 中国建设银行信汇凭证（回单）

委托日期 2012 年 11 月 14 日

<table>
<tr><td rowspan="3">汇款人</td><td>全称</td><td colspan="3">向阳有限责任公司</td><td rowspan="3">收款人</td><td>全称</td><td colspan="10">哈飞汽车公司</td><td rowspan="10">此联是汇出行给汇款人的回单</td></tr>
<tr><td>账号</td><td colspan="3">67274004846992715</td><td>账号</td><td colspan="10">380180113364</td></tr>
<tr><td>汇出地点</td><td colspan="3">宁夏省银川市/县</td><td>汇入地点</td><td colspan="10">省沈阳市/县</td></tr>
<tr><td colspan="2">汇出行名称</td><td colspan="3">建设银行宁夏分行同心路支行</td><td colspan="2">汇入行名称</td><td colspan="10">农行大连路支行</td></tr>
<tr><td rowspan="2">金额</td><td rowspan="2">人民币</td><td rowspan="2" colspan="3">叁拾万零肆仟贰佰元整</td><td rowspan="2"></td><td rowspan="2"></td><td>亿</td><td>千</td><td>百</td><td>十</td><td>万</td><td>千</td><td>百</td><td>十</td><td>元</td><td>角</td><td>分</td></tr>
<tr><td></td><td></td><td></td><td>￥</td><td>3</td><td>0</td><td>4</td><td>2</td><td>0</td><td>0</td><td>0</td><td>0</td></tr>
<tr><td colspan="5">汇出行签章</td><td colspan="2">支付密码</td><td colspan="11"></td></tr>
<tr><td colspan="5"></td><td colspan="13">附加信息及用途：购车款</td></tr>
</table>

（19）11 月 16 日，向宁夏南部山区希望小学宁夏启程小学捐赠货币资金 100000 元，捐赠协议如下：

捐赠协议

为支持宁夏南部山区小学教育事业的发展，向阳有限责任公司（以下简称甲方）与宁夏启程小学（以下简称乙方）经友好协商，达成以下协议：由甲方向乙方捐赠现金 100000 元整（￥100000），并提供有关单据。本协议一式三份，自双方签字之日起生效。

甲方（捐赠人）：（公章）

甲方代表：刘浩然（签字）

乙方（受赠人）：（公章）

乙方代表：林欣（签字）

2012 年 11 月 16 日

现金支票存根如表 1-49 所示。

表 1-49　现金支票存根

中国建设银行（宁）

现金支票存根

No. 4566089987

附加信息

出票日期 2012 年 11 月 16 日

| 收款人：宁夏启程小学 |
| 金额：￥100000.00 |
| 用途：捐赠 |

单位主管会计毛晓

（20）11 月 17 日，由于公司未履行销售合同，因此开出转账支票向银川市友谊材料厂支付违约金和赔偿金 6000 元（见表 1-50）。

表 1-50　现金支票存根

中国建设银行（宁）

现金支票存根

No.4566089991

附加信息

出票日期 2012 年 11 月 17 日

收款人：银川市友谊材料厂	
金额：￥6000.00	
用途：违约金	

（21）11 月 20 日，生产车间王力报销办公用品费 40 元，以现金付讫（见表 1-51）。

表 1-51　银川市商品销售统一发票

购货单位：向阳公司　　　　　　2012 年 11 月 20 日

货号	品名及规格	单位	数量	零售价	金额							备注
					万	千	百	十	元	角	分	
	笔记本	本	10	1.50				1	5	0	0	
	圆珠笔	支	10	2.50				2	5	0	0	
	合计							￥	4	0	0	0	

合计金额（大写）⊗万⊗仟⊗佰肆拾元零角零分

收款：刘亚　　开票：王芳　　单位名称：（盖章）

（22）11 月 21 日，收到爱德华公司前欠货款 46800 元（见表 1-52）。

表 1-52　中国建设银行信汇凭证（收账通知）

汇款人	全称	爱德华公司			收款人	全称	向阳公司							
	账号或住址	60823057862				账号或住址	67274004846992715							
	开户银行	建设银行银川市分行				开户银行	建行		行号		2685			
金额	人民币（大写）肆万陆仟捌佰元整					千	百	十	万	千	百	十	元	角	分
							￥	4	6	8	0	0	0	0
汇款用途：还欠款					汇出行盖章 2012 年 11 月 21 日									
上列款项已根据委托办理，如需查询，请持此回单来行面洽														
单位主管会计　复核　记账														

此联是汇出行给汇款人的回单

（23）11 月 22 日，管理部门领用材料（见表 1-53）。

表 1-53 领料单

领料部门：管理部门　　　　　　　　　2012 年 11 月 22 日

| 材料 | | 单位 | 数量 | | 单位成本 | 金额 | 过账 |
名称	规格		请领	实发			
丙材料	RB—6	米	100	100	28.00	2800.00	
工作单号		用途	修理办公桌椅				
工作项目							

会计：　　　记账：　　　发料：张华　　　领料：韩波

（24）11 月 23 日，生产车间领用材料（见表 1-54）。

表 1-54 领料单

领料部门：生产车间　　　　　　　　　2012 年 11 月 23 日

| 材料 | | 单位 | 数量 | | 单位成本 | 金额 | 过账 |
名称	规格		请领	实发			
乙材料	JB—1	千克	1	1	3100.00	3100.00	
丙材料	RB—6	米	200	200	28.00	5600.00	
工作单号		用途	生产 B 产品				
工作项目							

会计：　　　记账：　　　发料：张华　　　领料：李明华

（25）11 月 25 日，生产车间领用材料（见表 1-55）。

表 1-55 领料单

领料部门：生产车间　　　　　　　　　2012 年 11 月 25 日

| 材料 | | 单位 | 数量 | | 单位成本 | 金额 | 过账 |
名称	规格		请领	实发			
甲材料	PI—2	千克	253	253	20.00	5060.00	
工作单号		用途	车间一般耗用				
工作项目							

会计：　　　记账：　　　发料：张华　　　领料：车力

（26）11 月 26 日，以银行存款支付本月电话费 2600 元（见表 1-56、表 1-57）。

表 1-56 银川市电信局专用收据

2012 年 11 月 26 日第 033972 号

电话号码	89237591	付款单位	向阳公司
	交款明细项目		
实收金额（人民币）大写：贰仟陆佰元整 ￥：2600.00			

第二联 报销凭证

表 1-57 转账支票存根

中国建设银行（宁）

转账支票存根

No. 6453289123

附加信息

出票日期 2012 年 11 月 26 日

收款人：市电信局
金额：￥2600.00
用途：电话费

（27）11 月 30 日，以银行存款支付本月水电费价税款合计 11489.40 元，并进行水电费分配（见表 1-58~表 1-62）。

表 1-58 转账支票存根

中国建设银行（宁）

转账支票存根

No. 6487342124

附加信息

出票日期 2012 年 11 月 30 日

收款人：市自来水公司
金额：￥2728.44
用途：水费

表 1-59 宁夏增值税专用发票

发票联 开票日期：2012 年 11 月 30 日

<table>
<tr><td rowspan="5">购货单位</td><td colspan="3">名称：向阳公司</td><td rowspan="5">密码区</td><td colspan="4" rowspan="5">9+-〈5〉7〉672＋596＋/加密版本：04248
〈370673〈53〉〈2/37009329314</td><td rowspan="13">第二联：发票联 购货方记账凭证</td></tr>
<tr><td colspan="3">纳税人识别号：1442247893230</td></tr>
<tr><td colspan="3">地址、电话：银川市西夏区 26 号 6813798</td></tr>
<tr><td colspan="3">开户行：建设银行宁夏分行同心路支行</td></tr>
<tr><td colspan="3">账号：67274004846992715</td></tr>
<tr><td>货物或应税劳务名称</td><td>规格型号</td><td>单位</td><td>数量</td><td>单价</td><td>金额</td><td>税率</td><td>税额</td></tr>
<tr><td>电费</td><td></td><td rowspan="2">度</td><td>7488</td><td>1.00</td><td>7488.00</td><td>17%</td><td>1272.96</td></tr>
<tr><td>合计</td><td></td><td></td><td></td><td>￥7488.00</td><td></td><td>￥1272.96</td></tr>
<tr><td colspan="3">价税合计（大写）</td><td colspan="5">⊗捌仟柒佰陆拾元玖角陆分（小写）8760.96</td></tr>
<tr><td rowspan="4">销货单位</td><td colspan="3">名称：市电业局</td><td rowspan="4">备注</td><td colspan="3"></td></tr>
<tr><td colspan="3">纳税人识别号：650645123265567</td><td colspan="3"></td></tr>
<tr><td colspan="3">地址、电话：银川市西夏区同心北街路 19 号 76888268</td><td colspan="3"></td></tr>
<tr><td colspan="3">开户行及账号：建设银行同心支行 66732640716</td><td colspan="3"></td></tr>
</table>

收款人：张斌　　复核：王军　　开票人：车丽　　销货单位：（章）

表 1-60 转账支票存根

中国建设银行（苏）

转账支票存根

No. 648972125

附加信息

出票日期 2012 年 11 月 30 日

收款人：市电业局	
金额：￥8760.96	
用途：电费	

表 1-61　宁夏增值税专用发票发票联

开票日期：2012 年 11 月 30 日

<table>
<tr><td rowspan="4">购货单位</td><td colspan="4">名称：向阳公司
税人识别号：1442247893230
地址、电话：银川市西夏区 26 号 6813798
开户行：建设银行宁夏分行同心路支行
账号：67274004846992715</td><td rowspan="4">密码区</td><td colspan="4">9+-〈5〉7〉672＋596＋/加密版本：04248
〈370673〈53〉〈2/37009329314</td><td rowspan="8">第二联：发票联　购货方记账凭证</td></tr>
</table>

货物或应税劳务名称	规格型号	单位	数量	单价	金额	税率	税额
水费		吨	2340	1.10	2574.00	6%	154.44
合计					￥2574.00		￥154.44
价税合计（大写）			贰仟柒佰贰拾捌元肆角肆分（小写）2728.44				

<table>
<tr><td rowspan="3">销货单位</td><td colspan="2">名称：市自来水公司
纳税人识别号：680612526546718
地址、电话：银川市西夏区黄河路 3 号 209998256
开户行及账号：建设银行同心路支行 2089765</td><td>备注</td><td></td></tr>
</table>

收款人：马彬　　　复核：刘春　　　开票人：张清　　　销货单位：（章）

表 1-62　水电费分配表

2012 年 11 月 30 日

单位：元

使用部门	水费	电费	合计
车间	2000	6284	8284
厂部	574	1204	1778
合计	2574	7488	10062

（28）11 月 30 日，以银行存款支付本期短期借款利息 1152 元（见表 1-63）。

表 1-63　中国建设银行计收利息清单（支款通知）

2012 年 11 月 30 日

<table>
<tr><td colspan="2">户名</td><td colspan="2">向阳公司</td><td colspan="3">账号</td><td>67274004846992715</td></tr>
<tr><td colspan="2">计息起止时间</td><td colspan="5">2012 年 11 月 1 日至 2012 年 11 月 30 日</td><td rowspan="4">左列贷款利息业已从你单位账户扣付
逾期罚息 30%
建行银川市分行（章）
转账日期
年　月　日</td></tr>
<tr><td rowspan="2">贷款种类</td><td>贷款账号</td><td>计息日贷款余额</td><td colspan="2">计息积数</td><td colspan="2">利率</td><td>计收利息金额</td></tr>
<tr><td>368945712</td><td>80000</td><td colspan="2">2400000</td><td colspan="2">0.048%</td><td>1152.00</td></tr>
<tr><td colspan="2">利息金额
人民币（大写）壹仟壹佰伍拾贰元整</td><td>十</td><td>万</td><td>千</td><td>百</td><td>十</td><td>元</td></tr>
</table>

						十	万	千	百	十	元	角	分
					￥		1	1	5	2	0	0	

（29）11 月 30 日，分配本月工资费用（见表 1-64）。

表 1-64　工资费用分配表

2012 年 11 月 30 日　　　　　　　　　　　　　　　　　金额单位：元

部门及各类人员		工资额
车间	A 产品生产工人	23800
	B 产品生产工人	29100
	车间管理人员	2600
厂部	管理人员	26980
合计		82480

（30）11 月 30 日，计提固定资产折旧（见表 1-65）。

表 1-65　折旧额计算表

2012 年 11 月 30 日　　　　　　　　　　　　　　　　　金额单位：元

使用单位和固定资产类别		原值	月折旧率（%）	折旧额
车间	厂房	400000	0.4	1600
	设备	319000	0.8	2552
	小计	719000		4152
厂部	房屋	330000	0.4	1320
	运输设备	199200	1	1992
	管理设备	31000	0.98	303.80
	小计	560200		3615.80
合计		1279200		7767.80

（31）11 月 30 日，根据生产工人工资比例，分配并结转本月制造费用（见表 1-66）。

表 1-66　制造费用分配表

2012 年 11 月 30 日　　　　　　　　　　　　　　　　　　　　　　金额单位：元

分配对象	分配标准	分配率	分配金额
A 产品			
B 产品			
合计			

（32）11 月 30 日，本月生产产品全部完工，其中：A 产品完工 1500 件，B 产品完工 1495 件；计算并结转本月完工产品成本。产品成本计算单、产成品入库单（填列表 1-67～表 1-69 中数字）。

表 1-67　产品成本计算单

产品名称：A 产品　　　　　　2012 年 11 月 30 日　　　　　　金额单位：元

成本项目	期初在产品成本	本月发生费用	生产费用合计	完工产品成本	单位成本	期末在产品成本
直接材料						
直接人工						
制造费用						
合计						

表 1-68　产品成本计算单

产品名称：B 产品　　　　　　2007 年 12 月 31 日　　　　　　金额单位：元

成本项目	期初在产品成本	本月发生费用	生产费用合计	完工产品成本	单位成本	期末在产品成本
直接材料						
直接人工						
制造费用						
合计						

表 1-69　产成品入库单

2012 年 12 月 31 日　　　　　　　　　　　　　　　　　　　　　金额单位：元

产品名称	计量单位	数量	单价	金额

仓库主管：　　　经办人：　　　制单：

（33）11 月 30 日，结转本月产品销售成本，其中：A 产品单位生产成本 45
元；B 产品单位生产成本 40 元。销售成本计算单如表 1-70 所示。

表 1-70　销售成本计算单

2012 年 11 月 30 日　　　　　　　　　　　　　　　　　　　　金额单位：元

产品名称	计量单位	销售数量	单位生产成本	销售成本总额
A 产品				
B 产品				
合计				

（34）11 月 30 日，计算当月应缴城市维护建设税和教育费附加（见表 1-71）。

表 1-71　城市维护建设税和教育费附加计算表

2012 年 11 月 30 日　　　　　　　　　　　　　　　　　　　　金额单位：元

税目	计税金额	税率（%）	应交金额
城市维护建设税		7	
教育费附加		3	
合计			

（35）11 月 30 日，结转损益类账户（见表 1-72）。

表 1-72　损益类账户发生额表

2012 年 11 月 30 日　　　　　　　　　　　　　　　　　　　　金额单位：元

账户名称	借方发生额	贷方发生额
主营业务收入		
主营业务成本		
营业税金及附加		
管理费用		
销售费用		
财务费用		
营业外支出		
合计		

主管：　　　审核：　　　制表：

4. 实验步骤

（1）复习教材中企业记账凭证填制的相关要求，了解记账凭证的格式及填制特点。

（2）分析各项经济业务本质，确定应借、应贷会计科目名称及对应的金额，准确无误地填制记账凭证。

（3）复核已填制的记账凭证。根据记账凭证审核的内容和操作方法，认真复核每一张记账凭证的科目、数量、金额等要素，指出记账凭证填制中存在的问题。

5. 实验思考

（1）记账凭证的类型以及各自的优缺点及适用性。

（2）记账凭证的填制要求和填制方法。

（3）记账凭证的复核涵盖的内容和复核方法，已填制的记账凭证是否存在问题？具体存在怎样的问题以及解决对应问题的方法是什么？

6. 实验报告

实验完毕，编制实验报告，其内容包括：

（1）实验内容、时间、步骤。

（2）实验操作方法及存在问题。

（3）实验收获、体会。

（六）实验六：会计凭证的装订与保管

1. 实验目的与要求

会计凭证是单位发生的经济业务的财务证据和重要的历史资料，作为会计档案和审计材料的重要组成部分，必须加以妥善保管。通过填制会计凭证使学生熟悉会计凭证造册归档的程序，遵守使用、借阅及保管、销毁手续的相关规定，全面掌握会计凭证的装订方法和保管的要求。具体要求如下：

（1）会计凭证要定期整理、装订成册。

（2）会计凭证要科学管理、存取有序。

2. 实验资料

（1）实验五的记账凭证。

（2）会计凭证的封面、单一记账凭证、封签等。

（3）订书机、麻线绳、牛皮纸、液体胶棒等。

3. 实验思考

（1）为什么要对会计凭证进行细致的装订和合理的保管？

（2）会计凭证保管期限到期后应该如何处理？

（七）实验七：建账

1. 实验目的与要求

（1）通过训练使学生掌握日记账、总账和明细账等会计账簿的设置。

（2）根据资料建立总分类账、明细分类账和日记账。

2. 实验准备

（1）复习教材中设置账簿的要求，了解各种账簿的类型。

（2）准备以下材料：三栏式现金日记账账页 1 张；三栏式银行存款日记账账页 1 张；总分类账账页 34 张；三栏式明细账账页 15 张；数量金额式明细账账页 4 张；多栏式明细账账页 4 张。

3. 实验资料

向阳有限公司 2012 年 11 月 1 日总分类账户和明细分类账户的期初余额如表 1-73、表 1-74 所示。

表 1-73　总分类账户余额表

金额单位：元

账户名称	借方余额	账户名称	贷方余额
库存现金	1700	短期借款	100000
银行存款	379800	应付账款	35100
应收账款	81900	应付职工薪酬	2520
其他应收款	1000	应交税费	31064
原材料	40000	预收账款	1500
库存商品	89800	实收资本	1000000
固定资产	1279200	资本公积	36680
累计折旧	-319536	盈余公积	85000
		本年利润	252000
		利润分配	30000
合计	1573864	合计	1573864

表 1-74　明细分类账户余额表

总账账户	明细账户	计量单位	数量	单价	余额（元）
应收账款	爱德华				46800
	华联商厦				35100
其他应收款	李明				1000
原材料	甲材料	千克	750	20.00	15000
	乙材料	千克	4	3250.00	13000
	丙材料	米	480	25.00	12000
库存商品	A 产品	件	1000	45.00	45000
	B 产品	件	1120	40.00	44800
应付账款	黄海公司				35100
预收账款	源发商场				1500
利润分配	未分配利润				30000

4. 实验步骤

（1）复习教材中设置账簿的要求，了解各种账簿的类型。

（2）开设总分类明细账户、现金日记账、银行存款日记账、材料明细账和应收账款明细账，并如实登记账面期初余额。

5. 实验思考

（1）会计账簿的种类。

（2）设置会计账簿需遵守的规则。

6. 实验报告

实验结束，根据实验结果编制相关的实验报告，其具体内容包括：

（1）实验的内容、实验时间、实验中采取的步骤。

（2）实验的操作方法及操作当中存在的问题。

（3）实验的心得体会和建议。

（八）实验八：日记账的登记

1. 实验目的与要求

（1）通过训练使学生掌握日记账的登记。

（2）根据实验五"向阳公司"2012 年 11 月编制的记账凭证，逐日、逐笔登记现金日记账和银行存款日记账。

2. 实验准备

复习教材中日记账的类型以及登记日记账的要求和登记依据。

3. 实验资料

（1）实验五"向阳公司"2012年11月编制的记账凭证。

（2）实验五"向阳公司"的现金日记账和银行存款日记账。

4. 实验步骤

（1）复习教材中日记账的登记要求和登记依据。

（2）根据实验五的记账凭证，逐日、逐笔地登记现金日记账。

（3）根据实验五的记账凭证，逐日、逐笔地登记银行存款日记账。

5. 实验思考

（1）日记账的类型，设置和登记日记账的规则。

（2）错账更正的方法及其适用的前提条件。如果登账时出现错误，如何更正？

6. 实验报告

实验完毕，编制实验报告，其内容包括：

（1）实验涉及的具体内容、实验的时间、实验实施的步骤。

（2）实验的操作方法及操作过程中实际存在的问题。

（3）实验的心得体会和建议。

（九）实验九：明细账的登记

1. 实验目的与要求

（1）通过训练使学生掌握明细账登记。

（2）根据实验五"向阳公司"2012年11月编制的记账凭证以及所附原始凭证，按照业务发生顺序逐日、逐笔地登记材料明细账、库存商品明细账和应收账款明细账等。

2. 实验准备

复习教材中明细账的类型以及登记明细账的要求和登记依据。

3. 实验资料

（1）实验五"向阳公司"2012年11月编制的记账凭证以及所附的原始凭证。

（2）实验五"向阳公司"的材料明细账、库存商品明细账和应收账款明细账等。

4. 实验步骤

（1）复习教材中介绍的会计明细账的登记要求和登记依据及相关准则。

（2）根据实验五的记账凭证以及所附的原始凭证，按照业务发生顺序逐日、逐笔地登记材料明细账、库存商品明细账和应收账款明细账等。

5. 实验思考

（1）明细账的类型，登记明细账的规则。

（2）错账更正的方法以及其适用的前提条件。如果登账时出现错误，如何更正？

6. 实验报告

实验完毕，编制实验报告，其内容包括：

（1）实验涉及的具体内容、实验的时间、实验开展的相关步骤。

（2）实验操作的方法及实际操作中存在的问题。

（3）实验的心得体会和建议。

（十）实验十：科目汇总表的编制

1. 实验目的与要求

通过科目汇总表账务处理程序实验，了解科目汇总表核算程序的特点和具体要求，掌握其基本的处理程序和基本的处理方法。

根据装订好的记账凭证以十天为期编制科目汇总表。

2. 实验准备

本项实验需科目汇总表三张，格式如表 1-75 所示。

表 1-75　科目汇总表

年　月　日　　　　　　　　　　　　　　　　　　　　　　　　　　　编号：

会计科目	过账	本期发生额		记账凭证起讫号数
		借方	贷方	
……		……	……	
合计				

主管：　　审核：　　制单：

3. 实验资料

实验五"向阳公司"2012 年 11 月编制的记账凭证。

4. 实验步骤

（1）了解科目汇总表的具体格式及编制的相关依据。

（2）定期汇总。以十天为一个周期，将与记账凭证相同的会计科目的金额进行汇总后填制科目汇总表。

5. 实验思考

（1）什么是科目汇总表账务处理程序？其特点是什么？

（2）科目汇总表账务处理程序的适用范围是什么？为什么？

（3）科目汇总表应当采取怎样的方法编制？

（4）其他的会计核算组织程序的类型，各类型的适用范围和特点。

6. 实验报告

实验完毕，编制实验报告，其内容包括：

（1）实验涉及的具体内容、实验的时间、实验的相关步骤。

（2）实验的操作方法及操作中存在的问题。

（3）实验的心得体会和建议。

（十一）实验十一：总账的登记

1. 实验目的与要求

（1）通过训练使学生能够掌握根据科目汇总表登记会计总账。

（2）根据实验十的科目汇总表，登记会计总账。

2. 实验准备

复习教材中总账的登记方法和登记依据。

3. 实验资料

（1）实验五"向阳公司"2012 年 11 月的总账。

（2）实验十的科目汇总表。

4. 实验步骤

（1）复习教材总账的登记要求和登记依据。

（2）根据实验十的科目汇总表，登记总账。

5. 实验思考

（1）总账与日记账、总账与明细账、总账与总账之间的关系，以及平行登记要点。

（2）错账更正的方法以及其适用的前提条件。如果登账时出现错误，如何更正？

6. 实验报告

实验完毕，编制实验报告，其内容包括：

（1）实验内容、时间、步骤。

（2）实验操作方法及存在问题。

（3）实验收获、体会。

（十二）实验十二：报表的编制

1. 实验目的与要求

通过该实验，掌握资产负债表、现金流量表和利润表的编制方法。具体要求如下：

（1）根据"向阳公司"2012年11月的明细账和总账填制资产负债表。要明确资产负债表中的项目与各账户之间的关系，同时要结合明细账填制资产负债表中的有关项目。

（2）根据"向阳公司"2012年11月的总账填制利润表。

2. 实验准备

账户式资产负债表和多栏式利润表各一张。

3. 实验资料

实验九"向阳公司"2012年11月的明细账、实验十一"向阳公司"2012年11月的总账。

4. 实验步骤

（1）根据资产负债表中的各项目与账户之间的关系计算填列各项目金额，编制资产负债表。

（2）根据损益类账户的本月发生额逐项填列利润表的"本月数"。

5. 实验思考

（1）为什么要编制资产负债表和利润表？

（2）利润表的编制与资产负债表的编制有何不同？

（3）利润表与资产负债表的关系是什么？

（4）资产负债表和利润表是动态报表还是静态报表？

6. 实验报告

实验完毕，编写实验报告。具体内容如下：

（1）实验涉及的具体内容、实验的时间、实验实施的具体步骤。

（2）实验中存在的问题及解决相关问题的方法。

（3）实验的心得体会和建议。

7. 考核方法

（1）成绩考核的基本规定。

a. 成绩考核应按个人进行，实行每个实验独立操作、逐个考核，避免成绩考核上的"搭便车"。

b. 学生每完成一个实验，必须进行成绩考核，从而确认其是否达到了规定的标准。

c. 成绩考核的基本内容以完成实验内容为主，着重考核学生的基本功。

（2）成绩评分参考标准。

a. 分数等级：优秀——90～100 分；良好——80～89 分；中等——70～79 分；合格——60～69 分；不合格——60 分以下。

b. 分数比例：正确性——60 分；规范性——20 分；及时性——10 分；纪律——10 分。

c. 凡出现以下情况之一者，其实验成绩为不合格：

出勤率未达到 80% 以上者；会计凭证、会计账簿、会计报表之间的数据出现严重不相符者；有明显的抄袭行为；严重违反实验室管理制度者。

第四节 电子商务管理课程实验

一、实验目的

电子商务概论课程是商学院各本科专业的学科基础课。通过课程学习，要求学生具备与电子商务相关的基础理论知识，具备能够通过互联网顺利完成特定商品的买卖；能够应用多种方式在互联网上进行品牌推广；能够通过互联网开展相关调研；能够在给定情景下，针对某个企业完成电子商务的战略规划；能够熟练使用信用卡、支付宝等完成在线支付服务；能够通过阅读相关公司的财务报表了解公司的电子商务商业模式和经营情况。本课程的实验教学环节要求学生能利用所学的理论知识，撰写完整的商业计划书，借助诸如淘宝等知名的第三方平台开展创业活动，熟悉电子商务实践中商流、资金流、物流三流流动的规律，具备电子商务系统发布及维护的基本技能。

二、实验前的准备工作

（1）了解所用第三方电子商务平台，如淘宝等。

（2）复习和掌握与本实验有关的教学内容。

（3）组建项目团队，撰写商业计划书。

（4）收集搭建电子商务平台所需的软件。

（5）课程结束前一周按要求撰写并提交实验报告。

三、实验报告的内容要求

（1）实验项目名称。

（2）实验过程记录。

（3）主要问题及解决方法。

（4）实验总结。

四、实验任务与时间安排（见表 1-76）

表 1-76　电子商务管理课程实验任务与时间安排

实验序号	实验内容	拟实验时间（课时）	实验性质	必开/选开
1	淘宝网店经营	8	设计性	必开
2	电子商务系统的发布及维护	4	验证性	必开

五、实验教学内容

（一）实验一：淘宝网店经营

1. 实验目的

网店运营是最普遍也是最基础的电子商务从业渠道，网店运营包含了网店开设、网页设计装修、网络美工、网络营销推广、物流与仓储、网络支付、网络客服与售后等实操性内容。通过本实验，让学生对网店运营各项工作进行全面的了解，并熟练掌握网店运营推广和美工设计这两项重要技能，锻炼学生的电子商务团队合作精神。使得学生具备较强的专业知识和综合素质，在以后的电子商务行业中顺利就业。

2. 实验要求

学生自主组建团队，每个团队成员不超过五人，有明确的任务分工，撰写可行的商业计划书，通过在淘宝平台上开设店铺实际实施该商业项目，开展为期12个月的创业活动，提交必要的经营成果展示和商业计划书、实验报告。

3. 实验内容

（1）淘宝开店。

a. 货源准备。

货源准备是淘宝开店之前的重要事项，淘宝店铺的货源主要有以下三种方式：

①找货源：到批发市场、实体店铺、工厂等地商议拿货。

②通过淘宝网的分销平台，自己无须进货，有订单时通知分销商代为发货。

③通过其他网络批发市场（如阿里巴巴）进货。

b. 店铺开设。

①注册淘宝账号和支付宝账号，并进行实名认证，绑定自己的银行卡，注意各账号密码的设置与保密。

②开设店铺并填写基本信息。

c. 淘宝规则学习。

①淘宝网具有完善的交易规则，基本的规则对每个店铺都有可能产生影响，因此有必要学习了解一些基本的规则（可通过 http：//rule. taobao. com/查看学习）。

②基础规则：如店铺名称和宝贝标题不得包含敏感词、盗用品牌词以及淘宝规定的违规词等；禁止销售的商品；违规处罚方式；不同类目的特定规则等。

③消保服务：消费者保证金（手机电器等特殊类目必须缴纳，其他类目不强制缴纳，如果自愿缴纳则不能低于 1000 元）、七天无理由退换货（大多数类目强制默认加入，特殊类目如生鲜产品无须加入）。

d. 宝贝发布。

类目选择、属性填写、标题设置、主图及详情说明（图片、文字、视频）、价格设置、运费模板、上架时间。

e. 工具使用。

①千牛工作台：集阿里旺旺、订单处理、数据查看、宝贝编辑等很多重要功能于一体的综合工具，是淘宝卖家最重要的工具，需要熟练掌握。实验电脑上必须安装，并建议学生在自己的手机上也安装。

②支付宝钱包：是支付宝手机客户端，具有转账、收款、信用卡还款、订单查看等重要功能，也是淘宝卖家必不可少的工具。

③量子恒道：是淘宝重要的数据查看分析工具，可以查看自己店铺的访客数、浏览量、订单数、交易金额、访客来源、搜索词等关键数据，量子恒道网址：http：//lz. taobao. com/。除了量子之外，常用的淘宝数据工具还有数据魔方（付费使用，3600 元/年）和江湖策（网址：https：//www. taosj. com/）。

（2）网店美工。

a. 拍照。

①拍照工具：数码相机、高像素的手机、摄影棚、道具等。

②要拍哪些图：整体图、细节图、配饰图、说明书等，具体还需根据不同产品的特点进行拍摄。

③布光方法：交叉布光、后方布光等。

④商品摆放：摆放角度、组合摆放、配饰摆设、拍摄背景等。

b. 店铺装修。

①首页装修：店招、导航栏、banner 轮播广告图、宝贝推荐、客服模块等。

②详情页装修。

③装修市场：可以选择购买现成的装修模板，省时省事，无须自己动手装修。

c. 图片处理。

①Photoshop 学习了解：常用工具的位置、图层学习。

②图片处理：淘宝店常用的简单功能主要有裁图、调整亮度和对比度、调色调饱和度、污点修复、图片尺寸大小、存图。

③广告图设计制作。

（3）运营。

a. 流量来源。

①自然搜索：买家通过淘宝网搜索相应的关键词而找到卖家的商品。

②付费流量：通过淘宝直通车、钻石展位、淘宝客等付费方式获取的流量。

③活动流量：通过各种活动报名而引来的流量。

④站外流量：直接访问淘宝店网址或者通过站外链接而引进的流量。

b. 组合标题。

①找词：通过搜索框下拉、淘宝指数、TOP 排行榜等方式寻找相关的关键词。

②筛词：在找到的大量关键词里面筛选出高质量的符合自己的词。

③组词：对筛选出来的关键词进行组合，形成宝贝标题，但需要注意：语句要通顺、关键词不要重叠滥用、标题不要超过 30 个字。

c. 店铺及宝贝优化。

①上下架时间分布：宝贝从上架到下架七天一个轮回，越接近下架时间的宝贝排名靠前的机会越大，尽量让宝贝下架时间靠近买家搜索的高峰时段（但需要注意避免跟大卖家的下架时间太靠近）。

②宝贝属性优化：属性填写尽量详细，不要留有空白（在宝贝发布界面）。

③详情页优化：图文并茂，使得详情页的宝贝描述更加完善。

（4）推广。

a. 平台活动：报名参加聚划算、"双 11"、"双 12"、天天特价、试用中心等活动。

b. 直通车：原理、选词、设置标题和图片。

c. 淘宝客：原理、设置佣金比例、招募淘宝客。

d. 运用微博、微信、E-mail 等网络营销方式进行推广。

（5）客服接单及售后。

a. 知识储备：对产品的了解、对千牛工作台的熟悉使用。

b. 沟通技巧：引导购买、沟通及告别技巧、催付。

c. 仓储发货：发货流程、产品包装。

d. 售后：换货处理、中差评处理。

（二）实验二：电子商务平台搭建、系统发布及维护

1. 实验目的

要求学生熟悉当前主流的电子商务系统开发的技术体系，能够搭建电子商务系统开发的平台，并能依据任课教师提供的电子商务系统，搭建所需的电子商务系统开发平台，发布并部署电子商务系统，并能按要求对相应的电子商务系统的前台、后台进行必要的维护。

2. 实验要求

（1）熟悉 WINNOWS+IIS+ASP+ACCESS 电子商务系统开发技术体系；

（2）熟悉 WINNOWS+TOMCAT+JSP+SQL SERVER 电子商务系统开发技术体系；

（3）掌握典型电子商务开发平台的搭建过程；

（4）具备电子商务系统的发布部署能力；

（5）了解电子商务系统前台、后台维护的基本步骤；

（6）每人一组独立完成实验并撰写提交实验报告。

3. 实验内容

（1）电子商务平台的搭建；

（2）电子商务系统的发布部署；

（3）电子商务系统前台、后台维护。

第五节　人力资源管理课程实验

一、实验目的与要求

（1）促进学生对人力资源管理实际行为的了解和认知。

（2）训练学生对实际中人力资源管理问题的分析能力。

（3）训练学生正确分析、合理表达人力资源管理实践行为能力。

（4）训练学生团队分工与合作的能力。

（5）促进学生进一步了解人力资源管理理论与实践的差异。

二、实验内容

本指导书的实验内容以分析企业中实际的人力资源管理案例及模拟实际的人力资源管理行为为主要内容，按照人力资源管理理论的六大板块分别进行探讨和模拟，即分为人力资源规划、员工招聘、培训与开发、绩效管理、薪酬管理、员工关系管理等实验，考虑到课时要求及相应内容的承接性与可操作性，主要选取其中四个具有操作性与代表性的板块进行实验，即人力资源规划、员工招聘、绩效管理与薪酬管理，实验方式均为现场模拟。

1. 人力资源规划

教师事前选取实际或贴近企业实际的素材与材料，要求学生根据材料中企业的发展战略制定出相应的人力资源规划，主要包括总体规划与业务规划两部分。其重点主要在人力资源需求预测及工作岗位分析上。

2. 员工招聘

教师事前选取实际或贴近企业实际的素材与材料，要求学生根据材料中企业的实际问题与需求进行员工招聘的现场模拟，每一组分别负责不同的招聘环节并扮演不同的角色。其重点在于人员测评与选拔及面试。

3. 绩效管理

教师事前选取贴近企业实际的素材与材料，要求学生根据材料中企业的实际问题与需求对不同岗位、不同职位甚至不同个体等进行绩效考评内容与方法的设计与展示。其重点在于绩效方法的选择及考评指标的确定。

4. 薪酬管理

教师事前选取贴近企业实际的素材与材料，要求学生根据材料中企业的实际问题，同时结合前一部分的绩效指标与方法，以绩效为纲，以职位为标，对员工进行薪酬方面的设计与管理。其重点在于薪酬体系设计的合理性及员工的薪酬满意状况。

三、参考课时

每部分 3 课时，共 12 课时。

四、实验材料

硬件：多媒体。
软件：无。

五、考核办法

评分方式采用教师评分与学生评分相结合，每个小组的组长作为评委，按照四项标准分别进行评分：a：课前准备的认真程度；b：与主题和知识结合的紧密程度；c：语言表达的清晰性和逻辑性；d：现场展示的具体表现。前三项各占20%，最后一项占40%，据此计算出每名评委对某小组的打分，最后分别去掉一个最高分与一个最低分，取余下分数的平均值，即为学生评分的成绩。教师也根据这四项标准给出分数，根据比重算出得分，最后综合两者分数为最终得分，其中教师评分占60%，学生评分占40%。

根据各个部分内容的重要程度，实验的四个板块均为25分。

考核分为四个级别，即优秀、良好、合格、不合格。

优秀：在规定时间内完成所有操作题的90%以上者；

良好：在规定时间内完成所有操作题的80%~90%者；

合格：在规定时间内完成所有操作题的60%~80%者；

不合格：在规定时间内完不成所有操作题的60%者。

六、实验教学内容

（一）实验一：人力资源规划

1. 实验要求与目的

要求：首先，学生根据特定的案例或材料，选取合适的方法设计符合企业实际需求的人力资源规划方案，以形成后续的人力资源管理活动的基础，为后期开展人力资源工作的实施提供书面文件性指导。其次，为避免"搭便车"现象的出现，要求每名学生都要参与汇报与发言，并且要求每小组的设计方案均要有所不同。

目的：通过学生自己动手参与人力资源规划的设计，使其明确下述问题。

（1）人力资源战略规划的概念与意义。

（2）企业制定的经营战略与人力资源战略规划之间的关系。

（3）人力资源战略规划的价值与内容。

（4）人力资源战略规划的操作流程与方法。

（5）人力资源战略规划的实施程序。

2. 实验内容

主要内容分为总体规划与业务规划两部分，总体规划主要内容有：①供给和需求的比较结果，即净需求；②阐述在人力资源战略规划期内企业对各种人力资源的实际需求量和各种人力资源配置的总体结构框架，阐述与人力资源方面有关的重要方针、政策和基本原则；③确定人力资源投资预算。要求每个小组均做出一种人力资源规划，并且相互间的主要内容不能重复。

3. 实验准备

（1）认真复习人力资源规划设计的有关知识；

（2）小组分工与合作，根据背景材料确定人力资源规划的主要问题，并选取合适的方法进行分析与设计；

（3）对规划设计的相关流程及一些技术性环节，鼓励学生课下自己动手查阅相关资料，以对其有更为清晰、深刻的理解；

（4）教师在实验具体实施过程中对每个小组的相关问题予以解答，并在其遭遇困难时给予必要指导；

（5）事先准备相应的评分表并详细列出各项的评分标准，以做各评委评分之用。

4. 实验方法

分小组进行，由学生自愿组成小组，每组5~6人，各任务小组推选出组长。组长将小组分工名单、联络办法交与指导老师。指导老师负责全班统一管理，组长对本小组的工作进行分配、管理。各组结合实际的案例背景，进行讨论、确定规划总体方案的实际设计，小组内形成具体分工，并说明分工情况，并以组为单位进行优劣比较，确定最佳方案，组织团队实施实际抽样调查，并在调查后修改完善方案，进行小组比较，层层评优。

5. 操作实施

案例：苏澳玻璃公司的人力资源规划

近年来，苏澳公司管理层和人事部门常为公司人员空缺所困惑，特别是高级管理人员，如经理层次人员的空缺常使得公司在业务决策和执行层面陷入被动的局面。苏澳公司重新进行了人力资源规划。公司首先由四名人事部的管理人员负责收集和分析目前公司对生产部、市场与销售部、财务部、人事部四个职能部门的管理人员和专业人员的实际需求情况以及目前劳动力市场的供给情况，并估计在预测年度，各职能部门内部可能出现的关键职位空缺数量。上述结果用来作为公司人力资源规划的基础，同时也作为直线管理人员制订下一步行动方案的基础。但是在这四个职能部门里制订和实施行动方案的过程（如决定技术培训方案、实行工作轮换等）是比较复杂的，因为这一过程会涉及不同的部门，需要各部门的通力合作。例如，生产部经理为制订将本部门A员工的工作轮换到市场与销售部的方案，则需要市场与销售部提供合适的职位，人事部做好相应的人事服务（如财务结算、资金调拨等）。职能部门制订和实施行动方案过程的复杂性给人事部门进行人力资源规划也增添了难度，这是因为，有些因素（如职能部门间合作的可能性与程度）是无法预测的，它们将直接影响到最终预测结果的准确性并对公司开展下一步经营活动产生影响。

苏澳公司的四名人事管理人员克服种种困难，对经理层的管理人员的职位空缺作出了较为准确、合理的预测，制定了较为详细的人力资源规划，使得该层次上人员空缺减少了50%，跨地区的人员调动比例也大幅度减少。另外，从内部选拔工作任职者人选的时间也相对减少了50%，并且保证了人选的质量，合格人员的漏选率大大降低，使人员配备过程得到了改进。人力资源规划还将公司的招聘、培训、员工职业生涯计划与发展等各项业务流程同步进行了改进，节约了人力成本方面不必要的开支。

苏澳公司取得上述进步，不仅得益于人力资源规划的合理制定，还得益于公司对人力资源规划的准确实施与精确评价。在每个季度，高层管理人员会同人事咨询专家共同对上述四名人事管理人员的季度工作执行情况进行检查评价。这一过程按照标准方式进行，即这四名人事管理人员均要在以下14个方面作出书面报告：各职能部门现有人员；现有人员状况；主要职位空缺的情况及候选人的情况；其他职位空缺的情况及候选人的情况；多余人员的数量与质量；自然减员；人员调入；人员调出；内部人员岗位变动率；内部和外部的招聘人数；其他劳动力来源；工作中存在的问题与难点；组织协调问题；其他方面（如预算情况、职业生涯考察、方针政策的贯彻执行等）。同时，他们必须指出上述14个方面与预测（规划）的差距，并讨论可能的纠正方案与应对措施。通过一系列的检查，一般能够对下季度在各职能部门应采取的措施达成一致意见。在检查结束后，这四名人事管理人员则对他们分管的职能部门进行检查。在此过程中，直线经理重新检查人力资源涉及的重点工作，并根据需要与人事管理人员共同制订行动方案。当直线经理与人事管理人员发生意见分歧时，通常可通过协商解决。行动方案上报上级主管人员进行审批。

如果你是该公司人事部门的实际负责人，你对这样的人力资源规划会提出怎样的改进意见和建议？请根据上述案例制订一份适合苏澳公司企业发展和员工发展的人力资源规划方案。

资料来源：管理人网，http：//www.manaren.com/data/1090815971/。

（二）实验二：员工招聘

1. 实验要求与目的

要求：教师选取相应的招聘主题，要求学生分小组、分流程展示或模拟相关的招聘活动，并在其中扮演特定的角色，然后依据前述原则，由教师和其余小组组长分别对每组的整体表现打分。

目的：通过学生自己亲身参与模拟招聘的现场，使其对招聘相关知识及问题有更加深入的了解。

（1）了解招聘策划和宣传的重要性及相关要点。

（2）了解简历制作的要点并由教师根据实际经验讲授 HR 筛选简历的要点。

（3）使学生了解笔试的主要内容与流程。

（4）使学生掌握面试的主要技术方法、需注意的细节及面试官应避免的相关偏见。

2. 实验内容

整个实验共分为四大部分、六个小组，每个小组抽签决定所需模拟的相关内容，主要内容如下：

主题：招聘市场营销部经理助理 1 名，业务员 4 名。

分组：

A 组：招聘策划书及招聘宣传（要点：相关要求、职位描述、薪酬待遇、晋升路径等主要信息的完整性，以及如何有效发布招聘信息）。

B 组：筛选简历（要点：从人力资源经理的角度，看简历的筛选与制作）。

C 组：笔试（业务水平、能力/性格测试）（要点：与前期工作的衔接、试卷结构、评判标准等，主要包括标准结构的几大部分）。

D 组：面试 1（自我介绍、竞聘演说、评委提问）（要点：学生自由模拟）。

E组：面试2（无领导小组讨论、即兴演讲）（要点：教师出题，学生扮演）。

F组：面试3（半结构化面试）（要点：情境反应测试）。

3. 实验准备

（1）分组分工：与各班班长与学习委员协商，分成六个实力相当的小组，确定组长，合理分工；

（2）布置任务：布置模拟招聘任务，由A组事先确定企业名称、简介，供其他小组参考，其他小组备好相应的问题与材料；

（3）训前答疑：教师在实验前对相应要点、难点进行说明和答疑，保证各小组均明确自己的任务；

（4）现场控制：教师严格控制每组的时间，并在模拟过程出现较大偏差时进行控制和干预，使流程回到正常轨道；

（5）进行评分：事先准备相应的评分表并详细列出各项的评分标准，以做评委评分之用。

4. 操作实施

环节一：招聘策划。

每6~8人分成一个小组，每个小组均根据招聘主题及岗位编写相应的招聘策划书。在设计过程中，主要明晰以下几个问题：

（1）什么岗位缺少人；

（2）缺少几个人；

（3）这些人需要具备什么样的条件；

（4）将在何时需要他们上岗工作；

（5）将从什么地方得到这些人力资源的补充。

环节二：简历筛选。

1~2位同学扮演HR，其他同学扮演应聘者投递简历，HR对简历进行筛选，并在随后说明筛选简历所遵循的原则、着重的能力、写简历中的注意事项等。

环节三：笔试。

1~2人扮演考官，其他同学扮演应聘者参加笔试，笔试试题严格按照正规笔试的结构出题，一般主要包括行政能力测试、智力测验、职业倾向测验、人格类型测验等，由于实际中笔试时间较长，模拟时由考官选取30分钟左右的试题进行测试，并在随后详细讲解每一部分测试何种能力、其要点、注意事项等。

环节四：面试1（自我介绍、竞聘演说、评委提问）。

一部分学生扮演招聘人员，搭台进行招聘，另一部分学生出去应聘，为防泄题，应聘过的安排到另一个教室休息；要求各组主考官精心组织，做好招聘记录；要求应聘同学认真填写招聘表格，沉着应战。

附 D 组面试提纲：

（1）请先对自己作一个自我介绍（不超过 2 分钟）。

（2）请你就当前应聘职位进行竞聘演说（不超过 5 分钟）。

（3）你认为市场业务员需要具备什么样的工作态度？你认为该岗位最重要的业务能力是什么？

当工作任务和家庭生活冲突时，你会怎么做？

根据应聘者的陈述灵活提问。

环节五：面试 2（无领导小组讨论、即兴演讲）。

为避免学生出题不合适，由教师选取题目，学生扮演应聘者，除了考查群体决策的结果之外，对决策过程的考查更为关注，尤其在讨论过程中反映出每个应聘者的性格、人际交往能力、沟通能力、领导能力、逻辑思维及语言表达能力等。

环节六：面试 3（半结构化面试）。

根据具体工作情境编制成问题，考查应聘者的现场情境反应能力。

附 F 组半结构化面试试题：

（1）为了取得成功，一名优秀的推广人员应该具备哪些方面的素质？你为什么认为这些素质对于推广人员是不可或缺的呢？

（2）你知道准客户一定在办公室里，你按响门铃后，室内没有任何动静……你又一次按响门铃，室内仍然没有动静……你再次按响门铃后，还是无人开门，这时你应该怎么做？

（3）华源公司是你的准客户，你与该公司负责人约定了批发业务面谈时间。你准时赴约，可负责人却迟迟不来，他的秘书要你再等一等。这时，你会怎么做？

（4）现在桌子上有一瓶绿茶，我想让你把它推销给对养生健康知识感兴趣的舒老师。

（5）在业务洽谈中，你不小心说错了一句话，顾客提出质疑，重述你的错误，此时你应该怎么做？

（6）我想知道你曾经遇到的最具挑战性的沟通方面的问题，你为什么认为那次沟通经历对你最富有挑战性，你是采取什么方法应对的？

（7）请说出你作为团队组织者或团队成员遇到的最困难的事情，团队是如何解决这个困难的，你在解决这个困难中起到了什么样的作用？

（8）假设给你分配一个项目，这个项目除了完成期限外，既没有历史，也没有操作说明，你该怎么开始这个项目。

（9）请讲一下你所承担的最具有挑战性的任务之一，你为什么认为那件事很具有挑战性。

（10）在实际生活中，你做了一件好事，不但没有人理解你的举动，反而遭到周围人的挖苦和嘲讽，这时你会采取什么样的方法处理？

以上各环节综合评分如表1-77所示。

表1-77　各环节综合评分表

项目	评分依据	得分	负责人签字
简历	依据简历筛选原则进行评比		
笔试	按照笔试卷子上的分数打分		
面试1	由面试考官按照面试评分原则进行打分		
面试2	由面试考官按照面试评分原则进行打分		
面试3	由面试考官按照面试评分原则进行打分		
其他	如有特长各项目负责人酌情进行加分		
总计	对前面各项得分进行加总		

案例：华为公司招聘方案

华为拥有通信设备制造业界最为全面的产品生产线，能够提供行业内部最完整的端到端的解决方案和"一站式"直达服务，彻底消除了不同设备之间存在的兼容性问题，不但提高了设备的利用效率，也节省了不必要的设备调试时间，为客户创造了额外的价值。产品性价比高、交付迅速。华为全球48%的员工从事产品研发工作，华为每年将不低于10%的销售额作为研发投入，这些人力资源和资金支持保证了公司的技术领先和储备。同时，由于华为人力资源成本比发达国家低，所以产品较之便宜很多。此外，华为管理模式灵活，员工高度热爱自己的岗位，能按时甚至超前完成额定的工作任务。华为在国际众多通信运营商中已经树立起一个性价比高、反应快速的良好的企业形象。华为的"土狼"文化强调内部团结、积极奉献、持续学习、敢于创新、保证获益与公平，更加强调积极进取，以绩效为业绩评价导向。华为开创了一套独特的人力资源管理方法，包括新员工的培训、员工的考核方法、批评与自我批评，大字报口号等，为华为长期保持其"狼性文化""奉献精神"提供了强有力的保证。

华为公司目前有员工24000多人，其中外籍员工3400多人。

一、华为的员工结构

（一）各类员工结构

华为现有员工中技术研究及技术开发人员占比40%，市场营销和服务人员占比35%，生产人员占比12%，管理人员占比10%，这种人员结构反映了华为公司的经营战略和经营侧重点，较多反映了异常激烈的市场竞争。

（二）员工年龄结构

华为员工中，工作5年及以上的占比12%，工作4~5年的占比23.5%，2~3年的占比38%，1~2年的占比18%，1年以下的占比8.5%。这种工龄结构说明华为的员工流动性较强，对企业长期发展和人才培养会产生不利影响，高流动性并非完全不好，只是如果可以保持现有员工的长期稳定性可能会更有助于企业经营目标和人才培养目标的实现，当然这与华为公司的高速发展战略和近年来的人员招聘策略密不可分。

（三）人员文化程度结构

华为员工中，博士占比0.8%，硕士占比41%，本科占比46.5%，大专或以下占比12%，这说明与一般信息装备开发和制造类企业相比华为员工的整体学历较高，这是由高科技研发制造企业的特点决定的，也是华为可持续发展的重要基石。

（四）人员职称结构

华为员工中，具有高级职称的占比4%，中级职称的占比31.5%，初级职称的占比60%，没有职称的占比9%。由此可见，高学历低职称的员工在华为员工组成中占有很大的比例，原因可能是刚招聘的人员很多，华为公司研发人员需要通过岗位胜任力分析评定相应的职称等级。

二、招聘渠道分析

企业不应该盲目地依赖某种招聘渠道，而应该结合企业自身特点，包括财务状况、紧迫性、招聘人员素质等，同时考虑招聘职位的类型、层次、能力要求等，来选择适当的招聘渠道。相信对于像华为这样的世界500强超大型企业，无论采用何种招聘渠道都会吸引大批的应聘者，但为了最大可能地招到对企业最有用的人才，对于不同层次的研发人员华为将会采取不同的招聘渠道。其中，招聘研发人员的招聘渠道包括：

（1）网络渠道。中低端研发人才，软件、硬件、电气、结构等人才较多，可采取网络招聘。

（2）高端人才招聘会。部分大城市人才市场提供这种服务，但是价格较为昂贵，适合部分高端招聘职位。

（3）内部推荐。华为研发工程师可以举荐同行业人才，适当给予伯乐奖金，但要注意控制专业测试和其他人际因素。

（4）猎头。如果招聘预算充裕可以考虑部分行业猎头。

（5）猎人计划。自己制作行业竞争企业通信录，培养相关线人，进行猎人计划。这种计划要十分周密，不同的目标要采用不同的策略。

（6）行业人才培训现场。这个地方是行业人才参训的地方，可以考虑相关人才的招聘。

（7）专业交流群及论坛。比如软件、微博、硬件等都有相关论坛。

（8）校园招聘。

华为作为世界500强企业，随着国内平均人工成本的增加以及华为雇员水准的拔高，必将大大影响华为的总体成本，华为众多产品中的同质化产品的性价比竞争优势必将削弱，如何提供独特的差异化产品和服务将成为关键。为了最大可能地研发出差异化的产品，华为所招的研发人员将是高新技术人才，所以对于不同的研发人员华为将选择不同的招聘渠道，其中研发专员主要通过校园招聘选择国内一些顶尖的名牌大学应届毕业生，而对于研发主管和经理则可以选择人才交流市场，对于社会比较稀缺的经验丰富、有着卓越研发能力能胜任研发总监一职的人员则通过猎头公司进行招聘，以研发专员为例的职位说明书如表1所示，对于不同职位研发人员的任职资格要求如表2所示。

表1　研发人员职位说明书（以研发专员为例）

职位名称	研发专员		所属部门	研发部
直接上级	研发主管		直接下级	
任职资格	1. 学历、专业知识大学本科以上，具有新产品研发、产品研制、质量管理、企业管理、所研发具体产品的相关专业知识			
	2. 工作经验两年以上相关产品研发经验或大学相关实习经验			
职责一	职责表述：新产品研发市场调研工作			
	工作任务	1. 根据研发主管的安排，广泛开展市场调研工作		
		2. 调研国内外产品发展趋势，提供趋势分析报告		
		3. 从销售部获取产品信息，提出产品革新的建议		
		4. 与生产部协调，提出产品革新方案		
	考核重点：领导满意度			
职责二	职责表述：参与制订产品研发方案			
	工作任务	1. 根据企业总体研发工作计划的要求，结合企业市场战略，参与制订产品研发方案		
		2. 参与产品研发方案讨论会议，根据企业的研发实力，提出相关的意见和建议		
		3. 提供相关资料，为正确确定研发课题奠定基础		
		4. 参与新产品研发方案的论证，并提出相关的意见和建议		
		5. 实施研发方案		
	考核重点：领导对产品研发方案的满意度			
职责三	职责表述：执行产品研发工作			
	工作任务	1. 按产品研发计划开展活动		
		2. 对产品研发的进度进行合理控制，按时、保质、保量完成研发任务		
		3. 及时发现研发过程中的各种问题和隐患，提出解决方案上报领导批示后执行		
		4. 积极与相关部门和人员进行沟通、联系，寻求相关支持、保障		
		5. 撰写新产品研发报告		
	考核重点：产品研发计划按期完成			

表 2　不同职位研发人员的任职资格要求

职位/岗位	学历	工作经验
研发专员	本科及以上	专业相关实习经验
研发主管	本科及以上	两年以上相关产品研发经验
研发经理	硕士及以上	五年以上相关产品研发经验及一年以上管理经验
研发总监	博士	十年以上相关产品研发经验及五年以上管理经验

资料来源：原创力文档网（https：//max. book118. com/）。

思考题：

运用所学的知识，根据上述案例中的情况设计一份华为公司的招聘方案。

（三）实验三：绩效评估

1. 实验要求与目的

要求：要求学生根据特定的案例或材料，就案例中绩效管理的问题进行分析，并就相关岗位设计合理的绩效标准及绩效方案。

目的：通过学生参与并亲自设计绩效指标及方案，使其明确下述问题：

（1）绩效管理的概念与意义。

（2）绩效管理的内容与基础理论。

（3）设计绩效指标的标准与设计方案的重难点。

（4）绩效管理的实施。

2. 实验内容

本部分主要包括三个方面的实验内容，即确定绩效考核的指标和完成绩效考核标准的设计、绩效考核方法的合理选择、绩效管理的流程设计。要求每个小组依据给出的背景材料，设计相应的绩效评估指标，主要明确以下因素：

（1）指标是指从哪些方面对行为或结果进行衡量或评估，而标准是指在各个指标上分别应该达到什么样的水平。

（2）指标解决的是从哪些方面入手并加以考虑的问题，标准解决的是完成的质量或完成数量的问题。

（3）对于可以量化的绩效考核指标，通常设定的标准是一个范围展开定量的评估；对于非数量化的绩效考核指标，在设定绩效标准时往往从组织的实际经营管理目标出发，考虑"组织期望被评估者达到什么样的程度"进行定性的描述。

3. 实验准备

（1）认真复习绩效评估指标设计的有关知识；

（2）小组分工与合作，根据背景材料确定绩效评估指标及标准的主要要素，并选取合适的方法进行分析与设计；

（3）鼓励学生对绩效评估指标和标准设计的相关流程及一些技术性环节，课下自己动手查阅相关资料，以对其有更为清晰、深刻的理解；

（4）教师在实验具体实施过程中对每个小组的相关问题予以解答，并在其遭遇困难时给予必要的指导；

（5）事先准备相应的评分表并详细列出各项的评分标准，以做各评委评分之用。

4. 实验方法

分小组进行，由学生自愿组成小组，每组 5~6 人，各任务小组推选出组长。组长将小组分工名单、联络办法交与指导老师。指导老师负责全班统一管理，组长对本小组的工作进行分配、管理。各组结合实际的案例背景，进行讨论、确定总体方案的实际设计，小组内形成具体分工，并说明分工情况，并以组为单位进行优劣比较，确定最佳方案，组织团队实施实际抽样调查，并在调查后修改完善方案，进行小组比较，层层评优。

5. 操作实施

案例：银川路通公司绩效管理

银川东升有限公司的前身为银川（长龙）轮胎有限责任公司，始建于1999 年，是由宁夏金龙橡胶厂和宁夏盛大开发投资有限公司共同出资组建的独立法人实体，宁夏金龙橡胶厂占注册资金的 58%，宁夏盛大开发投资有限公司占 42%。2002 年 12 月，宁夏盛大开发投资有限公司将所持股份公司的 42% 股权全部转让给宁夏金龙橡胶厂。公司占地面积 27 公顷，现有在职员工 887 人，大专及以上学历人员占员工总数的 40%。公司为国内 22 家生产全钢载重子午线轮胎的企业之一，是我国西北、华北唯一有能力生产全钢子午线轮胎的生产企业，主要业务涵盖轮胎设计、生产、加工、销售、轮胎进出口及轮胎翻新业务。目前，公司产品在全国各轮胎市场均有销售，并出口美洲、澳大利亚、非洲、东南亚等 70 多个国家和地区。

2002 年 12 月 26 日，金龙橡胶厂将中国轮胎集团有限公司所持合资公司的 51% 股权回购，并于当月与新加坡路通集团合资，成立银川路通轮胎有限公司。与新加坡路通集团合资改写了金龙橡胶厂的命运，外资控股 68%，新目标是在五年内将产能发展到 1000 万套，外资方投入到企业的资金将达到 12 亿元，公司于 2003 年 1 月正式运营。

企业并购后的整合是一项复杂的系统工程，现代企业竞争的实质是人才的竞争，人才是企业的重要资源，尤其是管理人员、技术人员和熟练工人。企业并购是否真正成功在很大程度上取决于能否有效地整合双方企业的人力资源。银川东升公司与新加坡路通公司合资后，统一和完善银川东升公司绩效管理体系和制度，强化目标管理，公正客观地评估员工及各部门的工作绩效和对公司的贡献，不断提升现代化企业的管理水平，在总结企业原方针目标和岗位绩效的基础上，经过充分酝酿，三次审议，新的绩效管理考核体系出台。

这套绩效管理考核体系包括绩效评价、方针目标考核以及支撑考核体系运行的事故类考核文件。其绩效管理的原则遵循：激励原则，公开化、明确化原则，客观公正原则，差别性原则，反馈沟通原则和发展性原则。考核对象为：公司各部门和全体员工，其中对员工的考核分为计件作业员、非计件作业员、职员、各级各类技术人员、各级主管五类。考核周期分为月度绩效考核、季度绩效考核、半年度绩效考核和年度绩效考核。

一、目标考核指标的确定

人力资源部将公司确定的年度方针目标转化成关键绩效指标并分解到各级部门和全体员工，目标完成情况作为部门和员工目标考核的根本依据。各部门对分解到本部门的目标进行再次分解和细化到各处、室、班组、机台和个人，并按照公司考核制度和考核细则，经公司审核后执行逐月考核年终汇总平均。

二、目标考核方法及成绩确定

目标考核采用金额考核与分值考核相结合的方法。分值考核实行百分制，各部门和员工均以 100 分为考核基础进行加减，根据目标完成情况和权重进行分数计算，确定最终成绩，以衡量各部门和各级员工目标完成水平。目标考核实行逐级考核：公司考核部门或处；部门或处考核到处或班组；班组考核到员工。目标的月度考核具体有下面两种方式：

（1）考核金额：根据目标的完成情况，依据相关规定，只相应对责任人进行经济（金额）考核，同时对责任单位分数不再进行经济考核。

（2）既考核金额又考核分值：

根据目标完成情况，依据相关规定进行相应考核分数，同时每一分对应绩效工资的 1%，进行经济考核。

（3）为规范和统一公司各类事故管理，制定《事故类考核实施细则》。

三、部门/处室月度目标考核

按照《部门月度目标分解考核细则》执行，对每月 1 日到月末目标完成情况进行考核，每一分等于绩效工资的 1%。

公司对所有部门和全体员工与公司质量、产量和成本指标挂钩并进行月度考核。根据各部门与直接生产的关联度以行政管理的需要，以生产系统计件作业员月度计件工资实际支付与应付总金额的比值为基础比率，其他员工（非计件作业员、职员、各级主管和技术人员）按照下面比例进行考核。

制造厂：按照基础比率的 80% 进行考核；

装备动力部：按照基础比率的 80% 进行考核；

技术部、成本处：按照基础比率的 60% 进行考核；

其他部门：按照基础比率的 50% 进行考核。

四、员工月绩效考核

月度目标考核得分：（本部门月度考核得分+部门内部考核得分）/2

非计件员工、职员月度考核得分＝月度目标考核得分×70%＋月度绩效评价得分×30%。各部门根据岗位职责和月度工作任务制定本部门员工考核细则。

通过目标管理和绩效评价，科学、合理、公正地评价员工，并以此不断激励员工提高工作绩效、改进工作，提供每一位员工奖惩、薪酬、晋升、培训等人事决策以及员工职业发展规划，职业技能培训的客观依据，推动公司、员工可持续发展，实现公司各阶段目标。

（1）说说东升公司相关的绩效考核指标与绩效考核标准的设计针对性怎么样？

（2）制订绩效管理方案应注意哪些问题？

资料来源：笔者依据企业资料编写。

（四）实验四：薪酬福利管理

1. 实验要求与目的

要求：学生根据特定的案例或材料，就案例中薪酬管理的问题进行分析，并就相关岗位设计合理的薪酬标准及薪酬方案。

目的：通过学生参与并亲自设计薪酬体系方案，使其掌握以下能力：

（1）掌握薪酬体系设计的原则、步骤；

（2）岗位评价的步骤及方法；

（3）认识薪酬调查的目的、意义和作用，掌握其内容、步骤及方法；

（4）掌握福利的内容功能及利用福利工具。

2. 实验内容

主要内容包括四个部分：薪酬体系设计、岗位评价、薪酬调查及员工福利管理。要求每个小组依据背景材料，结合所学课程知识，对相关内容进行设计，并需明确以下内容：

（1）在设计组织的薪酬体系时要关注两大主题：一是薪酬对内的相对公平；二是薪酬水平与竞争对手相比具有竞争力。

（2）确保薪酬的内部公平，可以通过工作分析和职位评价来保证；薪酬的外部竞争力则可通过薪酬调查来保证。

（3）基于岗位的薪酬体系设计流程包括以下几个方面：工作分析、岗位评价、薪酬调查、薪酬水平定位、确定薪酬结构以及薪酬体系的实施和调整。

3. 实验准备

（1）认真复习薪酬福利管理的有关知识；

（2）小组分工与合作，根据背景材料确定薪酬体系设计的主要问题，并选取合适的方法进行分析与设计；

（3）对薪酬体系设计的相关流程及一些技术性环节，鼓励学生课下自己动手查阅相关资料，以对其有更为清晰、深刻的理解；

（4）教师在实验具体实施过程中对每个小组的相关问题予以解答，并在其遭遇困难时给予必要指导；

（5）事先准备相应的评分表并详细列出各项的评分标准，以做各评委评分之用。

4. 实验方法

分小组进行，由学生自愿组成小组，每组5~6人，各任务小组推选出组长。组长将小组分工名单、联络办法交与指导老师。指导老师负责全班统一管理，组长对本小组的工作进行分配、管理。各小组结合实际的案例背景，进行讨论、确定总体方案的实际设计，小组内形成具体分工，并说明分工情况，并以组为单位进行优劣比较，确定最佳方案，组织团队实施实际抽样调查，并在调查后修改完善方案，进行小组比较，层层评优。

5. 操作实施

案例：银川路通公司薪资管理

并购后被并购企业常常出现人才流失现象。这主要是因为有些人员担心新环境下的适应性问题，以向外流动来躲避因两种企业制度在整合时产生的摩擦而引起的对抗。经营不善的被并购企业在控制权转移后，可能使其部分员工产生消极的或不正确的心理预期，管理者担心收购后公司的补偿会减少、权力会丧失等。如果处理不当，这些忧虑与担心必然会引起人才大量流失，而人才的大量流失等于宣告并购的破产。所以留住人才、稳定人才以减少因并购而引起的人员震荡，就成为人力资源整合管理的首要问题。

薪酬是吸引、挽留和激励员工的重要手段，一套具有竞争力的薪酬制度，可以有效地激励员工更好地工作，增强企业的核心竞争力，促进企业快速发展。银川路通薪资制度套改充分参考了整个轮胎行业的发展状况，以及斜交、半钢、全钢产品研发生产的技术含量、成熟度和对人才的需求状况，并根据不同专业人才的市场定位，强化了薪酬体系的激励、引导作用。通过科学的岗位分析，将银川路通原有的 542 个作业员岗位、362 个职员岗位，合并为 203 个作业员岗位、172 个职员岗位，结合企业实际，根据劳动责任、劳动技能、劳动强度、劳动环境等因素，在着重强调劳动责任和劳动技能，并参考整个轮胎行业的发展情况，以及斜交、半钢、全钢产品研发生产的技术含量、成熟程度和对人才需求状况等因素的同时，根据不同专业人才的市场定位，分别对应到套改后的岗位中。根据岗位的不同，划分了标准工资的层级区间，使员工明确自己薪资上升的方式和空间。同时设立了行政、技术、技师三个序列的薪资分配体制。设置了行政职务薪资分配层级，即基层主管（值班长等）、处级主管、部级主管。设置了专业技术职务薪资分配层级，按照助理、中级、高级专业技术职务，分别对应到行政主管的室、处、部门经理级。使专业技术人员的技术价值得以体现。设置了技师序列薪资分配层级，使得在生产一线尤其是具备突出技能的作业员的价值得到积极肯定和充分体现。作业员岗位薪资分配实行计件工资制，充分体现了"按劳分配"的原则。有竞争力的薪资制度降低和防止企业人才的流失；更容易吸引人才，增强企业的管理水平和核心竞争力，保证银川路通持续、健康、快速发展。

2004 年春节过后，公司总裁罗伟的心情也很沉重。在这个节骨眼儿上，银川公司技术部的顶梁柱一个接一个地提出了辞职。上海分公司也报告说，新招进来的技术人员大多在试用期未满之前就会走人。这次薪酬调整没有涉及的职能部门也是怨声载道。由于银川路通是一个技术研发主导型的公司，原本这些职能部门的员工的薪资就比国内同行业的低，现在倒好，薪酬调整又没自己的份，你说失落不失落。如今，技术部和企业市场部的很多员工都打起了出走的算盘。面对如此多的问题，总裁罗伟有点无所适从。到底是这次薪酬体系的调整有问题，还是执行过程中有什么偏差？要不要继续把新的薪酬体系推行下去呢？

该公司当前面临的薪酬管理问题，将进一步严重制约公司的未来发展，人力资源部面对如此复杂的问题，应该如何来进行薪酬变革呢？应该如何依靠较强吸引力的薪酬来吸引、保留和激发人才的能力呢？

资料来源：笔者依据企业资料编写。

第六节　市场营销学课程实验

一、实验目的及要求

实验是《市场营销学》课程的重要教学环节，通过各种类型的课程实验教学环节，使学生重温课堂上所学的营销理论知识，加深对市场营销的基本概念、基本原理和基本分析方法的理解，有助于提升学生实践技能，并将所学理论运用于解决实际问题，从而掌握从事营销活动的基本技能。同时，通过市场营销学的实验课程，拓宽学生的知识层面，培养学生的团队协作精神，以及提升学生基础理论知识联系实际的专业素养。其实验目的为：

（1）按教育部素质教育的要求，理论联系实际，使学生将所学知识贯通起来，提升学生的实操能力。

（2）让学生了解和熟悉现代企业营销的流程和营销活动。

（3）培养团队协作精神和语言表达能力。

（4）为学生进入社会、参与营销工作打下良好基础。

（5）强化、融通学生所学的营销理论和方法。

（6）理解企业的销售计划的制订、模拟销售预测过程。

二、实验内容（见表1-78）

本实验课程建立在以下市场营销学理论基础上：

（1）营销哲学；

（2）营销战略规划；

（3）营销调查与预测、营销环境分析、顾客与竞争对手分析，市场调查报告撰写；

（4）市场细分、目标市场选择、市场定位；

（5）4P's 策略，营销策略分析；

（6）营销管理与营销策划。

表 1-78　市场营销学课程实验内容

序号	实验项目名称	课时	实验目的、要求
1	市场细分与目标市场案例课堂讨论	3	结合有关市场细分、目标市场和市场定位相关理论，联系实际设置案例题目。要求学生通过事先预习理论，联系实际进行分析
2	消费市场调研与课堂调研报告汇报	3	选取某一类消费者进行市场调查。要求利用营销调研方法调查消费市场，并撰写调研报告
3	4P's 营销策略综合案例课堂讨论与角色扮演	3	结合企业产品策略、定价策略、分销策略、促销策略相关理论。根据老师布置的相关案例资料，要求学生通过事先预习准备，系统分析案例内容，并结合所学理论分析案例
4	营销策略设计与营销策划书	3	针对某一具体的企业来做相关的营销策略设计，要求针对营销策略写相应的营销策划书

三、参考课时

每板块 3 课时，共 12 课时。

四、实验材料

硬件：多媒体教室；

软件：无；

材料：依据实验内容准备。

五、考核方式

出勤情况：20 分；

纪律表现：20 分；

实验报告：60 分；

考核分为四个级别，即优秀、良好、合格、不合格。

优秀：根据评分细则，在规定时间内达到预期效果的90%以上者；

良好：根据评分细则，在规定时间内达到预期效果的80%~90%者；

合格：根据评分细则，在规定时间内达到预期效果的60%~80%者；

不合格：根据评分细则，在规定时间内未达到预期效果的60%者。

六、实验教学内容

（一）实验一：市场细分与目标市场案例课堂讨论

1. 实验目的

本实验根据市场细分与目标市场选择的教学内容和教学重点的要求设计与教学内容相对应的案例，布置学生预习、分析、课堂讨论、总结，以达到通过案例训练培养提高学生能力的作用。

2. 实验原理

市场细分、目标市场选择、市场定位是关键的营销战略。通过设计的营销实验案例及具体实验，使学生良好地掌握市场细分的方法与标准、目标市场的选择方法和市场定位的基本原理。

3. 实验内容与步骤

实验内容：假定该小组成员有一笔资金，要在北方民族大学开设一家与餐饮有关的店，要求学生经过对北方民族大学餐饮市场细分后，发现市场机会，选定目标市场，并进行有效定位。

实验步骤：在教师指导下，由学生自由组合成小组，每组人数控制在5人左右，进行案例讨论，并确定每组组长，进行案例讨论和汇报的协调。根据所学习的营销战略相关理论，结合案例实际内容，分析问题。

（1）情景案例预习；

（2）小组讨论；

（3）课堂发言；

（4）教师点评。

4. 实验注意事项

（1）各实验小组在教师的统一安排和小组长的组织下，严格按照实验要求开展实验，不得随意调整小组成员和实验内容；

（2）各小组在实验开展之前必须进行周到细致的计划和安排，并制订出具体的实验进程计划；

（3）每位成员在实验前需对所要应用的专业章节知识进行认真的复习；

（4）各小组对每个实验项目至少开展两次集体讨论，对实验中存在的问题和疑虑要及时与指导教师交流。

（二）实验二：消费市场调研与课堂调研报告汇报

1. 实验目的

为贯彻市场营销课程"理论导入—准营销实践—理论强化—营销实战"等循序渐进的教学过程规律，构建理论教学和实践教学同向、同步、互通、融合的双重课程教学体系。本实验要求学生根据所学的消费者市场的特点和市场调研方法，深入实践，调查消费者市场的特点，并撰写市场调查报告，以达到训练培养提高学生能力的作用。

2. 实验原理

在市场调研与分析的基础上，确定并描绘目标消费者的特点。包括目标市场的环境分析，能够应用 SWOT 分析法分析营销环境，并通过问卷、访谈等方法分析目标消费者的特点等。

3. 实验内容与步骤

实验内容：年轻人、老年人等（群体）消费行为分析。

实验步骤：以开展实地调查的方式为主，结合在图书馆、新媒体平台、互联网查找到的二手资料，集体开展小组讨论、数据分析，最终以书面报告的形式得出最终结论。

4. 实验注意事项

（1）各实验小组在教师的统一安排和小组长的组织下，严格按照实验要求开展实验，不得随意调整小组成员和实验内容；

（2）各小组在实验开展之前必须进行周到细致的计划和安排，并制订出具体的实验进程计划；

（3）每位成员在实验前需对所要应用的专业章节知识进行认真的复习；

（4）各小组对每个实验项目至少开展两次集体讨论，对实验中存在的问题和疑虑要及时与指导教师交流；

（5）深入市场、企业过程中要注意维护大学生形象，举止文明得体，谦虚求教；

（6）各小组要做好实验全程的原始记录，最好有摄影、摄像等材料；

（7）所有学生在外出实验过程中要注意人身安全和交通安全。

（三）实验三：4P 营销策略综合案例课堂讨论与角色扮演

1. 实验目的

熟悉影响企业产品策略、定价策略、分销策略、促销策略的内涵及策略应用，通过案例分析和讨论掌握 4P'S 应用的主要方法、技巧。

2. 实验原理

根据教师给出的案例，应用 4P 策略分析案例的内容，分组讨论，形成自己对案例结论的认识。

3. 实验内容与步骤

实验内容：选取某知名企业（如宝洁、海尔、华为等）的综合案例，要求案例内容涉及 4P'S 的每一个方面。

实验步骤：在教师指导下，由学生自由组合成小组，每组人数控制在 5 人左右，进行案例讨论，并确定每组组长，进行案例讨论和汇报的协调。根据所学习的营销策略理论，结合案例实际内容，分析问题。

（1）情景案例预习；

（2）小组讨论；

（3）课堂发言；

（4）教师点评。

4. 实验注意事项

（1）各实验小组在教师的统一安排和小组长的组织下，严格按照实验要求开展实验，不得随意调整小组成员和实验内容；

（2）各小组在实验开展之前必须进行周到细致的计划和安排，并制订出具体的实验进程计划；

（3）每位成员在实验前需对所要应用的专业章节知识进行认真的复习；

（4）各小组对每个实验项目至少开展两次集体讨论，对实验中存在的问题和疑虑要及时与指导教师交流。

（四）实验四：营销策略设计与营销策划书的撰写

1. 实验目的

本实验要求学生根据所学的营销策略理论和营销策划的方法，深入实践，根据给定的题目进行市场调研、营销策略设计、撰写营销策划书，以达到训练培养提高学生能力的作用。

2. 实验原理

学生在系统学习完市场营销理论后，要能够按照规范的营销策划书要求，为某一特定的产品和企业进行策划，考查学生综合应用营销战略和营销策略进行具体问题策划的能力。

3. 实验内容与步骤

（1）教师根据一定的材料要求学生进行营销策略设计和策划书的撰写，最终要求学生撰写营销策划书一份。

（2）要求学生根据自己掌握的材料，按照要求自拟题目进行设计，最终要求学生撰写营销策划书一份。

4. 实验注意事项

（1）认真准备策划企业和策划产品资料，通过网络搜索、实际调研或图书情报查阅等方法查找资料。

（2）必须按照规范的营销策划书的格式完成策划书的撰写。

（3）要根据给定材料，结合自己掌握的资料撰写，切忌抄袭。

第七节　统计学课程实验

一、实验目的与要求

统计学是一门方法论学科。随着计算机技术与统计学科的交叉融合，软件技术、软件开发技术使得许多专业的统计软件得以实现，并且在实践工作中有效地提升了统计的精准性。基于此，现代社会所需要的统计学人才，必须要掌握一定的统计软件使用技能。

（1）以现有的各种统计分析方法的基本理论为教学基础，深刻理解各种统计分析方法的基本理念，并以 SPSS 统计软件作为一种实现统计数据记录、分析的主要手段，熟悉各种统计分析方法在 SPSS 统计软件中的操作步骤，授课教师指导学生完成统计数据的分析和统计计算的全过程。预期建立一个统计软件操作实践与统计分析理论相结合、注重培养学生以实际操作能力为主的实验教学的课程体系。

（2）在注重提高学生的实践动手能力的同时，也要在实践中培养学生独立思考问题、综合分析问题、做出合理推断的能力，科学思维能力和创新意识，提高学生的主动学习能力，优化学生的学习方法与学习习惯，培养学生相互合作的团队精神。

二、实验内容

本实验教学课程内容在注重以统计分析训练为先导的基础上，再利用 SPSS 统计分析软件开展相应的统计分析计算，并根据统计软件的运算结果和统计学理论做出合理的解释。在整个实验的过程中，充分考虑学生的主动学习能力、创新能力和团队协作能力，分配给每个学生相关的任务加以练习。

（1）掌握 SPSS 软件基本操作，包括 SPSS 基本特点和运行环境、SPSS 中信息输入与输出、数据文件的编辑等比较基础的知识。

（2）SPSS 统计描述分析功能。

（3）方差分析。

（4）相关分析与回归分析。

三、参考课时

12 课时。

四、实验材料

硬件：多媒体计算机；

软件：互联网。

五、考核办法

结合三个实验的评比结果，给出最后的总成绩，总成绩中实验一占 20%、实验二占 20%、实验三占 30%、实验四占 30%。

六、实验教学内容

（一）实验一：SPSS 软件基本操作

1. 实验目的与要求

（1）通过本次统计软件操作实验，要求学生初步了解 SPSS 软件的工作运营环境以及相关的基本操作步骤。初步了解 SPSS 的基本构造、特征、运行模式、主要窗口等，对 SPSS 统计软件有一个初步的浅层次的了解。

（2）要求熟悉掌握 SPSS 统计软件的基本运行程序，熟悉基本的编码方法、了解如何正确录入数据并建立一个正确的 SPSS 数据文件，使学生掌握最基本的统计数据的文件编辑与修正方法，学会独立利用 SPSS 统计软件建立数据文件。

（3）掌握统计数据文件的基本整理操作，使学生掌握如何对原始统计数据文件进行整理，包括数据查询、修改、删除、排序等后期的数据改动事项。

2. 实验内容

SPSS 统计软件中涵盖的数据文件是一种结构性的数据文件，由数据结构和数据内容两个重要部分组成，也可以说由变量和观测两个部分组成。SPSS 统计软件中的变量共计有十个属性，分别是变量名（Name）、变量类型（Type）、长度（Width）、小数点位置（Decimals）、变量名标签（Label）、变量名值标签（Value）、缺失值（Missing）、数据列的显示宽度（Columns）、对齐方式（Align）和度量尺度（Measure）。定义一个变量至少需要定义与它相关的两个属性，即变量名和变量类型，其他属性可以暂时使用系统的默认值，后续分析过程中如果有需要再对其设置进行修改。在 SPSS 统计软件数据编辑窗口中单击"变量视窗"标签，进入变量视窗界面后即可对变量涉及的各个属性根据统计需要进行设置。

（1）操作 SPSS 统计软件的基本方法；

（2）打开统计数据文件、保存统计数据文件；

（3）熟悉认识各种变量窗口和属性窗口的类型；

（4）练习系统参数的设置；

（5）统计数据文件的正确建立；

（6）编辑相关的问卷编码；

（7）录入统计数据（直接输入，数据库查询导入，文本向导导入）；

（8）保存统计数据文件；

（9）统计数据文件的后期编辑与整理。

3. 实验准备

（1）由授课教师提前简述上机实验的基本要求、注意事项和需要遵守的规章制度；

（2）由授课教师事先安排合理恰当的上机内容，设计实验的预期要求，分解并讲解统计软件的操作步骤，并要求学生提前做好上机准备工作；

（3）学生集中在多媒体机房上机进行实验操作。

4. 实验方法

教师先讲解并带领学生做练习45分钟，随后学生独立做实验，最后教师检查数据。每组1人。

5. 基本步骤

（1）打开计算机；

（2）找到桌面上的 SPSS 统计软件的快捷按钮或在开始菜单中找到 SPSS 的图标，打开 SPSS 统计软件；

（3）逐一识别 SPSS 数据编辑窗、结果输出窗、帮助窗口、图表编辑窗、语句编辑窗等各种与统计实验相关的窗口；

（4）练习统计软件系统参数的设置；

（5）对一份已完成前期数据收集的问卷进行问卷编码和变量定义；

（6）按照实验大纲要求录入待统计分析的数据；

（7）练习基本的统计数据的修改和编辑方法；

（8）保存最终的统计数据文件；

（9）关闭 SPSS 统计软件，关闭计算机。

6. 考核办法

要求学生完成每次实验课程所布置的任务，并同步提交对应的实验报告。

7. 思考与练习

（1）某航空公司38名职员性别和工资情况的调查数据如表1-79所示，试在 SPSS 中进行如下操作：

A. 将数据输入到 SPSS 的数据编辑窗口中，将性别定义为字符型变量，将工资定义为数值型变量，并保存数据文件，命名为"试验1-1. sav"。

B. 插入一个变量收入，定义为数值型变量。

C. 将数据文件按性别分组。

D. 查找工资大于40000元的职工。

E. 当工资大于40000元时，职工的奖金是工资的20%；当工资小于40000元时，职工的奖金是工资的10%，假设实际收入＝工资+奖金，计算所有职工的实际收入，并添加到收入变量中。

表 1-79　某航空公司 38 名职员性别和工资情况的调查数据表　　　　单位：元

序号	性别	工资	序号	性别	工资
1	男	57000	20	女	26250
2	男	40200	21	女	38850
3	女	21450	22	男	21750
4	女	21900	23	女	24000
5	男	45000	24	女	16950
6	男	32100	25	女	21150
7	男	36000	26	男	31050
8	女	21900	27	男	60375
9	女	27900	28	男	32550
10	女	24000	29	男	135000
11	女	30300	30	男	31200
12	男	28350	31	男	36150
13	男	27750	32	男	110625
14	女	35100	33	男	42000
15	男	27300	34	男	92000
16	男	40800	35	男	81250
17	男	46000	36	女	31350
18	男	103750	37	男	29100
19	男	42300	38	男	31350

（2）自己草拟 10 名学生的序号、姓名、高等数学成绩、管理学成绩、每天学习时间特征资料（以自己的姓名作为第一号，并将自己的名字设为文件名）。

要求：A. 添加性别数据特征。

B. 按高等数学成绩由高到低排序。

C. 按高等数学成绩数量标志进行等距分组，并进行汇总统计。

D. 计算生成高等数学与管理学两科的总成绩与平均成绩两个变量。

（二）实验二：SPSS 统计描述分析功能

1. 实验目的与要求

实验目的是引导学生利用合理的统计方法对统计数据进行相应的整理和清楚的显示，描述并探索出数据内在的数量规律性，掌握统计的方法和思想，激发学生学习统计学的兴趣，为持续进一步学习推断统计方法及高效应用各种统计方法解决实际问题打下必要而坚实的理论和实践基础。

描述性统计分析是统计分析全过程的第一步，做好这一步是进行后续正确统计推断的先决条件。通过描述性统计分析可以初步了解数据的分布类型和分布特点、数据分布的集中程度和离散程度，对数据的分布特征和规律进行初步的观察。

2. 实验内容

（1）频数的分析。

（2）描述性的分析。

（3）探索的分析。

（4）交叉列联表的分析。

3. 实验准备

复习描述统计学的基础理论知识：

（1）描述统计是统计分析的基础，它涵盖数据的收集、整理、显示等多重作用，对数据中有用的信息进行提取和分析，通常用一些描述统计量进行统计数据的分析。

（2）集中趋势的特征值：算术平均数、调和平均数、几何平均数、众数、中位数等。其中平均数适用于正态分布和对称分布的统计数据资料，中位数适用于所有分布类型的统计数据资料。

（3）离散趋势的特征值：全距、内距、平均差、方差、标准差、标准误、离散系数等。其中标准差、方差适用于正态分布的统计数据资料，标准误实际上反映了统计样本均数的波动程度。

（4）分布特征值：偏态系数、峰度系数，它们反映了统计数据偏离正态分布的程度。

（5）由授课教师讲解清楚上机实验的基本要求和基本注意事项。

（6）由授课教师预先布置具体上机实验的任务安排，合理设计实验的要求，具体的操作步骤，并要求学生课前进行准备。

（7）学生集中在多媒体教室上机。

4. 实验方法

教师先讲解关键知识要点并带领学生做练习 45 分钟，学生自主完成实验，最后教师检查数据。每组 1 人。

5. 基本步骤

（1）定义变量，建立数据文件并输入数据。

（2）频数分析。

基本统计分析往往从频数分析开始。通过频数分析能够了解变量取值的状况，对把握数据的分布特征是非常有用的。

频数（Frequency）即变量值落在某个区间中的次数。

百分比（Percent）即各频数占总样本数的百分比。

有效百分比（Valid Percent）即各频数占有效样本数的百分比。

有效样本数=总样本-缺失样本数。

累计百分比（Cumulative Percent）即各百分比逐级累加起来的结果。

频数分析的应用步骤：

在 SPSS 中的频数分析的实现步骤如下：

选择菜单"［文件］→［打开］→［数据］"，在对话框中找到需要进行分析的数据文件"SPSS/Employee data"，然后选择"打开"。选择菜单"［分析］→［描述统计］→［频率］"。确定所要分析的统计变量，在统计变量选择确定之后，在同一窗口上"单击""Statistics"按钮，打开统计量对话框，选择统计输出选项。结果输出与分析，点击 Frequencies 对话框中的"OK"按钮，即得到所需的统计分析结果。

（3）描述性分析。

SPSS 的［描述］命令专门用于计算各种描述统计性统计量。具体操作步骤如下：选择菜单［分析］→［描述统计］→［描述］，将待分析的变量移入 Variables 列表框，对变量进行描述性统计。

6. 考核办法

教师提出要求，学生做实验，最后学生提交实验结果和书面报告。每组1人。

7. 思考与练习

完成下列试验内容，并撰写报告。

（1）表1-80 为某班16 位学生的身高数据，对其进行频数分析，并对其进行分析。

表 1-80　某班 16 位学生的身高数据

学号	性别	身高（cm）	学号	性别	身高（cm）
1	女	170	9	女	150
2	男	173	10	女	157
3	男	169	11	男	177
4	女	155	12	女	160
5	男	174	13	男	169
6	男	178	14	女	154
7	女	156	15	男	172
8	男	171	16	男	180

（2）测量 18 台笔记本电脑重量，如表 1-81 所示，对其进行描述统计量分析，并对其进行分析。

表 1-81　18 台笔记本电脑重量表　　　　　　单位：千克

序号	1	2	3	4	5	6	7	8	9
重量	1.75	1.92	1.59	1.85	1.83	1.68	1.89	1.70	1.79
序号	10	11	12	13	14	15	16	17	18
重量	1.66	1.80	1.83	2.05	1.91	1.76	1.88	1.83	1.79

（三）实验三：方差分析

1. 实验目的与要求

方差分析也是一种假设检验，它是对全部样本观测值的变动进行分解，将某种控制因素下各组样本观测值之间可能存在的由该因素导致的系统性误差与随机误差加以比较，据此推断各组样本之间是否存在显著的差异。若存在显著的差异，则说明该因素对各总体的影响是显著的。

方差分析有三个基本的概念：观测变量、因素和水平。观测变量是进行方差分析研究的对象；因素是影响观测变量变化的客观或人为条件；因素的不同类别或不同取值则称为因素的不同水平。

（1）帮助学生更深层次地了解方差及方差分析的基本概念，掌握方差分析的基本思想和操作原理。

（2）熟悉掌握方差分析的全部流程。

（3）增强学生的自主实践的数据分析能力，使学生能够独自利用 SPSS 统计软件，熟练进行单因素方差分析、两因素方差分析等操作，激发学生的学习兴趣，培养自我学习和研究的能力。

2. 实验内容

单因素方差分析也称一维方差分析，对两组以上的均值加以比较。检验由单一因素影响的一个分析变量由因素各水平分组的均值之间的差异是否有统计意义。并可以进行两组间均值的比较，称作组间均值的多重比较。主要采用 One-way ANOVA 过程。采用 One-way ANOVA 过程要求：因变量属于正态分布总体，若因变量的分布明显是非正态，应该用非参数分析过程。若对被观测对象的试验不是随机分组的，而是进行的重复测量形成几个彼此不独立的变量，应该用 Repeated Measure 菜单项，进行重复测量方差分析，条件满足时，还可以进行趋势分析。

3. 实验准备

（1）根据观测变量的个数，可将方差分析分为单变量方差分析和多变量方差分析；根据因素个数，可分为单因素方差分析和多因素方差分析。在 SPSS 中，有 One-way ANOVA（单变量单因素方差分析）、GLM Univariate（单变量多因素方差分析）、GLM Multivariate（多变量多因素方差分析），不同的方差分析方法适用于不同的实际情况。本部分仅练习最为常用的单因素单变量方差分析。

（2）由授课教师讲解清楚上机实验的基本要求和注意事项。

（3）由授课教师预先布置上机实验的各项任务安排，合理设计实验要求，详细分解操作步骤，并要求学生课前进行相关预习准备。

（4）学生集中在多媒体教室上机。

4. 实验方法

教师先讲解基本操作方法并指导学生做练习 45 分钟，学生独立完成实验并做出数据分析，最后教师检查数据。每组 1 人。

5. 基本步骤

（1）选择菜单"［分析］→［比较均值］→［单因素方差分析］"，依次将观测变量销量移入因变量列表框，将因素变量"地区"移入因子列表框。

（2）单击"两两比较"按钮，该对话框用于进行多重比较检验，即各因素水平下观测变量均值的两两比较。

（3）单击"选项"按钮，弹出 Options 子对话框，在对话框中选中描述性复选框，输出不同因素水平下观测变量的描述统计量；选择方差同质性检验复选框，输出方差齐性检验结果；选中均值图复选框，输出不同因素水平下观测变量的均值直线图。

（4）在主对话框中点击"OK"按钮，可以得到单因素分析的结果。

6. 考核办法

教师提出要求，学生做实验，最后学生提交实验结果和书面报告。每组1人。

7. 思考与练习

某学校给三组学生以三种不同方式辅导学习，一个学期后，学生独立思考水平提高的成绩如表1-82所示。

表1-82　学生独立思考水平提高的成绩　　　　　　　　单位：分

方式1	37	42	42	43	41	42	45	46	41	40
方式2	49	48	48	48	47	45	46	47	48	49
方式3	33	33	35	32	31	35	34	32	32	33

问：该数据中的因变量是什么？因素又是什么？如何建立数据文件？对该数据进行方差分析，检验三种方式的影响是否存在显著差异？

（四）实验四：相关分析与回归分析

1. 实验目的

目的是学习并使用 SPSS 软件进行相关分析和回归分析。

2. 实验内容

（1）皮尔逊（Pearson）简单相关系数的计算与分析。

（2）学会在 SPSS 统计软件上实现一元回归模型的计算与检验。

（3）学会构建回归模型的散点图与样本方程图形。

（4）学会对所计算的结果进行统计分析的详细说明。

3. 实验准备

试验前，了解回归分析以下相关内容：

（1）参数 α、β 的估计。

（2）回归模型的检验方法：回归系数 β 的显著性检验（t 检验）；回归方程

显著性检验（F 检验）。

（3）由授课教师预习布置上机实验的各项任务安排，合理设计实验的要求，详细分解操作步骤，并要求学生课前进行预习准备。

（4）学生集中在多媒体教室上机。

4. 实验方法

教师先讲解并指导学生做练习 45 分钟，学生独立完成实验并做出数据分析，最后教师检查数据。每组 1 人。

5. 基本步骤

（1）打开数据文件"上市公司财务数据（连续变量相关分析）.sav"，依次选择"［分析］→［相关］→［双变量］"，打开对话框，将待分析的指标移入右边的变量列表框内。其他均可选择默认项，单击"OK"按钮提交系统运行。

（2）绘制散点图打开数据文件，选择［图形］→［旧对话框］→［散点/点状］，选择［简单］分布，单击［定义］，打开子对话框，选择［X 变量］和［Y 变量］，单击 OK 提交系统运行。

（3）简单相关分析。选择［分析］→［相关］→［双变量］，打开对话框，将变量移入 Variables 列表框，点击"OK"按钮运行。

（4）线性回归分析。选择菜单"［分析］→［回归］→［线性］"，单击"Statistics"按钮，在 Statistics 子对话框中设置要输出的统计量。这里选中估计、模型拟合度复选框。

6. 考核办法

教师提出数据分析的要求，学生独立完成实验，最后学生提交实验结果和书面实验报告。每组 1 人。

7. 思考与练习

现有 2004~2019 年某地区固定资产投资总额 NINV 和 GDP 两个指标的年度数据，如表 1-83 所示。试建立全社会固定资产投资总额和 GDP 之间的线性回归方程。

表 1-83　某地区固定资产投资和 GDP 年度数据　　　　单位：亿元

年份	GDP	NINV	年份	GDP	NINV
2004	509.44	120.38	2012	2195.7	523
2005	614.07	144.71	2013	2647.16	684.14

年份	GDP	NINV	年份	GDP	NINV
2006	682.8	114.51	2014	2993	667.39
2007	744.44	121.24	2015	3118.1	796.9
2008	833.3	156.39	2016	3326.8	883.9
2009	997.7	234.4	2017	3691.88	1012.2
2010	1278.28	324.58	2018	3983	1174.3
2011	1694.42	422.18	2019	4140.94	1348

第八节　物流学课程实验

一、实验基本原理及课程简介

《物流学》是一门培养学生掌握物流管理理论与方法的课程，它要求学生具有较强的动手实践能力。本课程在教学内容方面注重于基本理论知识和基本方法的学习和掌握。在实践能力方面注重于培养学生掌握现有物流仿真模拟软件的使用方法、系统设计方法与基本技能的培养和训练。实验课程不同于传统的理论课程，应充分体现"以教师指导为辅，以学生自主独立完成为主"的教学模式，以学生自主认知为课程主体，充分调动学生的参与积极性和主观能动性，重视学生独立自学能力的培养。实验内容包括物流信息系统初探、包装及装卸搬运实验、运输作业实验、仓储及货架实验、配送及分拣实验、供应链基础实验六个基础实验。

二、实验内容和课时分配（见表1-84）

表1-84　物流学课程实验内容

序号	实验项目名称	实验课时	实验类型	实验要求
1	物流信息系统初探	2	综合	必做
2	包装及装卸搬运实验	2	综合	必做

续表

序号	实验项目名称	实验课时	实验类型	实验要求
3	运输作业实验	2	综合	必做
4	仓储及货架实验	2	综合	必做
5	配送及分拣实验	2	综合	必做
6	供应链基础实验	2	综合	必做

三、实验环境

物流实验室，每人配置 1 台电脑，可访问 Internet，校园内的服务器上有络捷斯特物流软件。

四、考核方法

（1）实验后，学生将根据实验结果等内容书写纸质实验报告，符合实验教学的基本要求。

（2）指导教师对每份纸质实验报告进行系统的审阅、评分。

（3）该实验课程单独记录分数，作为该门课程总学分的组成部分之一。

（4）纸质实验报告要求标明：班级、姓名、学号、实验指导教师、实验时间、实验名称等。

五、实验教学内容

（一）实验一：物流信息系统初探

1. 实验目的

通过学习一个实际的物流信息系统，对物流信息系统有一个感性的认识，了解物流信息系统的软件结构、功能结构以及物流活动需要的基础数据。

2. 实验任务

（1）基础数据维护：模拟系统信息员角色，在仓储子模块系统中将仓储基础信息按一定顺序正确、快速地录入系统。

（2）货品及储位信息维护：货品信息；储位、托盘及周转箱编码；配置管理。

3. 实验步骤

整个操作流程在络捷斯特第三方物流信息系统中完成。

（1）登录。

学生登录服务器 172.18.56.16：8070/plats，点击［第三方物流］，进入物流教学系统综合业务平台。

学生用户名：学号；密码：1。

（2）人力资源管理。

登录到物流综合业务平台，以本人的学号进入第三方物流信息管理系统中的［基础管理系统］，在［基础信息管理］模块下的［人力资源管理］下点击［新增］，录入新增人力资源信息，如表 1-85 所示。

表 1-85　录入新增人力资源管理示例

岗位	姓名	身份证号	出生日期	工作日期	电话	住址	类型
库管员	蔡定军	110217197911096905	1979.11.9	2009.1.3	15300897862	北京市通州区新华大街4号	本公司

注：以此项为例，相关［人力资源管理］信息的录入方法和流程同本例。

第一，基本信息设定。

录入［基本信息］，录入结束后点击［提交］。

第二，人员工种设定。

基本信息录入结束后，选择［人员工种］点击［增加］，点击［工种类型］，选择下拉单选菜单中的［库管员］，设置员工的经验类型，点击［确定］，即可完成工种类型设定。点击［提交］即可完成该条人力资源信息的录入。

（3）客户信息管理。

进入第三方物流信息管理系统中的［基础管理系统］，在［客户管理］模块下的［客户信息管理］下点击［新增］，录入新增客户信息。

第一，客户信息表录入。

新增客户信息，点击［新增］根据客户的资料填写［客户信息表］，客户信息录入结束后点击［提交］。对于已经录入的客户信息，可以返回［客户信息管理］界面，进行查询、修改等操作。

第二，客户信用管理。

（a）客户信用评估项目设置；（b）客户信用评估；（c）客户评估历史查询；（d）库房管理。

（4）仓库管理部分要在［仓储管理系统］中操作实现。

第一，库房信息管理。

进入［仓储管理］系统下的［基础管理］，点击［库房管理］，新增库房信息。点击［提交］即可完成并保存此次操作。

第二，门信息管理。

在［门信息］页面填写库房所有门的信息，点击［增加］，输入信息后点击［确定］，若库房有多个门重复上述操作即可。例如，增加多个进货门或出货门。

第三，库管员信息管理。

在［库管员］页面填写人员信息。点击［增加］，输入维护库管员信息后点击［确定］。点击［确定］会在下方的库管员信息表中显示所维护的具体信息，证明上述操作已被录入。上述操作结束后点击［提交］。

（5）区/储位管理。

第一，储位信息维护。

选择［仓储管理］下的［基础管理］，在［区/储位管理］填写储位信息维护表，点击单选框选择需要库房，填写相应的储位信息。信息录入完毕点击［提交］保存储位信息。

第二，储位分配和通道管理。

储位分配就是要根据第一步添加的储位信息，按照各储位的空间、存储产品特点进行库区划分。首先要选择需要分配的储位，勾选储位信息的多选框，选择需要进行分配的储位，点击［分配储位］，进入储位设置界面。设置货架数（排数）、层数、截面数（列数）、通道号的信息。其中通道信息可以点击［通道管理］进行详细设定，此处不做详细说明。

点击［生成］和［保存］即可完成储位的分配，并返回储位管理界面，可以查看储位分布情况。

（6）货品管理。

在仓储管理［基础管理］模块下的［货品管理］界面进行货品信息录入和维护工作。点击［新增］添加新的货品信息。

第一，货品信息维护。

在［货品］界面选择［客户名称］，通过单选框选择需要添加货品的客户名称，点击［确定］完成设置。

录入货品的相关信息，点击［提交］即可保存录入的相应信息。上述货品信息中，SKU包装单位是指最小包装单位，即常见的销售包装，对于酸奶机来讲，一个酸奶机装在一个箱子里，这个箱子就是最小单位。

第二，货品数量对照。

进入［货品数量对照］页面，点击［增加］录入数量、长、宽、高信息。

第三，操作策略。

在［操作策略］界面，可以选择上架、下架策略，单击［提交］即可。本例中选定默认上、下架策略。

（7）打印标签。

在［仓储管理］系统中选择［基础管理］模块下的［打印标签］。该项操作可以打印的内容包括货品编码、条形码或标签、托盘标签以及自定义打印。

（8）配置管理。

配置管理主要是对仓储作业任务中各环节作业内容和关联性的设置。

（9）其他条款。

保险条款：丢货、入库验收、出库破损、退货等情况的处理方法。

4. 作业要求

（1）熟练掌握络捷思特仓储管理系统的登录方法。

（2）按照实际使用要求，新建相关人力资源管理、客户信息管理数据，并保存在数据库中（此处完成时，请老师检查、核对、评分，否则缺少一次实验成绩）。

（3）按照实际使用要求，对库房管理、区/储位管理进行维护，增加、修改有关数据（此处完成时，请老师检查、核对、评分，否则缺少一次实验成绩）。

（4）按照实际使用要求，进行货品管理数据资料，增加、修改有关数据（此处完成时，请老师检查、核对、评分，否则缺少一次实验成绩）。

（二）实验二：包装及装卸搬运实验

1. 实验目的

通过包装及装卸搬运操作，掌握包装及装卸搬运的运作流程，包装及装卸搬运操作方法与技能。

2. 实验内容和课时分配（见表1-86）

表 1-86　包装及装卸搬运实验内容

实验项目名称	实验内容	课时	实验场地及配套设备	备注
手动打包	教师演示			
半自动打包	学生练习	2	物流实验室	安全第一
装卸搬运	学生分组竞赛			

3. 实验步骤

（1）手动打包机的操作步骤。

第一，准备好性能良好的手动打包机、待打包的货物以及足够长度的打包带。

第二，打包。需用手预先计算好打包带的长度，将它沿着待打包货物的包装箱外部环绕一周，然后将手动打包机平稳地放在箱子上。小心地用手动打包机将多余的打包带剪掉之后，将外壳装上去，然后用压机将其卡在外壳上，用力压好。手动打包完成。

（2）半自动打包机的操作步骤。

第一，将电源线插头插上220V三相插座上，打开电源开关。半自动打包机预热一分钟，使烫头达到打包所需的温度。

第二，将待打包物放在半自动打包机上，紧靠阻挡器。

第三，将打包带绕过捆包物，顺着插带槽处插入，半自动打包机即可自动完成捆包。

第四，捆包完成后，轻轻地快速移开捆包物。

第五，完成包装物二字形、十字形、井字形和田字形等各种方式的打包。

（3）装卸搬运的操作步骤。

第一，拖车的搬运。

第二，叉车的搬运。

4. 考核

模拟实验的成绩由实验指导教师根据学生在实验中各个环节的实际能力，按优秀、良好、中等、及格和不及格五级评定。

（三）实验三：运输作业实验

1. 实验简介

3D 运输系统采用三级树状管理模式：管理员、教师、学生；管理员管理教师、班级。教师管理学生与上课，学生完成各项业务操作。实验环境真实，提供包括现实中各类运输业务的真实运作环境。主要仿真场景有写字楼、货运分理处、经理办公室、配送中心、制造工厂、百货超市、收货仓库、配送仓储以及真实城市、大街、公路货运场、铁路货场、航空货运大楼、港口码头等众多场所。

2. 实验内容和课时（见表 1-87）

表 1-87 运输作业实验内容和课时

实验名称	实验项目	课时
实验账号注册与管理	教师注册对应的上课班级 教师注册对应的教师账号，并用管理员身份分配管理对应上课班级 指导学生进入系统，并注册好账号。之后激活所有上课学生的账号	2
自由练习	零担运输业务管理	
	干线运输业务管理	

3. 运输管理系统实验目的

认知运输物流企业主要涉及的业务类型、业务流程，以及系统软件的相关功能。了解运输企业部门的设置种类及岗位操作方法。熟悉系统中所有实验设备；掌握不同企业岗位角色的工作性质，熟悉本系统各项业务流程。

通过 3D 运输管理系统仿真实验，让物流专业的学生在学校，通过现实的仿真环境反复实验，对现实运输企业的各种业务类型，以角色扮演的方式，获得宝贵的上岗经验。

4. 3D 运输管理系统功能

3D 运输管理系统可以对全部角色实时开放，保证其在同一网络环境、同一场景中进行实时的互动操作，包括浏览对方任务进程、物流单据的传递与交接、任务的实时交互、实时交流对话等，类似于网络游戏。通过 3D 运输模拟实验系统，让物流专业的学生在模拟现实的环境中反复实验，对现实运输企业的各种类型以角色扮演的方式体现。学生可以依据真实物流企业场景及业务操作流程，运用 3D 技术手段以三维立体的形式完美表现企业各部门、岗位、角色以及所涉及的企业日常经营活动。业务逻辑完全按照企业日常单证处理流程和表单内容进行开发，使学生在使用过程中全面了解各个岗位职责和工作内容。

5. 3D 运输管理系统的构成

6. 实验步骤

（1）登录管理员模块。

（2）教师模块。

（3）学生自由练习。

第一，零担运输。

案例信息：

发货客户：山北超市。

收货客户：广利超市。

货物信息：五粮液酒两箱防压。

受理网点：四通货运北城分理处（见图1-1）。

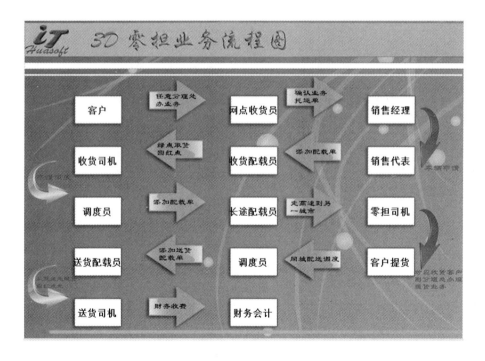

图 1-1 零担运输

第二，干线运输。

案例信息：

发货客户：东城食品厂。

收货客户：广利超市。

货物信息：面粉 50 包防潮。

网点：四通货运北城分理处（见图 1-2）。

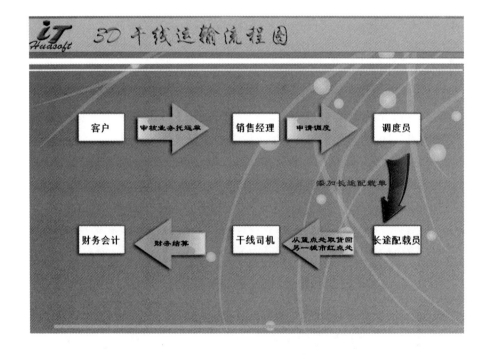

图 1-2　干线运输

（四）实验四：仓储及货架实验

1. 实验目的与要求

物流管理仓储实验是物流管理以及相关专业不可或缺的技能型的基础操作环节。通过操作实践，增强学生对物流仓储管理基础理论知识的理解和认识，提高应用物流仓储管理知识的基本技能，掌握物流仓储管理具体的操作环节和业务流程；加强学生的团队协同合作意识，提高学生自主发现问题、分析问题和解决问题的实践能力。

本实验项目是物流管理基础课程仓储部分实验的分支实验。本实验立足于高级物流管理人才的培养目标,以物流仓储管理的特性为出发点,强调基础理论知识与实际应用有机结合,以教师指导教学为辅、学生自主学习为主体的沉浸式教学法;培养学生的实际操作能力、实践能力与创新精神;调动学生主动学习的积极性,发掘学生内在的潜能;并在此过程中将课程相关理论知识付诸实践操作。

　　通过实验力图做到:

　　(1) 巩固、强化记忆物流管理基础中仓储相关的基本概念、原理和应用等基础理论知识;

　　(2) 建立良好的物流职业意识形态,学会站在企业物流运作的角度和高度上去思考问题,最大程度上缩短学生适应物流相关工作岗位的时间;

　　(3) 将所学的基础理论知识在实际的工作实践中开展综合层次的运用,把掌握理论知识与提高实操技能有机结合起来,提高学生分析与解决问题的能力。

　　2. 实验内容

　　本实验的具体内容涵盖现代物流仓储课程中最基本的各项仓储作业的具体操作。主要内容有:入库作业、在库作业、出库作业、自动化立体库作业、仓储管理系统软件的应用等相关具体操作。

　　3. 实验材料准备

　　需用仿真模拟物流实验室及相关的设施设备、材料等,以及可以接入互联网的多媒体信息教室(每人一台)。

　　4. 参考课时

　　2 课时。

　　5. 实验考核与组织

　　教师根据实验内容以及实验的具体情况决定是否分组,如需分组,按所教学班级学生人数进行合理的人员分配并形成该课程的实验小组,确定小组负责人(组长)。每一小组的人数配置控制在 5~6 人为宜(可根据实际教学情况酌情增减),小组中成员要合理分工,明确合作关系。在教师的指导下完成该项物流综合实验;实验结束时,指导教师根据采集到的不同资料和数据以及实际操作流程,在充分讨论、研究、审核的基础上,形成小组最终的实验成绩。要求:

　　(1) 每次实验前,学生应根据实验任务书安排的具体实验内容,做好以下准备工作:①阅读教材对应的章节内容,熟悉实验中所运用的原理。②如需进行分组安排,每组成员应做好实验开始前的各项准备工作,明确本次实验要达到的预期实验的目标。③制订符合实验的实验计划。组长应明确小组成员的分工与协作的工作负责。

（2）按照实验任务书注明的实验要求，开展后续的实验工作，并对实验中所收集的资料进行汇总、整理，根据实验数据撰写实验报告。

6. 实验项目

实验项目一：各种仓储设备认知。

（1）参观各种物流业中经常涉及的货架，包括托盘货架、层架、悬臂式货架、移动式货架、重力式货架、驶入/驶出式货架。

（2）参观各种物流装卸搬运的设备如托盘、叉车等。

（3）教师为学生详细讲解各种货架的结构、作用和特点。

实验项目二：入库接运、验收作业。

（1）回顾课本上理论对于入库接运、验收作业的理论概述。

（2）进行实验教学分组，设定实验中担任的角色。如五人一个小组，其中两人为送货人员，三人充当仓库保管人员。

（3）送货人员向仓库保管人员出示该批次货物的送货单。

（4）仓库保管人员进行货物的数量核对、质量验收等。

（5）货物验收结果的评估与处理。

实验项目三：入库货物堆垛操作。

（1）教师详细讲解常见的几种堆垛方法。

（2）教师与学生讨论不同的堆垛方法存在的优缺点。

（3）学生在教师的指导下自主进行各种堆垛方法的演练。

实验项目四：托盘装盘码垛操作。

（1）指导教师详细讲解四种码垛方式的主要操作方法和操作要领。

（2）教师和学生讨论、分析每一种码垛方式存在的优缺点。

（3）学生根据教师指导自主进行码垛操作的训练。

实验项目五：出库作业。

（1）教师向学生详细讲授相关的理论知识。

（2）教师将学生按照实验目的分成若干小组，每组五人，并根据出库业务的需求设置受理员一名、保管员一名、复核员一名、理货员一名、司机一名。

（3）学生提前做好实验前的各项准备工作。

（4）正式出库：拣选作业、复核、清点交接及装车、处理出库发生的异常情况。

实验项目六：自动化立体库作业。

（1）教师向学生详细讲授相关的知识理论。

（2）学生利用自动立体库独立进行入库作业的实践操作。

实验项目完成，由教师进行完整的总结和详细的点评，学生在以上基础上形成个人的最终实验报告并上交，计算该实验成绩。

（五）实验五：配送及分拣实验

1. 实验简介

通过对电子标签分拣系统和 RF 辅助分拣系统的分拣式作业方法和分货式作业方法的设计和实验，掌握电子标签分拣系统和 RF 辅助分拣系统的原理。

该实验性质属于综合性实验

2. 实验目的

通过实验可以使学生了解电子标签分拣系统和 RF 辅助分拣系统的设备构成和运行原理，掌握按单拣选和批量拣选的分拣作业原理，培养学生对配送中心分拣作业系统进行分析和认知的能力，为后续课程的学习奠定基础。

3. 主要设备

（1）分拣货架。

电子标签和 RF 货架区的货架类型及主要参数如下：

货架类型：搁板式；

存储单元：300mm×480mm×180mm；

货架数量：2 排×9 列×3 层；

总货位数：54；

货架高度：2200m。

（2）输送机系统。

分拣输送系统包括辊道输送机 1 台，积存辊道输送机 1 台。在输送线的出库端，有一个电子显示屏（LED），用来显示出库物料的信息（譬如所属订单）。

第一，辊道输送机的主要特点及参数：

额定载荷：20kg；

输送货物规格：300mm×480mm；

输送速度：10m／min；

输送机高度：600mm；

控制方式：联机自动控制方式；

安全措施：具有完整的连锁、导向保护装置，以避免任何破坏设备或货物的动作发生表面处理和涂膜：酸洗、磷化处理、喷塑。

第二，积存辊道输送机的主要特点及参数：

额定载荷：20kg；

输送货物规格：300mm×480mm；

控制方式：联机自动控制方式；

运行速度：10m/min；

积存数量：三个料箱。

第三，电子标签系统。

电子标签系统是将订单信息通过 pick to light 的方式显现到各个货位，人工根据信息提示进行拣选。一个拣选订单完成后，按"确认"键进行订单确认。如果确认成功，则显示下一个订单；如果确认不成功，则表示订单有尚未拣选的遗漏货位，并声音报警。

设备构成：

电子标签：27个；

订单确认标签：1个；

订单显示标签：1个；

电子标签控制系统：1套。

第四，RF系统。

RF系统上行通过RF计算机与控制室主控计算机相连，下行通过无线基站实现后台与RF前端的数据通信，从而达到信息流的自动传输。

设备构成：

无线手持终端：Symbol SPT1740，2个；

无线接入点：Symbol AP3021，1个；

充电座：Symbol，1个；

无线通信协议：1套。

4. 实验计划与安排

计划课时：2课时；15人/组。

5. 实验步骤

（1）实验员介绍电子标签分拣系统的设备和功能、实验步骤和要求；

（2）实验员进行电子标签分拣系统和 RF 分拣作业演示；

（3）学生进行电子标签分拣作业操作，根据要求完成给定订单的分拣工作并记录分拣时间；

（4）学生进行 RF 分拣作业操作，根据要求完成给定订单的分拣工作，并记录分拣时间；

（5）计算两种分拣系统的拣选时间，并分析两种分拣系统的优缺点。

6. 实验报告要求

（1）封面应包括：课程名称、实验名称、专业、班级、姓名、学号、同组实验者姓名、实验指导教师、实验时间。

（2）实验报告内容包括：

课程名称、实验名称、实验目的、实验内容和原理、实验设备（名称、规格、型号）、实验系统布置图、实验步骤、实验记录、实验数据分析、实验心得。

7. 思考题

（1）电子标签拣货系统和 RF 拣货系统的异同，各适合什么场合？

（2）批量分拣和按单拣选的优缺点和使用场合的异同？

（六）实验六：供应链基础实验

1. 实验内容简介

模拟从供应链管理的系统初始化到支持整个供应链物流业务的活动过程中，企业信息系统操作人员所进行的全部操作与细节流程（见图 1-3）。

2. 实验目的

通过络捷思特供应链管理系统的操作，掌握供应链管理系统的运作流程，供应链管理所需要的有关资料、相关数据及操作方法。

3. 供应链管理系统功能说明

供应链管理的套件主要包括供应商管理系统、生产企业管理系统、销售公司管理系统和物流公司系统四个子系统模块，模拟装配型的生产企业为核心企业的供应链，生产企业通过采购、销售等业务与上游原料供应商和下游销售公司产生联系，形成一条完整的销售供应链，而物流公司为整条供应销售链的参与方提供对应的外包物流服务。同时四个子系统模块又能分别实现对公司内部资源合理地运作与管理。

4. 供应链管理系统的学习任务要求

（1）制造商管理系统学习任务要求。

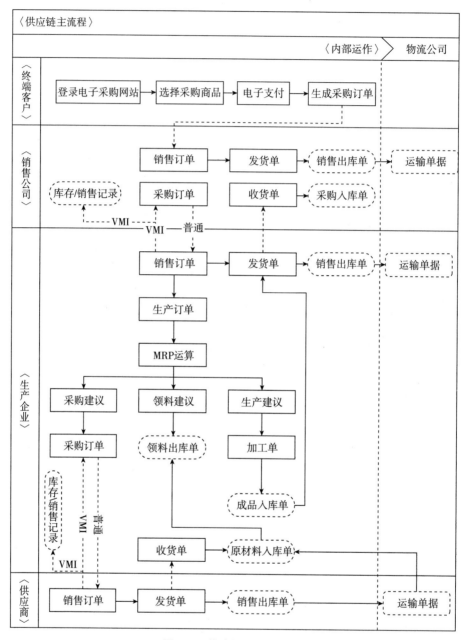

图 1-3　供应链业务主流程

结合物流模拟的案例背景，完成制造商企业的企业信息、客户管理、供应商管理、物流公司、原材料管理、仓储管理、部门管理、人力资源管理、车间管理、BOM 管理等相关信息的录入；能够利用系统的自建模板对前置程序的部门、人力资源、车间、仓储、原材料、客户、供应商、物流公司进行数据导入。

第一，能够进行相关制造商的客户管理、供应商管理、物流公司、原材料管理、仓储管理、部门管理、人力资源管理、车间管理、BOM 管理等相关信息的录入和维护等相关工作。

第二，能够及时完成采购订单的录入工作、采购订单处理工作、采购订单查询工作、收货单录入工作、收货单处理及收货单查询等常规工作的处理。

第三，能够录入、处理并查询企业生产的订单；能够进行 MRP 的计算，生成生产、领用材料及采购的建议；能够及时高效地完成生产作业的录入、处理和查询的操作。

第四，能够进行物流仓储单据的录入和查询，并完成材料出库、入库等相关操作。

第五，能够进行物流销售订单及发货单的录入、处理和查询等相关操作。

第六，能够对物流出库货物生成对应的应收账单，对入库货物生成对应的应付账单。

（2）供应商管理系统学习任务要求。

结合物流模拟案例背景，完成供应商企业的企业信息、客户管理、供应商管理、原材料管理、仓储管理、物流公司、部门管理、人力资源管理等相关信息的录入；能够利用系统自建的模板对处于前置程序的部门、员工、仓库、物料、客户、供应商等进行数据导入。

第一，能够进行详细合理的供应商客户管理、仓库管理、物流公司、部门管理、员工管理等相关信息的录入和维护等相关工作。

第二，能够完成物流相关的采购订单的录入、采购订单处理、采购订单查询、收货单录入、收货单处理及收货单查询等相关业务操作。

第三，能够进行物流仓储单据的录入和查询，并完成出库、入库等相关操作。

第四，能够进行物流销售订单及发货单的录入、处理和查询等相关操作。

第五，能够对物流出库货物生成对应的应收账单，对入库货物生成对应的应付账单。

（3）零售商管理系统学习任务要求。

结合物流模拟案例背景，完成零售商企业的企业信息、客户管理、供应商管理、原材料管理、仓储管理、物流公司、部门管理、员工管理、销售货品管理等相关信息的录入；能够利用系统自有的模板对处于前置程序的部门、员工、仓库、原材料、客户、供应商等进行准确的数据导入。

第一，能够进行供应商的合理管理、仓库管理、物流公司、部门管理、员工管理等相关信息的录入和维护等相关操作。

第二，能够完成物流采购订单录入、采购订单处理、采购订单查询、收货单录入、收货单处理及收货单查询等相关操作。

第三，能够进行物流仓储单据的录入和查询，并完成出库、入库等相关操作。

第四，能够进行物流销售订单及发货单的录入、处理和查询等相关操作。

第五，能够对物流出库货物生成对应的应收账单，对入库货物生成对应的应付账单。

（4）物流公司管理系统学习任务要求。

结合物流模拟案例背景，完成物流公司的基本信息及客户信息的录入。

第一，能够完成物流公司的企业信息、客户管理等相关信息的录入和维护等相关操作。

第二，能够完成物流配送订单的录入、新增物流配送订单录入和查询等相关操作。

第三，能够进行物流配送调度、完成调度操作，并准确进行配送作业，实现配送对象的完好签收的配送目标。

5. 课时安排

2 课时。

6. 实验步骤

（1）教师设置。

（2）学生完成任务要求。

第九节　运营管理课程实验

一、实验目的与要求

《运营管理》是研究工业企业、商业企业以及其他社会组织类型的企业如何将企业掌握的现有资源高效合理地转换为满足顾客需求的产品或服务的一门管理类学术学科，是研究如何合理运用经济学原理、管理学原理及有效的管理方法，对制造型企业或服务型企业有限的资源进行高效率的集成，为顾客提供满意的产品和服务增值过程的管理类课程。《运营管理》实验有助于学生对企业运营的整体认识、熟悉生产流程、掌握先进的管理方法、提高思维能力。通过学习，使学生能正确处理生产、市场、管理三者的关系，运用先进技术改进制造流程，解决企业实际问题的目的。

二、实验内容

（1）企业生产能力的确定；
（2）运营系统的选址和布局；
（3）混合流水生产线的组织设计应用；
（4）网络图绘制及时间参数的计算。

三、参考课时

每部分 3 课时，共 12 课时。

四、实验材料

硬件：多媒体；
软件：无。

五、考核办法

出勤情况：20%；
课堂表现：30%；
实验报告：50%。

六、实验教学内容

（一）实验一：企业生产能力的确定

1. 实验要求

（1）掌握代表产品法和假定产品法确定生产能力；
（2）熟悉生产能力的概念；

（3）了解组成生产能力的基本因素。

2. 实验内容

（1）导入案例：世界上最"亏钱"的迪士尼，开了37年亏了150亿元，仍咬牙坚持运营（https：//baijiahao. baidu. com/s？id＝1645471405739350289&wfr＝spider&for＝pc，2019－09－23）。

案例引发的思考：①一家服务机构究竟能为多少位顾客提供服务？②一家工厂究竟又能生产多少产品？③当运营系统要扩充时，应考虑哪些条件？会出现怎样的问题？

（2）代表产品法：产品的结构、加工工艺相似、多品种成批生产的生产企业。选择其中一种产品作为代表产品，以代表产品的产量表示企业的整体生产能力。

换算步骤：①计算产量换算系数：

$K_i = t_i / t_代$

其中，K_i：i产品产量换算系数；

t_i：i产品台时定额；

$t_代$：代表产品台时定额。

②将i产品产量换算为代表产品产量：

$Q_{i→代} = Q_i \cdot K_i$

例题：某厂车床组配备有车床10台，每台车床的全年有效工作时间均为4648小时。在车床上分别加工A、B、C三种类型的产品，其计划的产量分别是280台、400台、220台，单位产品的台时定额（时/台）分别是45、50、55，试用代表产品法计算车床组生产能力，并换算为各个具体产品的单位生产能力。

计算过程：①确定B为代表产品；②以B产品为标准的车床组生产能力见表1－88。

表1-88　车床组生产能力

产品名称	计划产量（台）	单位产品台时定额（时/台）	换算系数	换算为代表产品的计划产量（台）	各种产品占全部产品的比重（%）	以代表产品为计算单位表示的生产能力（台）	换算为具体产品单位的生产能力
①	②	③	④	⑤=②×④	⑥=⑤/∑⑤	⑦	⑧=⑦×⑥×1/④

续表

产品名称	计划产量（台）	单位产品台时定额（时/台）	换算系数	换算为代表产品的计划产量（台）	各种产品占全部产品的比重（%）	以代表产品为计算单位表示的生产能力（台）	换算为具体产品单位的生产能力
A	280	45	0.9	252	28.2		291
B	400	50	1	400	44.7	930	416
C	220	55	1.1	242	27.1		229
合计	—	—	—	894	100		—

（3）假定产品法：适用于产品结构、工艺不相似，多品种生产的企业。

换算步骤：①将各种产品按其产品产量比重构成一种假定产品：

$$t_{假} = \sum_{i=1}^{n} t_i \cdot q_i$$

其中，$t_{假}$：假定产品的台时定额；

t_i：i 产品的台时定额；

q_i：i 产品的产量比重；

n：产品品种数。

②i 产品的换算系数：

$$K_i = t_i / t_{假}$$

③i 产品产量换算为假定产品产量：

$$Q_{i \to 假} = Q_i \cdot K_i$$

例题：某厂铣床组配备有铣床共计 14 台，每台铣床的年有效工作时间均为 4553 小时，铣床组分别加工 A、B、C、D 四种主要类型的产品，其计划的产量分别为 200 台、100 台、140 台、160 台，单位产品的台时定额（时/台）分别为 100、60、100、120。试用假定产品法计算铣床组的生产能力以及换算为各个具体产品表示的生产能力。

计算过程如表 1-89 所示。

3. 实验准备

（1）回顾管理学相关知识；

（2）预习企业生产能力与生产计划相关内容；

（3）计算器及必备文具。

表1-89　假定产品法计算过程

产品名称	计划产量（台）	各种产品占产量总数的比重（%）	每种产品铣床组台时定额（台时）	假定产品台时定额	以假定产品为单位的生产能力（台）	换算为具体产品表示的生产能力（台）
①	②	③=②/∑②	④	⑤=∑（③×④）	⑥	⑦=⑥×③
A	200	33.3	100	33.3	（4553×14）/98.6=646	215
B	100	16.7	60	10		108
C	140	23.3	100	23.3		151
D	160	26.7	120	32		172
合计	600	100	—	98.6	646	—

4. 实验方法

在教师指导下，由学生自由组合成6~8人为一组的学习讨论小组，完成实验内容并进行交流总结。

5. 操作实施

（1）导入案例：世界上最"亏钱"的迪士尼，开了37年亏了150亿元，仍咬牙坚持运营。

提到迪士尼乐园，相信很多人都会知道，作为小孩以及大人都喜欢的游乐园，迪士尼在世界上的知名度非常高。特别是随着长假的到来，很多人都会去迪士尼玩，感受一下独有的文化氛围。然而去过迪士尼的人都知道，平时迪士尼乐园的门票是比较昂贵的，最便宜的都需要三百多元，更不用说节假日了，可想而知迪士尼是多么的赚钱，以至于在人们的印象中，迪士尼从来就没有不赚钱的时候。

但是你们不知道，在这个世界上，却有一个最会"亏钱"的迪士尼乐园，这座迪士尼乐园开了37年，亏损了近150亿元，迪士尼总部的数据显示，这座迪士尼可以说是他们心中的痛，可即便是这样，这座迪士尼依旧咬牙坚持运营，期待有一天能够盈利。这座迪士尼就是巴黎迪士尼，其建立于1992年，是当时美国之外的第二座迪士尼乐园，其实在迪士尼入驻巴黎之初，是非常受法国人欢迎的，甚至当地政府还为他们免费修建了通往巴黎迪士尼的高速公路，当时人们也在想，巴黎位于欧洲中心，迪士尼乐园开在这里，相信周边国家的人也会过来。不过事实却与之相反，巴黎迪士尼乐园从开始至今一直都在亏损，中间也出现过短暂的一年盈利，却起不到丝毫作用。可能有人会想，为何巴黎迪士尼游乐园不受欢迎呢？

第一，规划者们原本认为，在巴黎迪士尼游玩的游客如同前往佛罗里达迪士尼乐园（拥有三个主题公园）的游客一样，在乐园里要逗留四天，但前者的游客，由于只有一个主题公园，最多逗留两天，这样，登记住宿或退房的人大大增加，乐园原先安排的计算机住宿登记站就不够了。

第二，巴黎迪士尼乐园设有 5200 家酒店客房，在最初的两年里，酒店的年均入住率仅有 50%左右，为了实现预定的盈利目标，乐园不得不将客房价格提高，不顾此举是否适应市场需求。

第三，规划者原先认为，周一来乐园的游客会较少，周五的游客会比较多，是个高峰，据此，乐园分配了员工的工作量，但事实正好相反，更为棘手的是，在高峰期游客人数居然是淡季的十倍以上，而法国的员工工作计划非常死板，问题就变得更难以解决。

第四，为了方便游客，乐园在湖边建造了豪华的有轨电车，可以将游客从酒店直接带到乐园里游玩，但游客们更乐意步行去乐园。

第五，乐园里有些酒店餐厅仅有 350 个座位（因为听说欧洲人是不吃早餐的，所以减少了餐厅的设计面积，但结果是成群的游客想要享受一顿丰盛的早餐），却要为 2500 位游客提供早餐，队伍排得很长。

第六，乐园的停车场太小，无法停放大公共汽车，而且休息室也只能容纳 50 位司机，高峰期拥挤的时候，却会有 200 位司机。

可见，运营能力规划对企业的良性发展至关重要，它是运营系统设计中最基本的决策之一，企业的实际运营能力与市场的实际需求的不匹配将导致过度依赖调节能力最终造成运营与需求关系的失衡，运营能力的过剩造成不必要的运营成本增加，而运营能力不足会造成运营资源吃紧，可能失去企业的现有顾客。

（2）代表产品法实例。

参考练习一：假设某企业生产 A、B、C、D 四种主要产品，计划的年产量各为 180 台、150 台、20 台、50 台，在车床上加工的工时（台时）分别为 180、120、200 和 250，车床组共配备有 20 台车床，两班制生产模式，设备的计划停工率为 10%，假定选定 B 产品为代表产品，用图表计算年生产能力和负荷系数。

参考答案（见表 1-90）：

$$M_{代} = \frac{F_e \cdot S}{t_{代}} = \frac{250 \times 8 \times 2 \times 90\% \times 20}{120} = \frac{72000}{120} = 600（台）$$

表 1-90　年生产能力

产品名称	计划产量（台）	单位产品台时定额（台时）	换算系数	换算为代表产品的计划产量（台）	各种产品占全部产品的比重（%）	以代表产品为计算单位表示的生产能力（台）	换算为具体产品单位的生产能力
①	②	③	④	⑤=②×④	⑥=⑤/∑⑤	⑦	⑧=⑦×⑥×1/④
A	180	180	1.5	270	48.3		193
B	150	120	1	150	26.8		161
C	20	200	1.7	34	6.1	600	22
D	50	250	2.1	105	18.8		54
合计	—	—	—	559	100		—

参考练习二：企业装配车间的装配面积总计为 1200 平方米，其中通道占用面积为 200 平方米，按两班制模式生产、每班制工作时长 8 小时、每月 22 天工作日计算。已知装配车间月度计划产品的种类、数量、单位产品的装配面积、装配周期如表 1-91 所示。

表 1-91　装配车间月度计划相关数据

品种	计划产量（台）	单位产品装配面积（平方米）	单位产品装配周期（小时）
A	1080	5	20
B	1800	4	15
C	1200	5	24

要求：①计算该车间以 A 为代表产品的月度装配面积的生产能力。②计算该装配车间的装配面积的负荷率（图表计算）。

参考答案（见表 1-92）：① $M_A = \dfrac{F \cdot B}{b_t} = \dfrac{8 \times 2 \times 22 \times (1200 - 200)}{20 \times 5} = \dfrac{352000}{100} = 3520$（台）

②$L = \dfrac{\sum N_i K_i}{M_A} = \dfrac{1080 \times 1 + 1800 \times 0.6 + 1200 \times 1.2}{3520} = 1.02$

表 1-92　装配车间的装配面积负荷率

产品名称	计划产量（台）	单位产品台时定额（台时/台）	换算系数	换算为代表产品的计划产量（台）	各种产品占全部产品的比重（%）	以代表产品为计算单位表示的生产能力（台）	换算为具体产品单位的生产能力
①	②	③	④	⑤=②×④	⑥=⑤/∑⑤	⑦	⑧=⑦×⑥×1/④
A	1080	100	1	1080	30		1056
B	1800	60	0.6	1080	30	3520	1760
C	1200	120	1.2	1440	40		1173
合计	—	—	—	3600	100		—

（3）假定产品法实例。

参考练习：某企业主要生产甲、乙、丙、丁四种类型的产品，其计划的产量分别为 200 台、100 台、300 台和 50 台，各种产品在机械加工车间车床组的台时定额（时/台）分别为 50、80、100 和 120，车床组配备有车床共计 12 台，两班制模式生产，每班工作时长 8 小时，设备的停工率为 5%，试采用假定产品法计算车床组的年生产能力。

参考答案（见表 1-93）：

表 1-93　车床组的年生产能力

产品名称	计划产量（台）	各种产品占产量总数比重（%）	每种产品铣床组台时定额（台时/时）	假定产品台时定额	以假定产品为单位的生产能力（台）	换算为具体产品表示的生产能力（台）
①	②	③=②/∑②	④	⑤=∑（③×④）	⑥	⑦=⑥×③
甲	200	33.8	50	15.4		169
乙	100	15.4	80	12.3	49	85
丙	300	46.1	100	46.1		253
丁	50	7.7	120	9.2		42
合计	650	100	—	83	—	—

$$L = \frac{\sum N_i}{M_o} = \frac{650}{549} = 1.18$$

（4）综合实验：某化工车间配备有 10 台反应釜，每台的年平均有效工作时间均为 2500 小时，主要加工 A、B、C 三种化工产品，年计划产量分别为 100 吨、200 吨和 250 吨，每吨产品所需要的反应釜台时定额（时/台）分别为 20、30 和 40。

请计算：①该化工车间以 A 产品为代表产品的年生产能力和负荷系数；②该车间以假定产品为计量单位的年生产能力和负荷系数。

参考答案：①以 A 产品为代表产品（见表 1-94）：

$$M = \frac{10 \times 2500}{20} = 1250（台），\quad L = \frac{\sum N_i K_i}{M_o} = \frac{900}{1250} = 0.72$$

表 1-94　年生产能力和负荷系数（以 A 产品为代表产品）

产品名称	计划产量（台）	单位产品台时定额（台时/台）	换算系数	换算为代表产品的计划产量（台）	各种产品占全部产品的比重（%）	以代表产品为计算单位表示的生产能力（台）	换算为具体产品单位的生产能力
①	②	③	④	⑤=②×④	⑥=⑤/∑⑤	⑦	⑧=⑦×⑥×1/④
A	100	20	1	100	11.1		139
B	200	30	1.5	300	33.3	1250	278
C	250	40	2	500	55.6		348
合计	550	—	—	900	100		—

②假定产品法（见表 1-95）。

表 1-95　年生产能力和负荷系数（假定产品法）

产品名称	计划产量（台）	各种产品占产量总数比重（%）	每种产品铣床组台时定额（台时）	假定产品台时定额	以假定产品为单位的生产能力（台）	换算为具体产品表示的生产能力（台）
①	②	③=②/∑②	④	⑤=∑（③×④）	⑥	⑦=⑥×③
A	100	18.2	20	3.6		139
B	200	36.4	30	10.9	765	278
C	250	45.4	40	18.2		347
合计	550	100	—	32.7	—	—

假定产品的负荷系数计算：

$$L = \frac{\sum N_i}{M} = \frac{550}{765} = 0.72$$

（5）案例讨论：决战产能。

忙于全球化布局近一年，向文波终于在公司位于沈阳的基地稍作停留。望着窗外纷飞的雪花，他终于难得悠闲地喝了杯咖啡，开始细想下一步三一集团的征途。就在 2010 年 2 月，这位三一集团的总裁以预算 2 亿美元的总额，和巴西圣保罗州政府达成在该州建设工程机械生产基地的投资计划。由此将企业带入海外扩张的第四站。至此，加上之前投资印度、美国、德国之后，三一集团已经完成了其在全球的 3/4 布局。公司设想下一步再投资非洲，到那时候，企业的全球化布局才算基本搭建完成。

但近一年来，随着中国企业国际化道路的强化，引发了诸多国际争议，尤其是西方对中国提出的"中国创造走向全球"特别警惕。对此，一向快言快语的向文波向中国企业忠告："在海外，我们要少谈中国制造、少谈中国创造，我们要把中国产品做成在投资国的本土品牌。"其实，三一集团不仅在向海外扩张中需要有异于其在国内的强硬作风，同样在企业日益做大做强的时候，来自国内市场的不确定、同业技术竞争、决策精准与否、社会责任等构成的经营与管理风险也不容小觑。作为三一集团的喉舌，向文波最容易走上风口浪尖。

一、需求倒逼产能扩张

金融危机对于大多数企业是祸，但未必不是有些企业之福。三一集团所处的工程机械行业在国家经济刺激计划与高铁建设的影响下，增长加快。旗下上市公司三一重工财报显示：2010 年前三季度实现营业收入 259 亿元，较 2009 年同期增长 82.45%；净利润 44.5 亿元，较 2009 年同期增长 124.70%。受此影响，其股价在 10 月 20 日午后发力，至 10 月 21 日上午飙至 42.90 元。至此，三一重工成为国内工程机械行业中首家市值过千亿元的上市公司。面对历史佳绩，向文波却表现出了忧虑："虽然三季度公司毛利率达 36.9%，但是环比下滑 3.6%，另外从挖掘机这个子项来看，和外资企业小松（中国）、斗山（中国）相比，销售总量仍差一半。产生这两大问题的主要原因在于我们产能不足，导致向市场缺供。"

产能不足是三一集团目前亟须解决的一大难题。现在，向文波和管理层的应对方法是，发行不超过 2.82 亿股的 H 股募资，以扩张产能。"我们今年虽能以 1 万台的销售打破历史纪录，但市场对我们的需求是 3 万台。"实际上，目前国内挖掘机 70% 的市场份额仍然由外资品牌占有。但是向文波乐观地预计，三一集团在 2011 年还将进一步挤占外资品牌在国内的市场份额，不过他最担心的是三一集团的技术成长能否与市场需求同步？

二、科研投入领跑行业

工程机械行业虽得益于市场的需求放量，但三一集团要想占有更大的市场份额，需要有技术上的核心竞争力。除此之外，还需要强化内部管控，以取得在行业中的成本优势。这就给当前的向文波核心领导团队提出了挑战。令向文波最感紧迫的，不是三一集团的创新力不强，而是三一集团需要对旗下多元产品进行更多、更均衡的投入，这就涉及创新型人力资源不足的问题。在三一集团各项产品中，起重机是其产业结构中的重中之重。2010 年 3 月，三一集团推出了领先国际的中国首台千吨级 SAC303 型全地面起重机，因此打破了国外企业垄断超大吨位起重机市场的局面。但是，向文波希望，不仅只在起重机领域达到创新的高度，而且要在挖掘机、车载泵、吊运机、堆高机、压路机等这些多元产品中均能谋求更大的突破。

实际上，三一集团对科研的投入在行业中已遥遥领先。三一集团现有 6000 多名研究员，每年将总利润的 5% 投入科研，目前累计有 2000 多项的创新技术，其中 1000 多项已经获得国家专利。但是，市场对多元产品的需求放量，研究人员仍然缺乏。即使通过海外基地招募约 60 名国际级技术人员，也仍然无法满足发展需求。

在向文波的设想中，拥有 1.2 万个技术人员是三一集团竞争力的基本筹码。现在，向文波采取两种措施同时进行：一方面是继续延揽海内外人才；另一方面是在公司内部实现大面积的股权激励，投入没有预算限制的培训。作为中欧 EMBA 的校友，向文波甚至还亲自招校友来"入伙"三一集团。

不过，三一集团在管理创新上则相对表现得更快速。"向管理要效益"是向文波最早在公司提出的。向管理要效益，就是为了科学节约成本，比如当我们的设备产量上升到 1 万台，而每台节约 1000 元时，就意味着成本降低，效率提升。就具体操作上看，三一集团在金融危机后所引入的 MES 系统生产方式，与精益化准时生产很相似。车间出现异常，相关人员可以马上收到短信，到现场后可通过 LED 屏幕和警示灯快速定位到哪个工位有什么问题。另外，如果有缺料、节拍作业超时以及其他质量问题出现，相关责任人也同样可收到短信。"可以说 MES 系统帮他们完成了预警与沟通，现场管理比以前更顺畅。"向文波表示。在整个经营决策与执行过程中，向文波不是一个人在战斗，董事长梁稳根和其他管理成员各司其职。但是企业的风险有时并非来自经营，还来自其他方面，如社会责任的履行上。

资料来源：参见经理人网，2010 年 12 月 16 日。

思考题：

（1）三一集团生产能力扩大的主要依据是什么？

（2）三一集团的生产能力如果核定，你认为应该选择什么计量单位？为什么？

（3）生产能力的扩大进而可能会引发哪些问题，企业应如何解决？

（二）实验二：运营系统的选址和布局

1. 实验要求

（1）掌握影响企业选址的关键因素；

（2）熟悉企业选址的一般程序步骤；

（3）了解企业选址对后续经营发展的重要性。

2. 实验内容

（1）明确企业选址的重要性：选址是运营策略的一部分，是取得竞争优势的重要条件。

投资：选择不同的地点建厂对未来预期的投资回报会产生很大影响；

成本：涉及生产所用的原材料成本、运输成本及职工的工资福利；

人员：企业选址影响优秀人才的引进、职工及家属的生活习惯和职工的工作积极性。

（2）熟悉掌握企业选址的影响因素：

选区：预期选址地点劳动力资源的供应条件；原材料、燃料、动力的供给条件；产品销售的市场条件；自然资源环境的条件；交通运输的条件；当地社会的生产生活的协作条件；法律法规和当地的政策方针；科技的有利依托条件。

定址：厂区附近的地形、地貌以及地质构造、水文、气象等条件，周围的配套设施、厂区的可扩展性和延伸性。

（3）选址的评价方法：评分法和加权法。

（4）选址的一般步骤：①选择某一个地区：要综合考虑经济因素、政治因素、社会因素和自然因素；②在同一地区选择若干合适的地点，选定地区之后，确定哪个地区建厂；③比较不同的地点，作出决定。

3. 实验准备

硬件：计算机、网络环境、A4 纸若干。

资料：案例相关企业资料。

4. 实验方法

在教师指导下，由学生自由组合成 6~8 人为一组的案例讨论小组，并确定负责人。根据所学习的课堂知识，结合案例实际和理论内容，分析问题。

（1）搜集企业信息；

（2）小组讨论分析；

（3）课堂发言；

（4）教师点评。

5. 操作实施

案例一：南方旅游汽车公司的迁移

日前，密苏里州的南方旅游汽车公司的最高管理部门宣布，公司准备将其生产和装配业务移至密西西比州的瑞支克莱斯特（Ridgecrest）。作为小吨位野营车和野营拖车的主要生产厂家，该公司由于急速上涨的生产成本，连续五年出现利益滑坡。劳动力和原材料费用涨幅惊人，行政管理费用直线上升，税收和交通运输费用也逐步上升。尽管该公司销售量在不断扩大，但仍然遭受了自1977年投产以来的第一次净亏损。

当管理部门最初考虑迁厂时，曾仔细视察了几个地区。对迁厂至关重要的影响因素有以下这些：完备的交通设施；州、市的税收结构；充足的劳动力资源；积极的社会态度；合理的选址成本和金融吸引力。曾有几个地区提供了基本上相同的优越条件，该公司的最高管理部门却被密西西比能源和电力公司的努力以及密西西比州地方官员的热情打动。密西西比能源和电力公司力图吸引清洁、劳动力密集型工业，州政府和地方政府的官员想通过吸引生产厂家在其境内建厂来促进该州经济的发展。

直到正式公布出来两周前，南方旅游汽车公司的最高管理部门才将其迁厂计划最后确定下来。瑞支克莱斯特工业区的一座现有建筑被选作新厂址。州就业部开始招募工人，而公司出租或拍卖其在圣路易斯的产权的工作也已着手进行。密西西比用以吸引南方公司在瑞支克莱斯特建厂的条件如下：

（1）免收五年的国家税收和市政税收。

（2）免费使用供水系统和排水系统。

（3）在工业区再建一个装货码头（免收成本费）。

（4）同意发行50万美元工业债券，以备未来扩建之用。

（5）由公共财政资助在地方工商学院培训工人。

除以上这些条件外，还有许多其他关键因素。例如，劳动力费用远低于圣路易斯，工会组织力量也比圣路易斯弱；行政管理费用和税收也不算高。总之，南方旅游汽车公司的管理部门认为自己的决策是明智的。

思考题：

（1）评价密西西比州瑞支克莱斯特提供给南方旅游汽车公司的吸引条件。

（2）一个公司将其管理机构从人口密集的工业区移至小乡镇会面临什么困难？

（3）评价南方旅游汽车公司列举的迁厂理由，它们合理吗？

参考答案：

（1）评价密西西比州的瑞支克莱斯特提供给南方旅游汽车公司的优惠条件及政策。

答：①从案例中可以得知，南方汽车旅游公司在选择地址上有五点考虑：完善良好的交通基础设施，州、市的税收优惠政策，当地可以提供充足的劳动力资源，良好积极的社会合作服务态度，适当的选址成本和金融资产的吸引力。

②密西西比给的条件如下：税收政策好，协助建立装货码头，免收成本费，发行50万美元工业债券，培训工人，还有其他的劳动成本，管理费用低等方面。

③政府的态度好。案例中列举出的密西西比州的瑞支克莱斯特预期将会提供给南方旅游汽车公司的优惠条件及政策还是比较吸引人的，从当地配套的基础设施、充足的劳动力资源保障、方便快捷的运输条件等多方面给予支持。

（2）一个公司将其主要的管理机构从人口相对密集的工业园区转移至人口数量相对较少的小乡镇面临什么样的困难？

答：一个公司将其管理机构从人口相对密集的工业园区转移至人口数量相对较少的小乡镇面临的困难可能有：交通条件不够发达；不完善的基础设施不能合理支撑企业的持续经营；缺少合格的管理人员及合适的劳动力人口短缺。

（3）评价南方旅游汽车公司列举的迁厂理由，它们合理吗？

答：从案例中提供的资料数据来看，南方旅游汽车公司的迁厂决策还是很明智的。因为：①可以大大地减少生产成本。虽然在当地不能招到熟手，但通过培训，应该可以很快上任。在人力成本相对较低、政府优惠政策多的情况下，企业还是能得到相对较多的好处的。②生产和装配业务工厂的转移，对于公司整体形象影响较小。

案例二：家乐福的选址秘诀：地理位置要求在一字路口

俗话说得好，背靠大树好乘凉。如果在商铺选址方面的经验尚浅，不妨借鉴一下上市大公司的成功选址经验。

家乐福1999年的销售额达789.7多亿美元，位居世界第二、欧洲第一，其选址的科学化、合理化也备受行业内部称道。那么其广受好评的选址原则到底是怎样的呢？请您继续往下看：

（1）地理位置要求。

店面设立在十字路口。Carrefour（法文，意为十字路口），其第一家店是1963年开在巴黎南郊的一个小镇的十字路口，生意异常火爆。十字路口成为家乐福选址的不变第一准则。同时还要交通便利，满足私家车、公交车、地铁、轻轨等各种交通要素的汇集。这里的人口密度要相对集中，附近要有两条及以上的马路的交叉口，其中一条必须为区域的主干道。该区域还要具备相当面积的停车场，比如在北京至少要求500个以上的停车位，非机动车停车场地2000平方米以上，免费提供给家乐福公司及顾客使用。

（2）建筑要求。

占地面积达到1500平方米以上，且最多不超过两层，总建筑面积2万~4万平方米。建筑物长宽比例为10：7或10：6。

（3）三千米商圈半径：这是家乐福在西方选址的标准。在国内的标准是公共汽车8千米车程，不超过20分钟的极限心理承受力。

（4）灵活地适应当地的特点。家乐福店可开在地下室，也可开在四五层，但最佳为地面一二层或地下一层。家乐福一般占两层空间，不开三层。这和灵活选址原则，同时增强了家乐福在同类商业竞争中的竞争优势。

（5）租期的要求。家乐福能够承受的租金较低，而且一股签订长期的租赁合同（通常是20~30年）。

（6）外聘的公司进行市场调查：一般需要分别选两家公司进行销售额测算，两家公司是集团之外的独立公司，以保证预测的科学性和准确性。

案例三：国美电器的选址要求

（1）商圈要求。

商业街店——临街商铺（一层）。处于市级商圈、区级商圈。

店中店——在具有较大商流的大型商场或大型超市内，处于或接近电器商品销售区或日用消费品区。处于市级商圈、区级商圈。

社区店——位于可辐射多个高消费社区的商业区域，紧邻主要大型社区，社区人口 10 万人左右（一层）。

特定市场店——手机、IT 一条街（一层）。市级手机、IT 一条街。

交通枢纽店——位于地铁、机场、车站、码头交通枢纽等处且已形成一定规模的商圈。

（2）建筑要求。独立、清晰的产权；楼层从一楼开始，楼层不超过四楼，非店中店要有开阔的停车场地和门前广场；使用的消防系统、合格并正常使用的供水供电系统，空调系统、扶梯和货梯（两层以上）。

（3）面积租期要求。①小型店：30～50 平方米。②中型店：80～120 平方米、160～240 平方米。③大型店：260～320 平方米。④旗舰店：400 平方米左右。

（4）开店原则。小型店只经营 3C 商品，中型店和大型店根据店址所处商圈特点可选择和音像共同经营。商业街店和店中店及交通枢纽店以开设小型店和中型店为主，社区店以开设中型店为主，特定市场店以开设中型店和大型店为主。

案例四：麦叔叔肯爷爷的成功选址绝招

麦当劳在我国的发展步伐无疑是飞速的，而如今中国的孩子几乎没有不知道麦当劳叔叔的。有人说，这是麦当劳的本土化策略带来的结果。的确有这方面的原因，麦当劳会根据当地人的口味习惯适当调整自己的配方，但仅占全部产品的一小部分，不管到哪里，它都把汉堡包作为自己的品牌特色。但是本土化经营战略只是它成功的一个方面，麦当劳最成功的地方在于它的店铺选址，它只选择适合汉堡包生存的地方开店，所以它旗下的每个店经营得都非常成功。

"应该说，正因为麦当劳的选址坚持通过对市场的全面资讯和对位置的评估标准的执行，才能够使开设的餐厅无论是现在还是将来，都能健康稳定地成长和发展。"麦当劳的工作人员表示。

以先标准后本土的思想建立的麦当劳，首先寻找适合自己定位的目标市场作为店址，再根据当地情况适当调整。他们不惜重金、不怕浪费更多的时间在选址上。但他们一般不会花巨资去开发新的市场，而是去寻找适合自己的市场；不会认为哪里都有其发展的空间，而是选择尽可能实现完全复制母店的店址。用一个形象的比喻来说，他们不会给每个人量体裁衣，他们需要做的只是寻找能够穿上他们衣服的人。

连锁企业发展的标志就是规模扩张，它的前提是总部统一控制发挥整体优势，而实现这一目标的第一步就是通过选择合适的店址，进行最大限度的复制，使分店更加标准化，使总部经营管理更加简单化。麦当劳连锁经营发展成功的三个首选条件是"选址、选址、选址"，他们就是要选择目标市场以加快连锁经营店的步伐。

据了解，麦当劳的选址主要分为如下步骤：

首先，市场调查和资料信息的收集。包括人口、经济水平、消费能力、发展规模和潜力、收入水平以及前期研究商圈的等级和发展机会及成长空间。

其次，对不同商圈中的物业进行评估。包括人流测试、顾客能力对比、可见度和方便性的考量等，以得到最佳的位置和合理选择。在了解市场价格、面积划分、工程物业配套条件及权属性质等方面的基础上进行营业额预估和财务分析，最终确定该位置是否有能力开设一家麦当劳餐厅。

最后，商铺的投资是一个既有风险又能够带来较高回报的决策，所以还要更多地关注市场定位和价格水平，既考虑投资回报的水平，也注重中长期的稳定收入，这样才能较好地控制风险，达到投资收益的目的。

地点是饭店经营的首要因素，餐饮连锁经营也是如此。连锁店的正确选址，不仅是其成功的先决条件，也是实现连锁经营标准化、简单化、专业化的前提条件和基础。因此，肯德基对快餐店选址是非常重视的，选址决策一般是两级审批制，通过两个委员会的同意，一个是地方公司，另一个是总部。其选址成功率几乎是百分之百，是肯德基的核心竞争力之一。

首先是商圈的划分与选择。

（1）划分商圈。

肯德基计划进入某城市，会先通过有关部门或专业调查公司收集这个地区的资料。有些资料是公开的，有些资料需要花钱去买。把资料买齐了，就开始规划商圈。商圈规划采取的是计分的方法，例如，这个地区有一个大型商场，商场营业额在1000万元算一分，5000万元算5分，有一条公交线路加多少分，有一条地铁线路加多少分。这些分值标准是多年平均下来的一个较准确经验值。

通过打分把商圈分成好几类，以北京为例，有市级商业型（西单、王府井等）、区级商业型、定点（目标）消费型、社区型、旅游型等。

（2）选择商圈。

即确定目前重点在哪个商圈开店，主要目标是哪些。在商圈选择的标准上，一方面要考虑餐馆自身的市场定位，另一方面要考虑商圈的稳定度和成熟度。餐馆的市场定位不同，吸引的顾客群不一样，商圈的选择也就不同。

肯德基与麦当劳市场定位相似，顾客群基本上重合，所以在商圈选择方面也是一样的。可以看到，有些地方同一条街的两边，一边是麦当劳，另一边是肯德基。

商圈的成熟度和稳定度也非常重要。比如规划局说某条路要开，在什么地方设立地址，将来这里有可能成为成熟商圈，但肯德基一定要等到商圈成熟稳定后才进入，例如这家店三年以后效益会多好，对现今没有帮助，这三年难道要亏损？肯德基投入一家店要花费好几百万元，当然不冒这种险，一定是比较稳健的原则，保证开一家成功一家。

其次是聚客点的测算与选择。

（1）要确定这个商圈内，最主要的聚客点在哪儿。

例如，上海的淮海路是很成熟的商圈，但不可能淮海路上任何位置都是聚客点，肯定有最主要的聚集客人的位置。肯德基开店的原则是：努力争取在最聚客的地方和其附近开店。

过去古语说"一步差二市"。开店地址差一步就有可能差两成的买卖，这跟人流动线（人流活动的线路）有关，可能有人走到这儿，该拐弯，则这个地方就是客人到不了的地方，差不了几步路，但生意差很多，这些在选址时都要考虑进去。

人流动线是怎样的，在这个区域里，人从地铁出来后是往哪个方向走等，这些都派人去掐表，去测量，有一套完整的数据之后才能据此确定地址。

（2）选址时一定要考虑人流的主要流动线会不会被竞争对手截住。

例如，某个社区的马路边有一家肯德基店，客流主要自东向西走。如果往西一百米，竞争者再开一家西式快餐店就不妥当了，因为主要客流是从东边过来的，再在西边开，大量客流就被肯德基截住，效益就不会好。

麦当劳和肯德基的选址要诀，其实对我们的个人投资者来说也有不少的借鉴意义。虽然我们不可能像它们一样做那么多繁杂的测算，但其许多有益的思路还是值得我们学习的，能够让我们自己经营商铺选址时把握得更加准确。

案例五：MCI公司在科罗拉多州斯普林斯遇到文化冲击

Riclrard Liebhaber 深信这座城市引人注目的风景会激发他的员工的热情，设想"建设它，然后他们就会来"。

1991年，MCI通信有限公司的主要技术官员决定把MCI的智囊团——这个有4000名雇员、创造了无数有重大突破意义的产品的系统工程部门从华盛顿的MCI总部整体搬迁至科罗拉多州的斯普林斯。

作为一名滑雪爱好者，他相信山峰、低犯罪率宜人的气候和最低水平的房地产价格会是"一块吸铁石，吸引到最好和最聪明的电脑软件工程师"。

不少于六名的高级执行经理曾警告 Riclrard Liebhaber 说，斯普林斯的偏远和政治保守的环境会排斥MCI公司所希望吸引的持中庸之道的不同种族的工程师。但 Liebhaber 先生拒绝了他们的警告。他辩称，新雇员会为有机会居住在可以滑雪的乡村而欢呼雀跃，而老雇员会留得长久一些。他指出，这种搬迁还能够通过削减MCI的设施、劳动力和吸收新成员的成本而节约开支。此外，另外四家高科技公司，包括数字设备有限公司和苹果电脑公司最近都已经搬到那里。"让我感到欣慰的一件事是其他人也选择了斯普林斯。"Liebhaber 先生如是说。

但他想错了。

当 MCI 各个级别的众多雇员为慷慨的重建报酬所鼓舞而搬迁时，仍有大量的执行经理、工程师和数以百计的占公司少数民族雇员 51%的人或者不去，或者去了以后很快又离开了斯普林斯。

住在"奇特的面包上"。

"就像住在一片奇特的面包上"James Finucane 说。他是日本后裔，妻子来自阿根廷。Finucane 先生是一名资深工程师，直到 1994 年他为竞争对手工作而回到日本前，一直被认为是 MCI 公司的首席工程师。"那儿没有文化，没有差异，没有研究性的大学，没有活力或就业市场的弹力。"

这次搬迁使 MCl 公司的工程师们同总部的高层管理部门和市场营销的同人间彼此孤立着渐渐破坏了他们之间自发的合作精神，而正是这种合作精神曾经使公司制造出许多创新性的产品。同时，Liebhaber 先生希望从外部招聘专业人员的计划被证明难以实行，而费用太昂贵了，导致这次搬迁花费的总额达到近两亿美元。远远超出了 MCI 官员们的预计。"许多我们预想的节省根本没有实现。"一位负责监督搬迁工作的高级经理 Roy Pingho 说。

随着很多公司考虑搬到小一点的城镇去，MCI 公司的搬迁反映出从大都市专业化操作转到内陆城市和隔离式关键性操作所冒的风险。

搬迁成本。

当 1991 年 3 月宣布这次搬迁计划时，许多普通雇员都很热情。MCI 公司的搬迁政策为每项可能支出付款，平均每位雇员的支出是 100000 美元，包括六个月的临时房租和生活费、雇员子女学校的学费、一个月其他支出的全部费用，另外还有特别便宜的房子。"在亚历山大，我们有一小块 50 英尺×132 英尺大小的土地，"高级工程 Jerome Sabnlik 说："用同样的钱我们买到了 3000 平方英尺的房子，占地 2.5 英亩。"成千上万的工人——大大超出了 Liebhaber 先生的预料——充分利用这种福利，破坏了他在科罗拉多低价招聘雇员的计划。

但是高级经理们远没有这样的热情。James Zucca 是 Diachfield 先生的继任并且是系统工程的负责人，他留在当地并最终离开 MCI 公司而加入 AT&T

公司。该部门第二把手、执行经理 Cory Wioacrborn 也留了下来，后来去了 Ecll Atlantic。公司、负责监督该部门财政计划和预算的 Pines 先生也拒绝搬迁并于 1993 年辞职。

在搬迁中该部门的少数民族雇员的人数也大量减少，虽然 MCI 拒绝提供具体数字，但它承认有减员发生。搬迁前在系统工程部门大约有 1300 名非洲裔美国人、700 名亚洲人和西班牙人。自从搬迁后，少数民族雇员的人数几乎减少了一半，剩下大约有 600 名黑人、500 名亚洲人和西班牙人。"这对种族多样化来说是一种灾难。"Ditchfield 先生说。

但是 MCI 官员说，尽管有所减少，MCI 的科罗拉多分部仍然比其他当地公司的种族更加多样化。"我们认为我们的雇员结构比当地可得的劳动力结构要好得多。"人力资源高级副总裁 William D. Waoten 说。

在那些辞职的人中有亚裔美国人运作副总裁 Tony Martin 和为 MCI 公司成功的"朋友和家庭"长途计划设计了复杂的账单系统的 Rod Avery。公司中一个职位最高的非洲裔美国人 Avery 先生跳槽到了 AT&T 公司。

思考：运营系统选址的重要性和影响因素。

（三）实验三：混合流水生产线的组织设计应用

1. 实验要求

掌握混合流水线的内涵、组织设计步骤；掌握节拍的确定、最小工作地数目的确定；掌握编制混合流水线上各种产品的综合作业顺序图、编排产品投入顺序。

2. 实验内容

（1）明确多品种流水线的分类，可变流水线分批次生产，更换品种需调整设备，而混合流水线均匀混合组织多品种生产，无须调整设备，但对加工品种的工艺、结构、尺寸相似性要求较高。

（2）掌握混合流水线组织设计的步骤：①确定混合流水线的节拍（注意这里的节拍是平均节拍，计划期产量是不同品种产量的总和）。②编制混合流水线上每种制品作业顺序图（重点在于整体任务分解为不同的顺序作业）。③编制混合流水线上各种产品的综合作业顺序图。④计算综合作业顺序图中各作业元素在计划期内所分担的作业量（难点在于理解：混合流水线的工序同期化就是把各作业元素合并成工序。以计划期为时间单位平衡各道工序所应完成的作业量，而不是像单一品种流水线那样用节拍为单位来平衡）。⑤计算混合流水线最小工作地

数目，是指计划期内为了完成各个品种的产品产量所需要的总作业量、所必须占

用的工作地数目。$L = \sum_{i=1}^{n} N_i T_i$，$S_{min} = \left[\dfrac{L}{F} \right] = \left[\dfrac{\sum_{i=1}^{n} N_i T_i}{r \cdot \sum_{i=1}^{n} N_i} \right]$。⑥编排产品投入顺序。

（3）混合流水线编排产品投入顺序主要有两种方法：生产比倒数法和逻辑顺序法。重点要求学生掌握生产比倒数法的实施步骤。①计算各种产品的生产比例，即各种产品产量的比值，同时计算一个循环产量。②计算生产比倒数，用 m 表示。③品种的选定。在所有投入品种中选出生产比倒数最小的，作为第一投入品种；如果有几个产品生产比倒数都等于最小值，则选出最后出现、最小值的产品。④在已经选定产品的生产比倒数上，再加上一个该产品的生产比倒数。⑤在更新值的基础上，按上述方法选择出第二次投入的产品，依次将一个循环安排完。

3. 实验准备

（1）回顾单一品种流水线设计相关知识；

（2）能正确区分可变流水线与混合流水线；

（3）准备好计算器及必备文具。

4. 实验方法

在教师指导下，由学生自由组合成 6~8 人为一组的学习讨论小组，完成实验内容并进行交流总结。

5. 操作实施

（1）混合流水线组织设计实例及理论讲解，实例：

①确定混合流水线的节拍：

$$r = \dfrac{F}{\sum_{i=1}^{n} N_i}$$

其中：F——计划期有效工作时间；

N_i——第 i 种产品计划期产量；

n——品种数。

例1：某混合流水线同时生产 A、B、C 三种产品，平均日产量分别为 40 台、10 台、30 台，一个工作日一班，不考虑停工时间，求该混合流水线的节拍。

$$r = \dfrac{F}{\sum_{i=1}^{n} N_i} = \dfrac{1 \times 8 \times 60}{40 + 10 + 30} = 6$$

②编制混合流水线上每种制品作业顺序图。

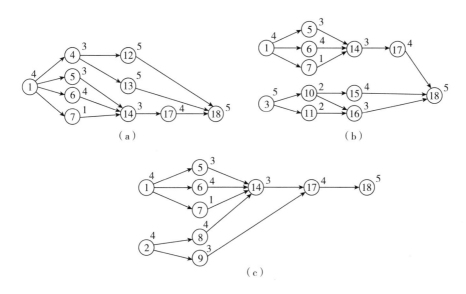

（a）　　　　　　　　　　　　（b）

（c）

图1-4　作业顺序图

图1-4分别为A、B、C三种产品的作业顺序图。

$$T_i = \sum_{i=1}^{k} t_{作}$$

③编制混合流水线上各种产品的综合作业顺序图（见图1-5）。

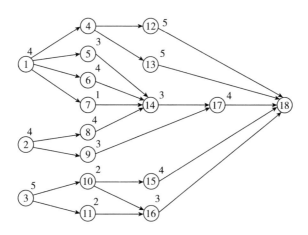

图1-5　产品A、B、C的综合作业顺序图

④计算综合作业顺序图中各作业元素在计划期内所分担的作业量：

$$\tau_i = N_i \cdot \delta_i \cdot t_{作}$$

⑤计算混合流水线最小工作地数目：

因，$N_i = 40$ 件、10 件、30 件　$T_i = 37$ 分、35 分、40 分

$$S_{min} = \left[\frac{L}{F} \right] = \left[\frac{\sum\limits_{i=1}^{n} N_i T_i}{r \cdot \sum\limits_{i=1}^{n} N_i} \right] = \left[\frac{3030}{6 \times 80} \right] = [6.3125] = 7$$

⑥求流水线的 K_α、D、B：

$$K_\alpha = \frac{\sum N_i \cdot T_i}{S_e \cdot F} = \frac{3030}{7 \times 480} = \frac{3030}{3360} = 90.2\%$$

$$D = 1 - K\alpha = 1 - 90.2\% = 9.8\%$$

$$B = 3360 - 3030 = 330(分)$$

（2）生产比倒数法实例。根据例 1 数据编排投产顺序（见表 1-96）。

表 1-96　生产比倒数法计算过程

计算过程	产品品种			投入顺序
	A	B	C	
1	1/4*	1	1/3	A
2	1/4+1/4=1/2	1	1/3*	C
3	1/2*	1	1/3+1/3=2/3	A
4	1/4+1/2=3/4	1	2/3*	C
5	3/4*	1	1/3+2/3=1	A
6	1/4+3/4=1*	1	1	A
7	—	1	1*	C
8	—	1*	—	B

注：* 表示该数字是此行中的最小值。

（3）参考练习：某产品流水线共有 11 道工序，节拍 r=5.5 分，加工顺序和工时定额如图 1-6 所示。

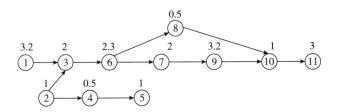

图 1-6　加工顺序和工时定额

求：①最小工作地数目及划分办法；②流水线的时间损失 B 和负荷率 K（计算过程及结果小数点后均保留 1 位小数）。

参考答案：

① $S_{min} = \left[\dfrac{\sum t_i}{r} \right] = \left[\dfrac{19.7}{5.5} \right] = 4$

工作地划分为：①②③⑤⑥⑦⑨⑧⑩⑪或①②③④⑥⑦⑨⑤⑧⑩⑪或①②④③⑥⑧⑦⑨⑤⑩⑪或①②③④⑥⑧⑦⑨⑤⑩⑪

②$B = S \times r - T = 4 \times 5.5 - 19.7 = 2.3$（分）

$K = \dfrac{T}{S \times r} = \dfrac{19.7}{4 \times 5.5} = 0.895$

（4）参考练习：某汽车组装厂的生产线月产汽车 4800 辆，其中 A 型车 2100 辆，B 型车 1500 辆，C 型车 1200 辆。每月工作日为 30 天，每个工作日一班，不考虑停工时间。A、B、C 三种车型的装配作业时间各为 25 分、35 分和 40 分。求：①该混合流水线的节拍；②该混合流水线的最少工作地数目；③该混合流水线的负荷系数；④该混合流水线的总时间损失和时间损失系数。

参考答案：

① $r = \dfrac{F}{\sum\limits_{i=1}^{n} N_i} = \dfrac{8 \times 60 \times 30}{4800} = 3$（分／辆）

② $S_{min} = \left[\dfrac{\sum\limits_{i=1}^{n} N_i T_i}{r \cdot \sum\limits_{t-1}^{n} N_i} \right] = \left[\dfrac{2100 \times 25 + 1500 \times 35 + 1200 \times 40}{3 \times 4800} \right] = 11$

③ $K_a = \dfrac{\sum\limits_{i=1}^{n} N_i T_i}{S \cdot F} = \dfrac{153000}{8 \times 60 \times 30 \times 11} = 0.966$

④ $B = S_eF - \sum N_iT_i = 11 \times 14400 - 153000 = 5400(分钟)$

时间损失系数：$D = 1 - K_a = 1 - 0.966 = 0.034$

（四）实验四：网络图绘制及时间参数的计算

1. 实验要求

（1）要求学生通过实验掌握网络图构成要素、网络图绘制基本规则；

（2）通过网络时间参数的计算寻找关键工序和关键路线。

2. 实验内容

（1）明确网络图的组成：①工序（作业、活动）；②事项（事件、节点）；③路线；④关键路线和关键工序。

（2）掌握网络图的绘制原则：①网络图是有方向的，从左至右排列，不应有回路；②任何一支箭和它的相关事项，只能代表一道工序，直接连接两个相邻节点之间的活动只能有一个；③一个作业不能在两处出现；④箭线首尾必有节点，不能从箭线中间引出另一条箭线；⑤一个完整的网络图必须有，也只能有一个起始节点和一个终止节点，起始节点表示项目的开始，终止节点表示项目的结束，起始节点放在图的左边，终止节点放在图右边；⑥箭头事件编号必须大于箭尾事件的编号，编号可以不连续，而且最好是跳跃式的，以便调整，通常用 i 表示箭尾事件，用 j 表示箭头事件，j>i；⑦各项活动之间的衔接必须按逻辑关系进行。

（3）掌握网络时间参数计算：

两个事件时间参数。①事件最早可能发生时间［Early Time，$ET(j)$］：

$ET(j) = \max\{ET(i)+t(i, j)\}$

其中 i 和 j 分别代表箭尾事件和箭头事件。

②事件最迟必须发生时间［（Late Time，$LT(i)$］：

$LT(i) = \min\{LT(j)-t(i, j)\}$

③事件时差［$S(i)$］：

$S(i) = LT(i)-ET(i)$

④关键路线是从起始节点到终止节点顺序将所有事件时差为零的节点连接起来的路线，即 $S(i)=0$。

四个活动时间参数。①活动的最早可能开始时间［$ES(i, j)$］：

一道工序必须等它的紧前工序完工后才可以开工，在紧前工序完工以前是不具备开工条件的，这个时刻被称作工序的最早可能开始时间。以 $ES(i, j)$表示，计算程序是从开始工序自左向右沿箭头方向逐道工序计算，直至终点为止。

ES(i, j) = ET(i)

若按紧前工序的最早可能开始时间计算：

ES(i, j) = max{ES(h, j)+t(i, j)}

②活动的最早可能完成时间[EF(i, j)]：

等于该活动的最早可能开工时间加上该活动所需时间之和：

EF(i, j) = ES(i, j)+t(i, j)

③活动最迟必须完成时间[(LF(i, j)]：

一道工序紧接其后也有一道或几道工序，为了不影响其紧后工序如期开工，每道工序要有必须完成时间，等于该活动箭头事件的最迟必须发生时间：

LF(i, j) = LT(j)或LF(i, k) = LS(j, k)

④活动最迟必须开始时间[LS(i, j)]：

从终点工序开始，从右向左计算，终点事项为总工期：

LS(i, j) = LF(i, j)-t(i, j)

或按紧后活动的最迟必须开始时间计算：

LS(i, j) = min{LS(j, k)-t(i, j)}

⑤活动时差是指在不影响整个项目完工时间的条件下，某项活动的最迟开始（完成）和最早开始（完成）时间的差。

R(i, j) = LS(i, j)-ES(i, j) = LF(i, j)-EF(i, j)

把活动时差为零的各个工序串起来即关键路线。

3. 实验准备

（1）回顾《管理学》计划一章的基本知识。

（2）准备好计算器及必备文具。

4. 实验方法

在教师指导下，由学生自由组合成6~8人为一组的学习讨论小组，完成实验内容并进行交流总结。

5. 操作实施

（1）网络图绘制实例讲解。

表1-97 某新产品推销工作计划表

序号	工作代号	作业名称	紧前作业	层次	三种时间估计			$t=\dfrac{a+4m+b}{6}$
					a	m	b	
1	A	广告计划	—	1	1	2	3	2

序号	工作代号	作业名称	紧前作业	层次	三种时间估计			$\bar{t}=\dfrac{a+4m+b}{6}$
					a	m	b	
2	B	推销员培训计划	—	1	1	2	3	2
3	C	商店管理人员培训计划	—	1	1	2	3	2
4	D	电视、报纸广告发布	A	2	1	2	9	3
5	E	广告拷贝	A	2	2	3	10	4
6	G	准备推销资料	B	2	3	6	15	7
7	H	准备培训资料	B	2	2	5	14	6
8	I	广告后继续在新闻机构宣传	D、E	3	1	4	7	4
9	J	审查、选拔、训练管理人员	C	2	4	9	20	10
10	K	实施训练计划	H、J	3	1	2	9	3
11	L	正式销售新产品	G、I、K	4	4	4	4	4

请依据表 1-97 逻辑关系绘制网络图（见图 1-7）。

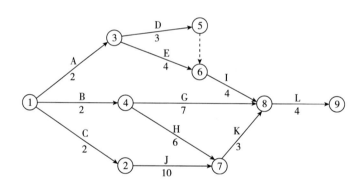

图 1-7　网络图

（2）网络图时间参数计算实例讲解（见表 1-98）。

表 1-98　某项目作业明细表

作业代号	作业名称	紧前作业	完成时间
A	准备屋顶材料	—	12
B	准备砌墙材料	—	5
C	基础工程	—	7

作业代号	作业名称	紧前作业	完成时间
D	下水道工程	C	7
E	砌墙	B、C	10
F	盖屋顶	A、E	4
G	布电线Ⅰ	E	4
H	布电线Ⅱ	F、G	2
I	铺地板	H、K	5
J	室内油漆整理	I	6
K	水暖安装	D、E	6
L	铺路	D、E	2
M	室内粉刷	H、K	6
N	门窗装饰	M	2
O	室外清理布置	L	2

①绘制网络图；②求总工期；③计算两个事件时间参数；④找关键路线。

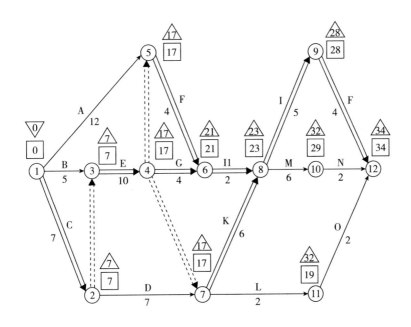

图 1-8　网络图

总工期为 34。

（3）参考练习：根据表 1-99 逻辑关系绘制网络图，采用图上计算法求解：
①绘制网络图；②计算四个活动时间参数：ES、EF、LS、LF；③找出关键路线；
④计算项目总工期。

表 1-99　逻辑关系

作业	A	B	C	D	E	F	G	H	I
紧前作业	—	—	A	A	A/B	C/E	A/B	D	F/G/H
作业时间	2	10	4	2	1	2	1	2	2

参考答案：①绘制网络图（见图 1-9）。

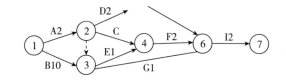

图 1-9　网络图

②计算四个活动时间参数（见表 1-100）。

表 1-100　四个活动时间参数

活动	ES	EF	LS	LF
A	0	2	5	7
B	0	10	0	10
C	2	6	7	11
D	2	6	9	11
E	10	11	10	11
F	11	13	11	13
G	10	11	12	13
H	4	6	11	13
I	13	15	13	15

③关键路线：BEFI；

④总工期：15。

（4）参考练习：根据表1-99所示逻辑关系绘制网络图，采用图上计算法求出：

①各节点的最早可能开工时间和最迟必须开工时间；

②各事件时差；

③找出关键路线；

④计算项目总工期。

参考答案：①绘制网络图（见图1-10）。

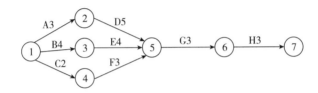

图1-10 网络图

②各事件时差（见表1-101）：

S1 = 0　S2 = 0　S3 = 0　S4 = 3　S5 = 0　S6 = 0　S7 = 0；

表1-101 各节点最早开工时间和最迟开工时间

节点	ET（事件最早可能开始时间）	LT（事件最迟必须开始时间）
1	0	0
2	3	3
3	4	4
4	2	5
5	8	8
6	11	11
7	14	14

③关键路线是：ADGH 和 BEGH；

④项目总工期 = 14。

第十节 战略管理课程实验

一、实验目的与要求

《战略管理》课程是工商管理类专业的一门核心课程。通过本课程的学习，使学生能够熟练掌握企业战略管理的相关基本知识理论、基本原理，熟悉基本的企业战略分析方法、制定程序、实施步骤等，具备良好的企业战略管理的实际应用能力和实践操作能力，提升学生的战略思维与决策能力。

本课程实验目的与要求：

（1）培养学生合理运用企业战略管理的相关理论知识及分析的方法，解决企业实际生产经营活动中产生的问题的能力；

（2）要求学生明确企业内外部环境的认知内容、认知方法，以及环境变化对企业发展影响的判断；

（3）能甄别某企业采用哪一类公司战略，领会每一具体战略类型的内涵及其优缺点、适用条件；

（4）能深入分析某企业采用的竞争战略，并对此竞争战略的选择是否符合适用条件、如何实施、可能面临的主要问题，提供解决问题的对策或思路。

二、实验内容

（1）企业外部环境分析案例课堂讨论与角色扮演；

（2）企业内部环境分析案例课堂讨论与角色扮演；

（3）公司战略的制定案例讨论；

（4）竞争战略的选择案例讨论。

三、参考课时

每部分 3 课时，共 12 课时。

四、实验材料

硬件：计算机、网络环境；

软件：无；

资料：企业背景资料、政策法规文件、相关行业报告等。

五、考核办法

出勤情况：20%；

个人实验报告：30%；

小组成果分享：50%。

六、实验教学内容

（一）实验一：企业外部环境分析案例课堂讨论与角色扮演

1. 实验要求

掌握外部环境分析的内容与基本方法。

（1）准确把握各个行业的经营特点，根据各个行业的经营特点寻找影响行业健康、持续发展的宏观层面的因素。

（2）简单概括行业的基本竞争特征。

（3）根据战略集团的分析理论知识，可以较为准确地找出企业的实际与潜在的竞争对手。

（4）可以综合分析企业目前所面临的机会与威胁及尚未出现的潜在机会与威胁。

2. 实验内容

实验包括撰写个人的企业战略分析报告和小组企业战略案例讨论汇报两个部分。个人的企业战略分析报告要求选择一个自己比较熟悉的本地企业，如乳制品行业的夏进乳业、北方乳业、金河等，金融行业的建设银行、宁夏银行、黄河银行、邮政储蓄银行等，商业企业如新华百货、万达广场等。对其外部的宏观环境进行全面分析，撰写一份"××企业外部环境的分析"为题目的环境分析报告。要求在环境分析报告中至少包含以下内容：

（1）被调查企业的基本情况介绍。该企业的名称、所属的行业性质、企业的经营规模、注册地址、主要经营业务内容。

（2）宏观环境的分析。对该企业未来几年的宏观环境的变化趋势展开合理分析（政治法律、经济、社会文化、科技、自然），说明各个因素的现状、发展趋势及对企业未来生产经营活动产生的影响。

（3）行业竞争的结构分析。运用波特五力模型分析五种基本竞争力量对企业生产经营活动产生的影响。

（4）竞争对手的分析。运用战略集团分析方法及竞争对手分析的基本方法分析企业目前及未来的竞争状况。

（5）对企业所面临的机会与威胁开展综合分析。在上述几项分析的基础上归纳总结分析 5~6 个企业目前主要面临的机会和威胁，并说明相关的理由。

3. 实验准备

硬件：计算机、网络环境、A4 纸若干。

资料：企业背景资料、政策法规文件、相关行业报告等。

4. 实验方法

在教师指导下，由学生自由组合成 6~8 人为一组的案例讨论小组，并确定负责人。根据所学习的课堂知识，结合案例实际和理论内容，分析问题。

（1）搜集企业信息；

（2）小组讨论分析；

（3）课堂发言；

（4）教师点评与小组互评。

5. 操作实施

（1）使用 PEST 模型分析企业宏观环境中的各种影响因素。PEST 分析模型的作用：有助于找出少数的关键环境影响因素；对于确认长期变化的推动力有一定的辅助作用。例如，对许多正在不断全球化的市场，确认导致全球化发展的动力是很重要的，这些动力包括技术的飞速发展导致的技术生命周期的缩短；可以帮助检测组织的外部影响的不同作用，这些外部影响可能是历史性的，也可能是将来的。①政治因素分析；②经济因素分析；③社会因素分析；④技术因素分析。

（2）五种竞争力量分析。①行业现有竞争者的分析；②潜在行业新进入者的分析；③替代品威胁的分析；④顾客议价能力的分析；⑤供应商议价能力的分析。

这五种基本的竞争力量产生的综合作用决定着行业的潜在盈利能力以及外部

资本向本行业流入的状况，最终决定着企业的实际盈利能力。因此，企业战略的首要任务就是对这五种力量进行合理的博弈分析，以期望在残酷的市场竞争中最终成为行业的优胜者。

（3）战略群组的分析。战略群组是指行业内在同一战略要素上采取相同或相似经营战略的一组企业。分析各竞争企业在行业中所处的位置。①群体内竞争强度的分析，如市场空间的大小、企业数量的多少等。②群体之间的竞争、市场重叠、竞争条件的相互影响等。市场重叠多、群体的数量多，会加剧组间竞争。

（4）竞争对手的分析。①确定竞争对手；②搜集竞争对手信息；③对竞争对手的信息进行排查，建设信息库。

（5）通过以上的宏观环境以及行业环境的分析，总结出企业存在的威胁与机会，撰写分析报告。

（6）考核分为四个级别：优秀、良好、合格、不合格。

优秀：能在规定时间内完成所有的分析90%以上者；

良好：能在规定时间内完成所有的分析80%甚至90%以上者；

合格：能在规定时间内完成所有的分析60%甚至80%以上者；

不合格：在规定时间内不能完成所有的分析60%以上者。

（7）思考与练习。

①从哪些渠道可以获得外部环境的信息？

②现有的定性和定量预测技术适用于哪些外部环境预测？

（二）实验二：企业内部环境分析案例课堂讨论与角色扮演

1. 实验要求

掌握内部条件的分析内容与分析方法。

（1）准确并合理地把握企业的价值链，能够根据企业的产品、服务、业务大致描述出企业价值链的主要环节。

（2）可以客观地分析出对企业竞争力产生影响的关键因素。

（3）结合第一次实验任务分析得出的结论，分析企业战略的目标是否与内外部的环境相匹配。

2. 实验内容

根据第一次实验任务所选择的企业，对其内部条件进行分析，写一份书面形式的分析报告。分析报告的内容应当至少包含以下几方面内容：

（1）企业的资源分析。对该企业拥有的有形资源和无形资源进行简单的合理化分析，说明其资源存在的优劣性及理由，最好与主要竞争对手（或行业）的现有状况进行对比和分析。

（2）企业的能力分析。对企业的主要能力与竞争对手（或行业）的现有状况进行对比分析，并说明其存在的优劣性及理由。

（3）核心能力的分析。分析并根据分析得出的数据说明企业目前具有的核心能力或应当建立的核心能力及建立的理由。

（4）价值链的分析。将企业的价值链与同行业的竞争对手的价值链进行合理的对比分析，说明企业目前的价值创造活动存在的优劣性，但是说明范围不仅仅局限于企业自身内部的价值链。

（5）企业自身的优势与劣势的综合分析。在上述几项分析的基础上归纳说明企业存在的 5~6 个主要的优势与劣势，并根据分析的数据结果简单说明理由。

（6）进行 SWOT 矩阵分析。将企业内外环境进行有机的结合分析，列出 SWOT 分析矩阵，结合企业生产经营实际情况，提出可供企业选择的战略构想并加以详细说明。

3. 实验准备

硬件：计算机、网络环境、A4 纸若干。

资料：企业财务报表、人力资源规划、产品开发等。

4. 实验方法

在教师指导下，由学生自由组合成 6~8 人为一组的案例讨论小组，并确定负责人。根据所学习的课堂知识，结合案例实际和理论内容，分析问题。

（1）搜集企业信息；

（2）小组讨论分析；

（3）课堂发言；

（4）教师点评与小组互评。

5. 操作实施

（1）企业的内部资源与相关的能力分析。包括：企业的财务状况、产品线以及行业内的竞争地位、设备运行的状况、市场营销的能力、研究与开发的能力、现有员工的数量及质量、组织架构模式、企业在过去生产经营活动中确定的目标和曾经采用过的经营战略等。

（2）企业的核心能力分析。企业的核心能力是组织中累积性的学识，特别是关于如何协调存在差异的生产技能和有机结合多种技术方法、技术理念的学识。一种竞争能力如果要想成为企业的核心竞争力，就要遵从"从客户的角度出发，是有价值并不可替代的；从竞争者的角度出发，是独特并不可模仿的"的观点。

可以选择以下几个方面进行分析：市场品牌建设，市场渠道拓展，技术专利研发，团队的优势机制，其他方面的能力等。

（3）价值链分析。价值链分析方法是企业一系列的输入、转换与输出的活动序列的集合，集合中的每个独立的活动都有可能导致最终的产品产生增值行为，从而间接地提升企业在本行业中的竞争地位。

从以下两个方面进行分析：企业的基本经营活动即产品或物质的创造及其销售、转移至买方和提供相关的售后服务的各种活动总和的合理分析；支持性活动即企业的采购过程的投入、技术手段、人力资源配置以及各种公司经营活动范围的职能所支持的基本活动的分析。

（4）SWOT 矩阵分析。

确认当前企业的战略是什么？

确认当前企业的外部环境发生的变化（波特五力或者 PEST）。

根据企业自有资源的组合情况，确认企业拥有的关键能力和面临的关键限制。

按照通用矩阵或类似的方法对企业的战略进行打分评价。把识别出的所有优势因素分成两组，分组的时候遵守两个原则：它们是与行业正常经营活动中潜在的机会相关，还是与正常经营活动中潜在的威胁相关。同理，采用同样的方法将所有识别出的劣势分成两组，一组与行业正常经营活动中潜在的机会相关，另一组与行业正常经营活动中潜在的威胁相关。

将分析的结果在 SWOT 矩阵分析图上定位或者用 SWOT 矩阵分析表，将上述提及的优势和劣势按照机会和威胁分别填入表格。

战略分析。

（5）考核办法。考核分为四个级别：优秀、良好、合格、不合格。

优秀：能在规定时间内完成所有的分析 90% 以上者；

良好：能在规定时间内完成所有的分析 80% 甚至 90% 以上者；

合格：能在规定时间内完成所有的分析 60% 甚至 80% 以上者；

不合格：在规定时间内不能完成所有的分析 60% 以上者。

（6）思考与练习。

企业核心能力的评价标准是什么？如何培养企业的核心能力？

价值链分析的目的是什么？

企业环境、能力与战略之间存在什么样的匹配关系？

（7）参考案例：中兴危机。

美国商务部目前宣布，今后七年内，将禁止本国企业向中国电信设备制造商中兴通信出售任何电子技术成通信元件。这一事件在舆论场上引发深入讨论，出口禁运触碰到了中国通信产业缺乏核心技术的痛点。"缺芯少魂"的问题，再次严峻地摆在人们面前。

禁售七年对应的正是 2025 年，美国如此行事，真正的用意昭然若揭。如《纽约时报》所说，美国的真正考量是要遏制中国制造业升级。这些年来，中国通信产业发展迅速，芯片自给率不断提升。华为的麒麟芯片不断追赶世界先进水平，龙芯可以和北斗一起飞上太空，而蓝牙音箱、机顶盒等日用品也在大量使用国产芯片。但也要看到，在稳定性和可靠性要求更高的一些领域，国产芯片还有较大差距，数据显示，2016 年中国进口芯片金额高达 2300 亿美元，花费几乎是排在第二名的原油进口金额的两倍。互联网核心技术是我们最大的"命门"，核心技术受制于人是我们最大的隐患——此次事件，让我们感受到切肤之痛。

面对技术壁垒，不能盲目悲观，特别不能对中国的高科技发展丧失信心。当此之时，应该激发理性自强的心态与能力，通过自力更生真正掌握核心技术。"可以顶见，从现在开始，中国将不计成本加大在芯片产业的投入，整个产业将迎来历史性的机遇。"一位投资人如此评论道。确实，如果能够痛定思痛，加快推进互联网和信息产业政策完善和科技体制改革，并产生更强的改革紧迫感、凝聚起更大的改革力量，那就有可能把挑战变成机遇。

对互联网和信息产业来说，商业模式的创新固然能够带来流量和财富，但最终比拼的还是核心技术实力；对政府部门而言，应该形成更加有利于创新驱动发展的制度环境，比如说芯片设计具有试错成本高和排错难度大的特点，就需要从更大层面统合科研力量、实现集中攻关。就像中兴对员工们所说，"任何通往光明未来的道路都不是笔直的"，突破核心技术肯定会带来阵痛，但在关键领域、"卡脖子"的地方下大功夫，是为了用现在的短痛换来长远的主动权。我们不必为今天的封锁惊慌失措，中国的高科技能够克服初期从无到有的困难，也有信心在后期突破核心技术的瓶颈。

保持信心的同时，也不能因遭遇制裁而产生极端偏激的情绪。一方面，中国作为一个大国，在国际贸易体系中有足够的腾挪空间；另一方面，国产通信产业从零起步，如今发展到与世界通信巨头并驾齐驱，并在5G时代展现出领跑能力，绝不是得益于自我封闭。我们并不需要把封锁当作"重大利好"来激励"自主研发春天来了"，更不能把扩大开放与自力更生对立起来。面对高科技的技术攻关，封闭最终只能走进死胡同，只有开放合作，道路才能越走越宽。继续扩大开放，努力用好国际、国内两种科技资源，在与世界的互利共赢中实现自主创新，这个方向不能动摇。

资料来源：人民日报，2018-04-19 07：52：08。

问题：

什么是企业核心能力，有何特征？对于中兴如何培育自身的核心能力你有什么合理化的建议？

（三）实验三：公司战略的制定案例讨论

1. 实验要求

本实验根据三种基本的公司战略特点、适用条件等要求设计与教学内容相对应的案例，布置学生预习、分析、课堂讨论、总结，以达到通过案例训练培养提高学生能力的作用。重点要求学生掌握增长型战略的分类、适用条件以及战略联盟构建的要点。

2. 实验内容

根据对市场实际行情的掌握情况，为某企业制定一个合适的企业使命、战略目标及其企业战略规划。撰写一份书面的分析报告，报告的具体内容应当至少包含以下几个部分：

（1）企业使命的概念描述。用概括的语言简单描述企业的使命，包括企业的经营哲学和企业的经营宗旨。

（2）企业战略目标的确定。用概括的语言简单描述企业的战略目标。

（3）运用企业战略评价的方法对企业的经营业务进行合理分析（选择四个以上的业务进行分析）。要求有详细的数据做支撑并绘制对应的SWOT分析矩阵图。将分析的结果以文字的形式进行详细说明。

（4）说明企业应当最终选择的总体战略及理由（分不同类型的业务进行说

明），如果企业要开拓新的经营业务，说明其业务经营的大致范围及相关的理由。

3. 实验准备

硬件：计算机、网络环境、A4 纸若干。

资料：企业财务报表、人力资源报告、产品信息、政策法规文件、行业报告等。

4. 实验方法

在教师指导下，由学生自由组合成 6~8 人为一组的案例讨论小组，并确定负责人。根据所学习的课堂知识，结合案例实际和理论内容，分析问题。

（1）搜集企业信息；

（2）小组讨论分析；

（3）课堂发言；

（4）教师点评与小组互评。

5. 操作实施

案例一：蔚来汽车

近期，媒体获得蔚来汽车一份内部文件，文件显示，蔚来 2018 年计划售出新车三万辆，总收入 114 亿元，预计亏损 51 亿元。并对未来三年的销量和收入进行了预估，其中 2019 年预计亏损 10 亿元，2020 年则预计能实现盈利，并有 78 亿元的净利润。对此，《老板联播的秒拍视频》中显示在近期北京车展上，蔚来汽车创始人兼董事长李斌笑称，蔚来汽车从来没有公开说过融资和亏损，外界这些消息也是不准确的，而且蔚来汽车肯定不止亏损这么多钱。"我们做的是那么高端的车，而且要继续做第二代车型，肯定是需要很多投入的。我们定位高端品牌，投入很高的。"李斌表示，"对于财务数据和融资消息我们都没有官方说过，因为中国说融资消息是需要特别谨慎的。"目前蔚来已经完成五轮融资，共计 146 亿元左右。对于互联网造车，蔚来最先被人知晓是其 EP9 车型，花费了巨资打造了 6 台车，给了雷军、刘强东、马化腾等六位投资人。之后，蔚来汽车发布了首款面对市场销售的 SUV 车型——ES8，售价在 44.8 万~54.8 万元，今年 4 月开始陆续交付。今年 2 月，蔚来汽车还将整车基地搬到嘉定，目前已选址在外冈镇，规划土地 800 亩左右，成为继合肥基地后的第二个工厂。

资料来源：网易科技报道 2018-04-2814：47：51。

问题：

（1）采用 PEST 法，分析蔚来汽车面临着怎样的宏观外部环境？

（2）判断蔚来汽车采用了增长型战略中的哪种，增长型战略的利弊如何？

案例二：美团打车，滴滴送外卖，谁更有戏？

不久前，美团打车登陆上海，同时上线了出租车及快车两种业务，而消息称美团打车登陆上海第二天，日完成订单量超 25 万单，同比 21 日增长超 66%，司机平均接单时长为五秒钟。王兴更表示美团打车已经在进驻城市拿下 1/3 市场份额。从目前的市场关注度与民意倾向度来看，相对于滴滴外卖搅动出来的声响，美团打车更为来势汹汹，尽管过去程维放言：尔要战，便战。但到今天，滴滴如果说没有危机感是不可能的。当前针对美团打车，滴滴上线了外卖业务作为反击，也有消息透露滴滴成立了打美办。但在笔者看来，滴滴做外卖来反击美团打车的策略可能收效甚微。滴滴要做的应该更多。

笔者此前指出，对于美团来说，它的布局是衣食住行、吃喝玩乐全覆盖，而做打车也是水到渠成的业务延伸，补足自身吃喝玩乐之外的出行板块，当前美团给出的数据显示，根据美团提供的数据，美团点评的 2.5 亿日活跃用户中，30% 有出行需求。对于司机来说，对于美团的到来几乎一边倒地表示欢迎。在用户群体中，这种对于美团打车进驻的支持态度我们也切实感受得到。尽管当下的线上打车市场，滴滴出行基本上已经实现垄断经营，但是这种垄断经营看起来似乎并非坚不可摧。

而且它的脆弱之处在于，滴滴作为一个平台链接平台司机与用户两端，只要任何一端呈现出松动，平台生态城墙就会遭遇冲击。但从目前来看，美团的补贴力度对司机的诱惑非常大，美团打车一则海报显示，当天的车费不足 600 元的，美团会直接补齐到 600 元；当天的车费达到 600 元的，美团会额外奖励 200 元业绩奖。

美团的补贴政策还包括美团在上海注册的司机前三个月免抽成，在南京的抽成仅为 8%，而滴滴要抽 20%。因此就有司机说了：你这一单我差不多可以拿到 30 元，如果搁滴滴的话，我只能拿到 10 元，你说我还开啥滴滴？

从当下的舆论走向来看，当前局势对滴滴并不利，因为，过去补贴多，用户与司机都获得了好处，但随着滴滴一家独大局势已成，补贴少了，抽成多了，高峰期加价了，打车也难打了，从用户端到司机端都有怨言。如今美团打车一上线，恰恰是迎合了用户、司机两端的情绪，在舆论战与口碑层面占据明显的上风。滴滴在这种情况下，仅仅是做外卖来反击或许并不是最好的做法，在当前来看，如何将司机群体稳固在滴滴平台上，让未来司机不大规模倒向美团才是问题的核心。

资料来源：新浪网 2018 年 03 月 26 日 08：57。

问题：

（1）多元化战略实施的动因是什么？美团进入打车行业，属于哪种类型的多元化？

（2）企业实施多元化战略应该考虑哪些重要问题？

案例三：乐视之困

乐视成立于 2004 年，创始人贾跃亭，乐视致力于打造基于视频产业、内容产业和智能终端的"平台+内容+终端+应用"完整生态系统，被业界称为"乐视模式"。乐视垂直产业链整合业务涵盖互联网视频、影视制作与发行、智能终端、大屏应用市场、电子商务、互联网智能电动汽车等；旗下公司包括乐视网、乐视致新、乐视影业、网酒网、乐视控股、乐视投资管理、乐视移动智能等。说说乐视汽车：法拉第在美国内华达州北拉斯维加斯的工厂叫 Faraday Future EV Plant，这个工厂在美国都曾引起广泛的注意，它在这片沙漠之地占地 703 英亩，被美国媒体誉为"世界十大建筑之一"，在计划中，乐视将投资 10 亿美元，给当地带来 4500 个新的工作机会，十年内带来 870 亿美元的收入。作为州财政部长，Dan Schwatz 对这个投资一度也抱过希望。早在 2015 年初，乐视负责汽车业务的高管丁磊飞去美国和他见面，其间法拉第的高管以及一名美国本地的中间人也频繁和他沟通。在 2015 年担任州财政部长之前，他在银行和证券业从业超过 35 年，对于各种金融手段较为熟悉，但是随着他对乐视这家公司的了解，他开始对这个项目持怀疑态度。

"建立这家公司所用的钱都是依靠质押股票以及向银行借款，这非常危险。"Schwatz 说，"比如你看它公司的组织架构，有大大小小超过 37 家公司，但能够产生现金流的非常少，利润率只有 1%~1.5%，我们把这个叫小店利润（Grocery Store Margins），大多数公司的利润率可能在 10%。"

我们查看乐视的营业情况：终端业务收入占 51.03%，会员及改造业务收入占 30.92%，其中会员付费业务收入占 26.94%。乐视网目前依赖的主要收入来源版权分销模式或存在增长瓶颈，盈利增速或面临挑战。业内人士认为，版权分销只是分摊成本增加营收的权宜之计，是一种不可持续的盈利模式。

有关分析指出，依靠版权分销的乐视网，未来或将出现收入增长乏力的情形，届时将会影响公司的盈利能力和增速。

问题：

（1）乐视集团都涉及哪些行业，属于哪种多元化？

（2）企业在多元化的过程中需要注意什么问题？

（四）实验四：竞争战略的选择案例讨论

1. 实验要求

根据竞争战略的教学内容和教学重点的要求设计与教学内容相对应的案例，布置学生预习、分析、课堂讨论、总结，以达到通过案例训练培养提高学生能力的作用。通过实验要求学生掌握：

（1）三种基本竞争战略的优缺点、适用条件以及代表性企业的应用轨迹。

（2）各基本竞争战略采用的资源技能以及实施风险。

2. 实验内容

根据老师提供的案例或者自主选择一家企业，分析其采用的竞争战略，分析过程主要包括以下几个问题：

（1）此竞争战略的选择是否符合适用条件；

（2）此竞争战略是如何实施的；

（3）采用此竞争战略该企业目前主要面临什么样的问题；

（4）解决问题的对策或思路。

准备时间：1周；完成形式：5~10张PPT，全班公开交流5~8分钟。

3. 实验准备

硬件：计算机、网络环境、A4纸若干。

资料：企业组织结构、产品信息、政策法规文件、行业报告等。

4. 实验方法

在教师指导下，由学生自由组合成6~8人为一组的案例讨论小组，并确定负责人。根据所学习的课堂知识，结合案例实际和理论内容，分析问题。

（1）搜集企业信息；

（2）小组讨论分析；

（3）课堂发言；

（4）教师点评和小组互评。

5. 操作实施

案例一：ZIPPO 的竞争战略

1932年，美国人乔治·布雷斯代，看到一个朋友笨拙地用一个廉价的奥地利产打火机点烟后，为了掩饰那令人尴尬的打火机，耸了耸肩，对他说："它很实用！"事后布雷斯代发明了一个设计简单，且不受气压或低温影响的打火机，并将其定名为ZIPPO。

科技含量使得 ZIPPO 不仅是一只打火机，更是一件轻巧的随身工具。户外活动之时，不论天气好与坏，ZIPPO 皆可协助燃起萤火、炭烧炉，也可当作手电筒帮助寻找失物或路线，紧急时更可利用火光做求救信号。"有 ZIPPO 就有可能"，全球用户赞叹着 ZIPPO 的坚实品质，和瑞士军刀一样的多用途性也是它能够风靡全球的一项重要因素。

ZIPPO 的通路很独特，它是由 ZIPPO 俱乐部、专卖店、专柜等组合而成的。其中最耀眼的要数 ZIPPO 俱乐部了。在全球的很多网站，都可以看见 ZIPPO 主题的俱乐部，这是 ZIPPO 玩家交流心得和藏品的门户。别小瞧这些无处不在的网站，正是它们在维系着 ZIPPO 和广大用户的情感，使得用户对 ZIPPO 的认可和痴迷空前绝后。也正是由于互联网的 ZIPPO 俱乐部，将 ZIPPO 的故事，ZIPPO 的玩法、收藏、甄别等知识倾囊相授，用户对 ZIPPO 的品牌及品质认知得以提升，CS 战略通过俱乐部的形式无声无息地进行着。俱乐部还办理邮购等业务，令一些没有 ZIPPO 专柜和专卖店的边远地区消费者同样可以成为 ZIPPO 的用户，让 ZIPPO 物尽其用，市场最大化唾手而得。

ZIPPO，一个神话一样的品牌，71 载屹立不倒。它以品质铸造品牌，以品牌承载品质，并赋予自身人物般的传奇色彩，成功对产品进行内涵的升华。一言以蔽之，ZIPPO 的成功在于它以品质塑造了一种只属于自己的、无法复制的产品文化，因为在所有用户眼中，ZIPPO 不仅是打火机，更是有着动人故事的打火机，一个值得信赖并伴随一生的忠实朋友。

问题：

（1）请判断 ZIPPO 采用的是何种竞争战略，该竞争战略应符合哪些实施条件？

（2）ZIPPO 可能面临哪些风险，如何应对？

案例二：观看《隐形冠军——中小企业》

http：//v. youku. com/v_ show/id_ XMjY5MzUyMTI=. html.

问题：

（1）这些企业的成功之道在何处，运用的是何种竞争战略？

（2）应该注意规避哪些风险？

（3）你最看好哪家企业？说说理由。

案例三：俄亥俄州牛排包装公司

在牛排包装行业中，传统的成本链包括：在分布很稀疏的各个农庄和农场饲养牛群，将这些活牛运到劳动密集型的屠宰场，然后将整块牛排送到零售商处，它们的屠宰部再把牛排砍得小一些，包装起来卖给购物者。俄亥俄州牛排包装公司采用了一个完全不同的战略改造了传统的价值链，建立大型的自动化屠宰场，并将屠宰场建在便于运输牛群的地方，在加工厂将部分牛肉砍成更小一点从而数量会随之增多的牛肉块，之后装盒，然后再装运到零售商那里。该公司的入厂牛群运输费用在传统价值链下是一个主要的成本项目，但现在因减少了长途运输而大大减少了；同时，不再整块运送牛肉，因而也减少了高额的牛肉废弃，大大减少了出厂成本。该公司采取的战略非常成功，从而取得了美国最大的牛肉包装公司的地位，一举超越了先前的行业领先者。

问题：

（1）简述实施成本领先战略的关键条件。

（2）根据以上案例说明如何实现低成本战略。

第十一节　网络营销课程实验

一、实验目的与要求

网络营销（On-line Marketing 或 E-Marketing）就是以互联网为基础和平台，

利用数字化信息模式和网络多媒体的交互性辅助企业达到营销目标的一种新兴的市场营销方式。简言之，网络营销就是以互联网为基础平台和主要手段进行的，为实现一定营销目的的营销活动和营销方式。

网络营销的方式多种多样，主要包括以下几种：分类式广告营销、搜索引擎营销、病毒性营销等，每种营销方式都具有自身的特点，需要学生熟练掌握相关的基本技能，可以通过自己创立的独有的营销方式打动潜在顾客，对于网络营销人员而言是至关重要的。通过本课程实验的实践操作，可以有效地帮助学生了解网络营销的基本理论知识、基本技能，熟练掌握网络营销中涉及的各个技能的使用方法，对比不同的网络营销的技能特点；了解同一网络营销技能的不同呈现方式，能够分析不同呈现方式所展示的不同效果；通过系统的学习，能够自如地运用不同的网络营销技能。

二、实验内容

实验一：网络营销导向的企业网站建设；

实验二：搜索引擎网址管理；

实验三：E-mail 营销的地址管理；

实验四：E-mail 邮件的发送。

三、考核办法

考核分为四个级别：优秀、良好、合格、不合格。

优秀：能在规定时间内完成所有的操作，且实验报告中的思考多、思考深；

良好：能在规定时间内基本完成所有的操作，且实验报告中有独立思考问题；

合格：能在规定的时间内完成所有的操作，且实验报告内容完整；

不合格：不能在规定的时间内完成所有操作，或实验报告不完整。

四、实验教学内容

（一）实验一：网络营销导向的企业网站建设

1. 实验目的与要求

学生可以根据自己所学的网站设计方面的知识，合理地选择网站建站模板，能够独立完成一个简单网站的设计。利用自己所学的理论知识，学会对自己搭建的网站进行优化。

2. 实验内容

选择营销模板。

上传网站的 Logo 和 Banner，编辑完整的网站内容。

设置网站的关键字和信息。

完成实验后，撰写实验报告提交。

3. 实验步骤

学生在系统主页面直接单击"营销网站设计"，在显示的页面，选择网站模板适用的风格特色。如图 1-11 所示。

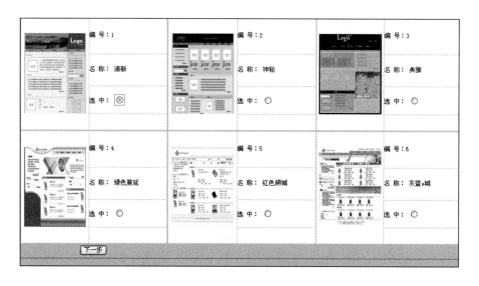

图 1-11　模板选择

学生选中某一个网站模板，完成后，直接单击页面下方的"下一步"按钮，系统会自动跳转到如图 1-12 所示页面。

学生完成以上样式的选择后，直接单击页面的"下一步"按钮，系统会自动跳转到如图 1-13 所示页面。

第二步：样式选择

样式名称：	网站样式1

样式代码：

```
BODY
{ margin-bottom: 0px; margin-left: 0px; margin-right: 0px; margin-top: 0px }
font,p,span,div
{ font-family: 宋体; font-size: 12px; font-weight: normal; }
table,tr,td
{ color: #066066; font-family: 宋体; font-size: 12px; line-height:22px }
a:link
{ font-family: 宋体; font-size: 12px; font-weight: normal; text-decoration:
```

上一步　下一步

图 1-12　样式的选择

网站名称：	开心门户
网站LOG：	http://127.0.0.1:8888/Marketing/Image_Upload/125121'
图片上传：	浏览...　上传
网站Banner：	http://127.0.0.1:8888/Marketing/Image_Upload/125121'
图片上传：	浏览...　上传
关键字：	开心门户|开心|购物|下载
版权信息：	版权归开心门户网所有
描述信息：	开心门户是一个综合性的网站|

图 1-13　网站样式配置

学生根据上述信息，完成网站的配置后，直接单击"下一步"按钮，系统会跳转到如图 1-14 所示页面。

这样就生成了一个简单的网站设计，由于我们在网站设计的过程中没有添加网站的 Logo 和 Banner，所以此处都是以"×"来显示。如果我们认为没有图片太难看，可以直接单击页面的"上一步"对网站的样式进行修改，如图 1-15 所示。

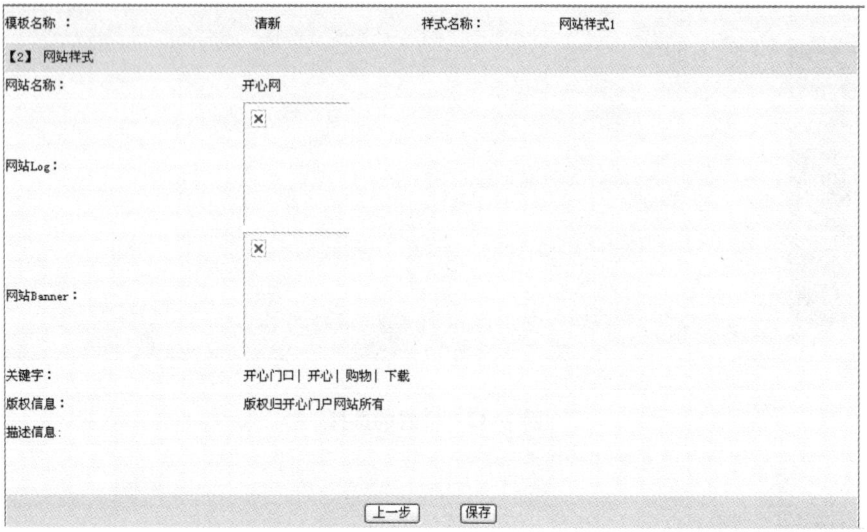

模板名称：	清新	样式名称：	网站样式1

【2】 网站样式

网站名称： 开心网

网站Log：

网站Banner：

关键字： 开心门口 | 开心 | 购物 | 下载
版权信息： 版权归开心门户网站所有
描述信息：

上一步　保存

图 1-14　网站样式

网站名称：	开心门户
网站LOG：	http://127.0.0.1:8888/Marketing/Image_Upload/125121!
图片上传：	浏览... 上传
网站Banner：	http://127.0.0.1:8888/Marketing/Image_Upload/125121!
图片上传：	浏览... 上传
关键字：	开心门户 开心 购物 下载
版权信息：	版权归开心门户网所有
描述信息：	开心门户是一个综合性的网站

图 1-15　重新编辑页面

学生可以将没有添加完整的内容添加完整，完成后，可以直接单击页面的"下一步"，系统会直接跳转到如图 1-16 所示页面。

图 1-16　网站首页

学生可以通过浏览器直接浏览自己添加的网站，进行后续的网站模板优化：通过后台管理设置程序调整网站相应的各个模块的位置，以实现可以更有效吸引客户的效果。

4. 讨论与思考

（1）电子商务营销网站的关键字及网站的描述应当如何进行后续优化？

（2）如何对电子商务网站的浏览页面进行后续的优化？

（二）实验二：搜索引擎网址管理

1. 实验目的

通过系统内置的资源，了解搜索引擎，熟悉搜索引擎对网址的管理。本节实验课主要通过系统的内置资源，以"冰客搜索引擎"网址管理为例，让学生了解搜索引擎后台对网址的管理规则和方法，对搜索引擎的后台网址管理知识有一个初步了解。

2. 实验内容

根据系统提供的内置资源，登录冰客搜索引擎，对搜索引擎的后台资源进行管理，完成后，直接撰写实验报告。

3. 实验步骤

营销技能训练——搜索引擎，完成搜索引擎网址管理部分内容的学习后，直接单击页面下方的"进入实验"按钮，系统会直接跳转到如图1-17所示页面。

图1-17　资源选择

学生在该页面，直接单击页面的"冰客搜索引擎"，系统会直接跳转到冰客搜索引擎的主页面。在冰客搜索引擎的主页面，学生直接进入内部资源"冰客搜索引擎"。如图1-18所示。

图1-18　搜索引擎主页面

学生在"冰客搜索引擎"的主页面，直接单击页面的"后台管理"，进入搜索引擎后台管理。如图1-19所示。

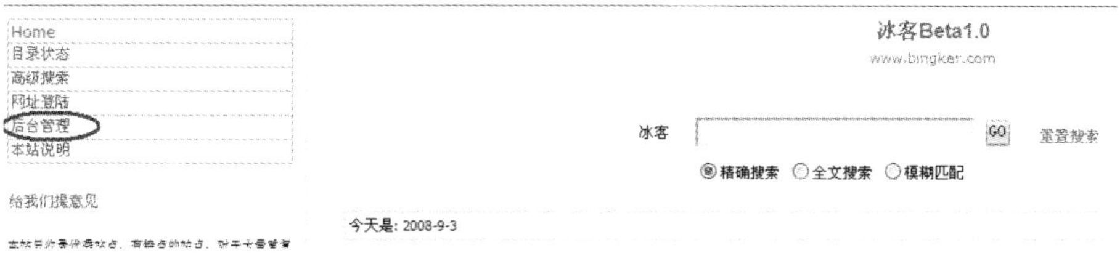

Home
目录状态
高级搜索
网址登陆
后台管理
本站说明

给我们提意见

冰客Beta1.0
www.bingker.com

冰客 [GO] 至登搜索

◉ 精确搜索　○ 全文搜索　○ 模糊匹配

今天是: 2008-9-3

图 1-19　后台管理

学生在页面的左上方直接单击"后台管理",系统会直接跳转到后台管理的登录页面,如图 1-20 所示。

UserName: Admin , Password: Admin888

User Name [admin]

Password [●●●●●●●●]

☐ Remember me

[Login]

图 1-20　后台登录

在后台管理页面,学生直接单击页面的"分类"链接,进入分类栏目管理,添加一个网址分类"军事科技"。如图 1-21 所示。

在"分类"栏目页面,学生直接单击"ADD"按钮,就可以完成添加。完成添加后,学生返回去,就可以查看刚才添加的栏目,同时,对自己添加的内容信息可以直接进行编辑和删除。如图 1-22 所示。

查看搜索引擎的网址。学生返回到系统主页面,单击左侧的"网址登录",系统会直接跳转到如图 1-23 所示页面。

分类
已审核站点
尚未审核
Special Links
Broken Links
Clear Evaluations
Mass Mail

PLEASE
Vote for us at ASPIN

admin
home
Logout

Categories - We don't recommend more

Add

ID	Category Name		
10	电脑网络	Edit	Delete
11	生活休闲	Edit	Delete
12	个人博客	Edit	Delete
13	教育校园	Edit	Delete
14	艺术音乐	Edit	Delete
15	社会科学	Edit	Delete
16	旅游交通	Edit	Delete

(a)

分类
已审核站点
尚未审核
Special Links
Broken Links
Clear Evaluations
Mass Mail

PLEASE
Vote for us at ASPIN

admin
home
Logout

Add Category

Back to List

ID	
Category Name	军事科技
Category Details	

ADD

(b)

图 1-21　添加分类

Broken Links
Clear Evaluations
Mass Mail

PLEASE
Vote for us at ASPIN

admin
home
Logout

ID	Category Name		
10	电脑网络	Edit	Delete
11	生活休闲	Edit	Delete
12	个人博客	Edit	Delete
13	教育校园	Edit	Delete
14	艺术音乐	Edit	Delete
15	社会科学	Edit	Delete
16	旅游交通	Edit	Delete
17	卫生健康	Edit	Delete
18	文学文化	Edit	Delete
19	学生站长特区	Edit	Delete
20	站长资源	Edit	Delete
21	财经、银行	Edit	Delete
22	军事科技	Edit	Delete

图 1-22　查看分类信息

冰客Beta1.0
www.bingker.com

新站登录 vs 网址更新

网站分类　　　军事科技

网站名称　　　铁血网

网站地址 (http://)　tiexue.net/
系统自动去掉 "www." 不要带http://

网站描述　　　中国第一原创军事网。

340

您的邮箱　　　zhaobt@bjbodao.com

点击确认，我们默认您同意本站条款

点此确认

图 1-23　网址登录

学生直接选择自己上述所添加的"军事科技"栏目，完成其他内容的设置后，单击"点此确认"即可完成。学生完成上述操作后，直接单击主页左边的"后台管理"，直接进入后台管理页面，在页面的左边单击"尚未审核"，系统会直接跳转到如图1-24所示页面。

Non-Approved Web Sites

ID	Category	Name URL	Submit Date	Update Date	Special	Update Existing Site?		
31	军事科技	铁血网 *tiexue.net/* 中国第一原创军事网。 zhaobt@bjbodao.com	2012-8-2 14:29:17	2012-8-2 14:29:17			*Edit*	*Delete*

图1-24 审核页面

在该页面，学生直接单击页面的"EDIT"链接，系统会直接跳转到如图1-25所示页面。

Edit Web Site

Back to List

ID	31
Category	军事科技 ▾
Name	铁血网
URL	tiexue.net/ Don't put "www.". The system here will not automatically remove "www."
Desc	中国第一原创军事网。
Auth Email	zhaobt@bjbodao.com
Submit Date	2012-8-2 14:29:17
Approved	⦿ Yes ◯ No
total hits	0
Special Resource?	⦿ Yes ◯ No

EDIT

图1-25 编辑页面

学生在"编辑页面",将"APPROVED"直接设置成"YES",完成对新添加网址的审核,直接单击页面下方的"EDIT",完成对新添加信息的审核。完成后,在网址管理页面就可以看到自己新添加的网址信息了(见图1-26)。

ID	Category	Name	Submit Date	Update Date	hits		
28	电脑网络	天比高网络科技 126it.net 天比高网络科技	2006-9-29 13:27:38	2006-9-29 13:28:34	1	Edit	Delete
29	学生站长特区	苹果网 china.com 苹果批发,苹果销售,山东苹果销售。	2010-7-30 17:37:19	2010-7-30 17:37:42	0	Edit	Delete
30	旅游交通	携程网 ctrip.com/ 旅游、订票,订酒店信息提供。	2012-8-2 10:54:37	2012-8-2 11:45:25	0	Edit	Delete
31	军事科技	铁血网 tiexue.net/ 中国第一原创军事网。	2012-8-2 14:29:17	2012-8-2 14:35:13	0	Edit	Delete
19	电脑网络	福狗免费网 free.froodog.com 免费资源,免费空间,免费邮箱,技术讨论	2006-9-27 15:56:57	2006-9-27 16:47:30	6	Edit	Delete
20	站长资源	蓝色理想 blueidea.com 网站设计与开发人员之家,网页设计,设计论坛,flash制作	2006-9-27 17:49:27	2006-9-28 11:06:26	1	Edit	Delete

图1-26　编辑列表

4. 讨论思考

(1) 如何进行栏目分类,才能方便管理,让用户更精确地搜索到信息。

(2) 管理员修改网站的参数,会对网站的搜效果产生什么影响?

(三) 实验三:E-mail 营销的地址管理

1. 实验目的

在 E-mail 营销中,地址管理是非常重要的,学生需要对不同类型的客户的邮件地址进行分类管理,本节课学习的目的就是了解 E-mail 邮件地址的管理方式。学生在完成本节课的实验后,要能够达到对同类型的网站单独进行邮件地址的管理目标。

2. 实验内容

(1) 登录系统。

(2) 学习地址分类的添加。

（3）学习邮件分类列表的管理。

（4）完成实验，撰写实验报告并提交。

3. 实验步骤

学生登录系统，在系统首页单击"营销技能训练"下拉框中的"许可
E-mail 营销"，在右边页面中，直接单击页面最下方的"进入实验系统"按钮，
系统会直接跳转到如图 1-27 所示页面。

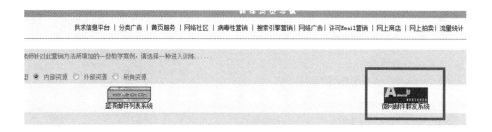

图 1-27　资源选择页

直接单击页面的"微网邮件群发系统"，进入系统登录页面，如图 1-28 所示。

图 1-28　登录页面

学生在图 1-28 所示页面，用户名称中直接填写用户名"admin"，登录密码直接填写"admin888"，完成安全码的填写，完成后，直接单击"提交"按钮即可。学生直接进入"威望邮件群发系统"链接，进入系统主页面，如图 1-29 所示。

图 1-29　主页面

在微网邮件管理主页面，学生可以完成系统设置管理、邮件地址管理等相关功能的了解和学习。学生在"微网系统主页面"直接单击"邮件地址管理"，系统会直接跳转到如图 1-30 所示页面。

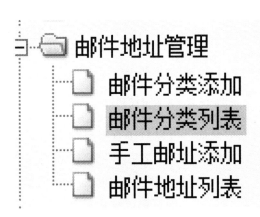

图 1-30　邮件地址管理列表

学生在邮件地址列表中可以完成"邮件分类的添加""邮件分类列表""手工邮址添加""邮件地址列表"等功能的了解和学习。学生在邮件地址列表中直接单击"邮件分类添加"链接，系统会直接跳转到如图1-31所示页面。

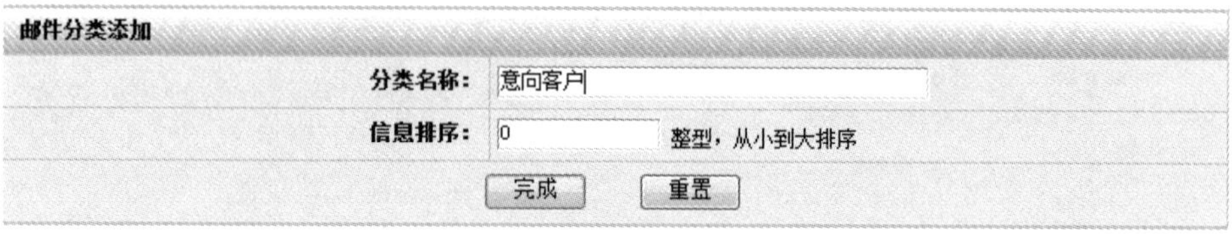

邮件分类添加

分类名称：	意向客户
信息排序：	0　　　　　整型，从小到大排序

完成　　重置

图1-31　邮件分类添加

如学生在"邮件分类添加"页面，直接添加"意向客户"，完成后，直接单击"完成"按钮，完成分类的添加。学生可以添加多条分类信息，如"潜在客户""成功客户"等。

学生在邮件地址列表中，直接选择"邮件分类列表"，系统会直接跳转到如图1-32所示页面。

邮件分类列表

查找：分类名称　▼　　　　搜索

ID	分类名称	信息排序	邮址数量	操作	选择
4	意向客户	0	39	编辑	☐
3	潜力客户	3	32	编辑	☐
2	成熟客户列表	2	27	编辑	☐
1	成交客户列表	1	25	编辑	☐

☐ 全选　操作方式 ▼　执 行　重 写

分页：◄◄ 1 ►►　　页次:1/1页 共4条记录 12条/每页 跳到 □ 页

图1-32　邮件分类列表

学生在"邮件分类列表"页面，可以直接查看自己添加的新的邮件列表分类，还有之前已经添加的邮件分类列表。学生在"邮件分类列表"页面，可以对邮件分类信息进行编辑。同时，可以选择需要删除的分类信息，在页面右下角"操作方式"栏中直接选择"删除"，即可删除选中的信息。学生在邮件地址列表页面，直接选择"手工邮址添加"，系统会直接跳转到如图1-33所示页面。

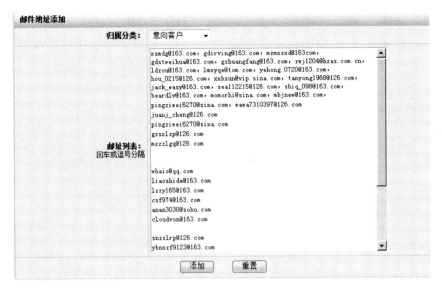

图 1-33　邮件地址添加

学生在"邮件地址添加"页面，根据系统的提示完成多个邮件地址的手工添加，完成后，直接单击页面的"添加"按钮，系统会直接跳转到如图 1-34 所示页面。

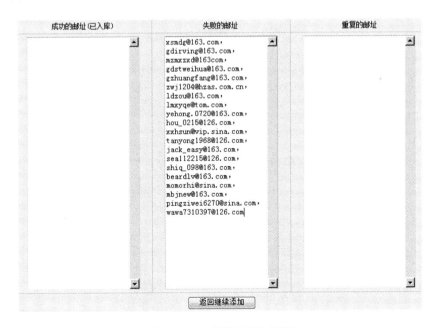

图 1-34　邮件地址导入页面

学生在邮件地址导入页面，可以直接查看自己导入的邮件列表信息，如果导入正确，则如图 1-35 所示。如果添加失败，则需要返回到邮件地址添加页面，进行重新添加。在本实验中，学生可以试着将本班学生的邮件地址进行导入，按照上述的步骤进行添加设置。学生完成地址的添加后，直接单击邮件列表页面的"邮件地址列表"，可以查看刚才添加的地址列表，如图 1-36 所示。

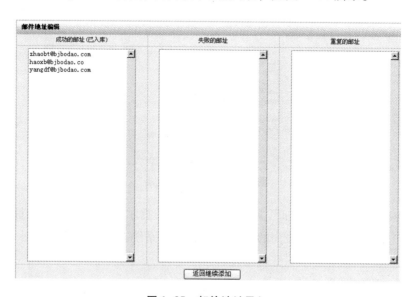

图 1-35　邮件地址导入

ID	所属分类	邮件地址	选择
40	意向客户	mbjnew@163.com	
39	意向客户	momorhi@sina.com	
38	意向客户	hzz1965168@sian.com	
37	意向客户	beardlv@163.com	
36	意向客户	shiq_098@163.com	
35	意向客户	seal12215@126.com	
34	意向客户	jack_easy@163.com	
33	意向客户	tanyong1968@126.com	
32	意向客户	xxhsun@vip.sina.com	
31	意向客户	liao_ws@hotmail.com	
30	意向客户	hou_0215@126.com	
29	意向客户	yehong.0720@163.com	

图 1-36　查看添加的信息

学生在邮件地址列表页面，可以查看自己添加的邮件列表，另外也可以直接单击页面右下方"操作方式"中的"删除"，直接删除选中的不需要的邮件地址。学生可以根据邮件地址列表页面右上方进行分类查找邮件地址，分类查看邮件地址列表，如图 1-37 所示。

邮件地址列表

查找：　所有分类 ▼ 　　　　　　　　 搜索

ID	所属分类	邮件地址	选择
123	潜力客户	jmj100@163.com	☐
122	潜力客户	fansiguo@cmaritime.com.cn	☐
121	潜力客户	bjbxy@yahoo.com.cn	☐
120	潜力客户	haominyan@ehuatai.com	☐
119	潜力客户	lizhiming@aerostrong.com.cn	☐
118	潜力客户	wxz33021@163.com	☐
117	潜力客户	qiuxudong@sport.gov.cn	☐
116	潜力客户	zhangqg@sac.gov.cn	☐
115	潜力客户	roy.guo@quantacn.com	☐
114	潜力客户	huxh@founder.com	☐
113	潜力客户	tangshuai@kyland.cn	☐
112	潜力客户	chengj@cetc.com.cn	☐

☐ 全选　操作方式 ▼ 　执 行 　　重 写

分页：◀◀ 1 2 3 4 5 ▶ ▶▶　[上页] [下页]　页次:1/11页 共123条记录 12条/每页 跳到 ____ 页

图 1-37　分类查看邮件列表信息

4. 讨论思考

（1）邮件地址分类有何作用？

（2）邮件地址的添加有没有更好的措施？

（四）实验四：E-mail 邮件的发送

1. 实验目的

本节课的实验目的主要是让学生学习 E-mail 的发送，掌握编写 E-mail 邮件内容的书写规范。

2. 实验内容

设计一个简洁而吸引人的邮件内容。

完成 E-mail 的发送。

完成实验后，撰写实验报告并提交。

3. 实验步骤

学生登录系统，在系统首页单击"营销技能训练"下拉框中的"许可E-mail营销"，在右边页面中，直接单击页面最下方的"进入实验系统"按钮，系统会直接跳转到如图1-38所示页面。

图1-38 资源选择页

直接单击页面的"微网邮件群发系统"，进入系统登录页面，如图1-39所示。

图1-39 登录页面

学生在图 1-39 所示页面，用户名称中直接填写用户名"admin"，登录密码直接填写"admin888"，完成安全码的填写，完成后，直接单击"提交"按钮即可。学生直接进入"微网邮件群发系统"链接，进入系统主页面如图 1-40 所示。

图 1-40　主页面

在微网邮件管理主页面，学生可以完成系统设置管理、邮件地址管理等相关功能的了解和学习。学生在"微网邮件管理"主页面，直接单击"发送邮件管理"，系统会直接跳转到如图 1-41 所示页面。

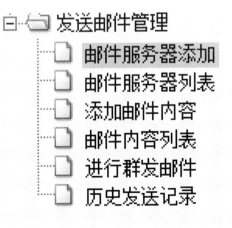

图 1-41　发送邮件管理列表

学生在"发送邮件管理",可以完成"邮件服务器添加""邮件服务器列表""添加邮件内容""邮件内容列表""进行群发邮件"等相关内容的管理。学生在"发送邮件管理"页面,直接单击"添加邮件内容"链接,系统会直接跳转到如图 1-42 所示页面。

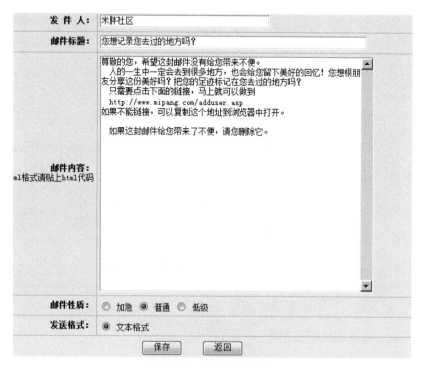

图 1-42　邮件内容添加

学生根据页面的内容提示,完成邮件内容的添加后,直接单击页面下方的"保存"按钮,完成邮件信息内容的添加。学生在"发送邮件管理"页面,直接单击"邮件内容列表",系统会直接跳转到如图 1-43 所示页面。

ID	发件人	邮件标题	邮件性质	操作	选择
2	开心网	有朋友在找你	3	编辑	☐
1	米胖社区	您想记录您去过的地方吗?	3	编辑	☐

邮件内容列表　查找: 发件人 ▼ ［搜索］

☐ 全选　操作方式 ▼　［执行］［重写］

分页: ◄◄ 1 ►►　页次:1/1页 共2条记录 15条/每页 跳到 ［　］页

图 1-43　邮件内容列表

学生在"邮件内容列表"页面，可以对邮件的内容进行编辑和对无用的邮件进行删除操作。学生在"发送邮件管理"页面，直接单击"进行群发邮件"，系统会直接跳转到如图 1-44 所示页面。

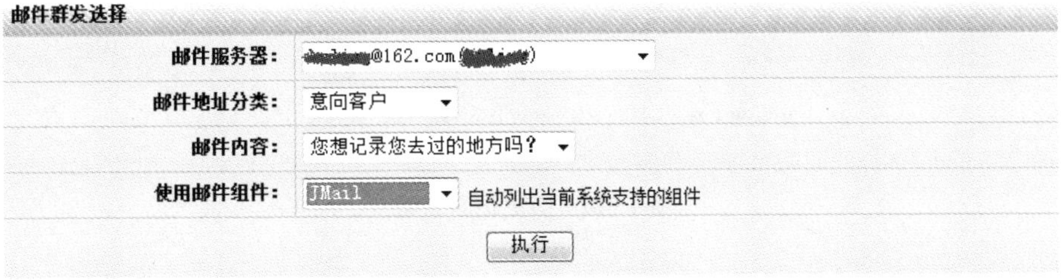

邮件群发选择

邮件服务器：	@162.com（　　　）▼
邮件地址分类：	意向客户　▼
邮件内容：	您想记录您去过的地方吗？▼
使用邮件组件：	JMail　▼　自动列出当前系统支持的组件

执 行

图 1-44　邮件群发选择

学生在此页面，完成邮件服务器、邮件地址分类、邮件内容以及使用邮件组件的设置后，直接单击"执行"，即可完成邮件的群发。邮件发送成功后，系统会直接给出如图 1-45 所示信息提示页面。

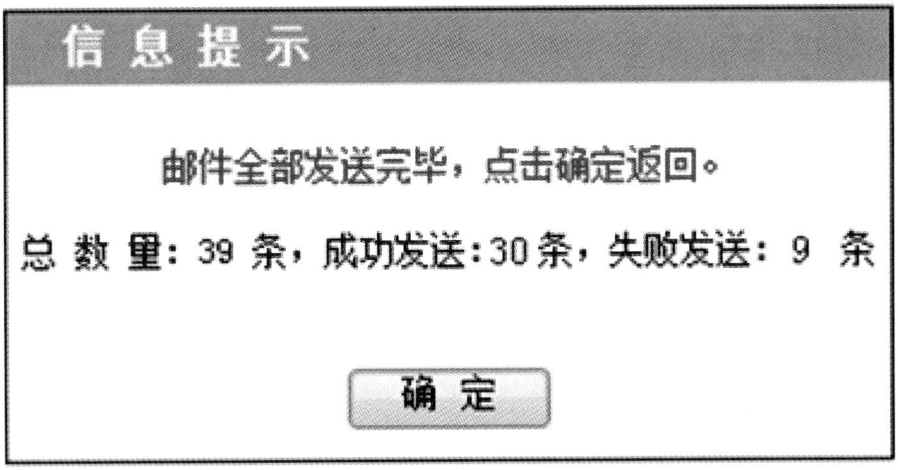

信 息 提 示

邮件全部发送完毕，点击确定返回。

总 数 量：39 条，成功发送：30 条，失败发送：9 条

确 定

图 1-45　信息提示

学生在"发送邮件管理"页面，直接单击"历史发送记录"，系统会直接跳转到如图 1-46 所示页面。

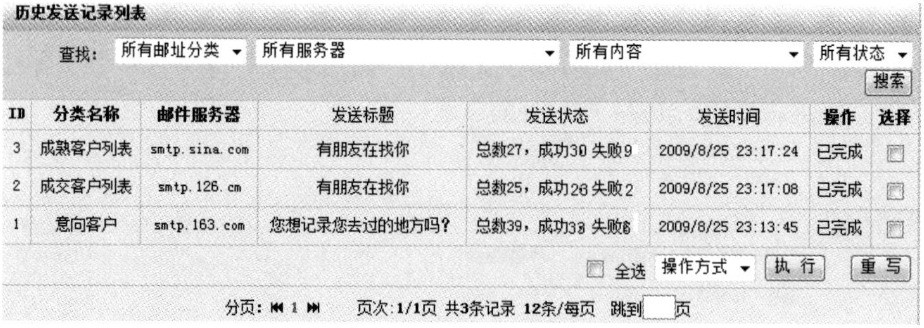

历史发送记录列表							
查找:	所有邮址分类 ▼	所有服务器 ▼		所有内容 ▼		所有状态 ▼	
							搜索
ID	**分类名称**	**邮件服务器**	**发送标题**	**发送状态**	**发送时间**	**操作**	**选择**
3	成熟客户列表	smtp.sina.com	有朋友在找你	总数27, 成功30 失败9	2009/8/25 23:17:24	已完成	☐
2	成交客户列表	smtp.126.cm	有朋友在找你	总数25, 成功26 失败2	2009/8/25 23:17:08	已完成	☐
1	意向客户	smtp.163.com	您想记录您去过的地方吗?	总数39, 成功33 失败6	2009/8/25 23:13:45	已完成	☐

☐ 全选　操作方式 ▼　执行　重写

分页: ◄◄ 1 ►► 　页次:1/1页 共3条记录 12条/每页 跳到 ____ 页

图 1-46　历史记录查看

学生在历史发送记录页面，可以直接查看自己已经发送的邮件信息。

4. 讨论思考

（1）如何拟定邮件的主题？

（2）邮件的内容该如何编辑？

（3）发送记录有何用途？

第十二节　市场调研与预测课程实验

一、实验目的与要求

市场调研与预测的课程实验是《市场调研与预测》课程的重要教学环节，它将实地调研和上机实验两种方式结合起来。一方面，通过实地调研对学生进行实践技能的训练，将所学理论知识应用于实践，从而使知识内化为学生素质；另一方面，通过 SPSS 统计软件的上机实验，锻炼学生的操作和动手能力，使其具备市场调查与预测中的基本数据处理能力。最后，将实验教学模块中的任务与理论教学的考核方式连接起来，使其形成一个有机考核整体，使学生能够学以致用，为学生将来有效利用市场调研信息，进行营销决策做好准备。

（1）训练学生进行市场调查方案编制的能力；

（2）训练学生进行市场调查问卷设计的能力；

（3）训练学生进行市场调查数据收集、整理的能力；

（4）训练学生对调查数据资料进行定量与定性相结合分析的能力；

（5）训练学生使用 SPSS 统计分析软件进行数据分析的能力；

（6）训练学生运用图表工具的能力；

（7）训练学生文字表述调研成果的能力。

二、实验内容

本实验内容以完成小组某个具体的调研项目为主线，按照市场调研程序编排，即分为编制市场调研方案、设计市场调查问卷、收集市场信息资料、利用 SPSS 统计分析软件整理和分析市场调查资料、撰写市场调研报告等。

（1）熟知进行市场调查活动前的相关市场调查方案的撰写工作。

（2）熟悉掌握市场调查问卷的科学设计。

（3）组织实施市场调查，完成数据采集，整理调查数据。

（4）掌握常用的市场调查的分析方法，利用 SPSS 统计分析软件进行数据资料分析，撰写最终的市场调查报告。

三、参考课时

8 课时。

四、考核办法

结合三个实验的评比结果，给出最后的总成绩，总成绩中实验一占 20%、实验二占 30%、实验三占 50%。

实验一编写调查方案 20 分；

实验二设计调查问卷 30 分；

实验三调查并撰写调查报告 50 分。

五、实验教学内容

（一）实验一：编写调查方案

1. 实验目的与要求

要求学生根据小组确定的调研主题，设计市场调研方案，以便指导后期调研工作的实施开展。

（1）培养市场调查的整体规划能力；

（2）调查员进行调查前的组织培训、小组分工与调查工作计划制订；

（3）调查问卷的构思与准备；

（4）制订的调查方案要保证调查活动顺利地进行开展，从而提高市场调查工作的效率。

2. 实验内容

（1）确定市场调查的目的；

（2）确定市场调查的对象和被调查的单位；

（3）确定市场调查的项目（制定市场调查的策划，以表格的形式列出一、二级量表）；

（4）确定市场调查的流程和方法；

（5）确定市场调查的具体时间和市场调查工作的具体持续期限；

（6）确定市场调查资料的整理和调查数据的分析方法；

（7）制定市场调查的人员分工安排、调查经费使用计划等具体内容。

3. 实验准备

（1）认真回顾市场调研方案编写的相关基本知识；

（2）教师讲解调研方案撰写的步骤、技巧和格式；

（3）阅读与本小组确定的项目相关的文献资料，进行讨论，确定调研方案的相关内容。

4. 实验方法

（1）实验分小组进行，由学生自愿组成小组，每组 4~5 人，各任务小组推选出组长。各组结合实际，选择有调查意义的项目，组织小组进行调查方案的设计，小组内形成详细的分工，组长将小组名单、联络办法及本组调查策划方案提交指导老师。

（2）指导老师负责全班统一管理，组长对本小组的工作进行分配、管理。

（3）调查策划方案以组为单位进行优劣互评，确定最佳市场调查策划方案，各小组修改完善策划方案后，提交指导老师进行小组比较，评定打分。

5. 考核办法

考核以小组为单位，分别由组长和每个成员根据各成员在策划方案编写中的表现进行评估打分；指导教师根据市场调研策划方案内容的完整性及可行性等方面给出书面成绩，占实验总成绩的 20%，分别评估打分。

（1）实验活动的实施过程，包括小组成员的分工、协调、参与情况（20%）；

（2）实验任务的完成情况，取得的实验成果（50%）；

（3）实验报告内容展示，制作 PPT 汇报（30%）。

6. 思考与练习

（1）市场调研策划方案中最核心的内容是什么？

（2）市场调研策划方案中一级量表和二级量表有什么关系？

（二）实验二：设计调查问卷

1. 实验目的与要求

掌握调查问卷设计的程序和调查问卷问题设计的方法，问卷的版面布局，问卷的编码，问卷的回收整理以及定量分析技巧。问卷设计要完整；问卷问题不少于 15 个，不多于 25 个；提问的形式要力求多样化；封闭式问题与开放式问题相结合；包括测量态度问题的实验。问卷实验完成后，在进行正式调查之前须进行试调查，即对问卷的内容、措辞、问题的顺序等进行全面的检验，对存在的问题进行修改与调整。样本数目即被调查者人数不少于 100 个。

（1）要求每组学生根据所确定的调查项目主题、目的设计一份市场调查问卷；

（2）问卷在实验前两周完成，以便按时发放问卷；

（3）教师在检查学生的问卷之后，小组设计一份完整的问卷进行小范围试调查；

（4）根据试调查的结果再次进行问卷的修改和完善，设计出最终问卷。

2. 实验内容

问卷设计的关键是要确定询问的问题，其次是要评价问卷的排列顺序、选择项是否有遗漏等，要确保问卷能收集到分析决策所需的信息。问卷设计中注意问句设计要科学合理，反复推敲，尽量避免问句设计不当引起不必要的误差，并根据问句不同类型采用不同的形式恰当设计回答项目。

（1）根据调查目的、调查内容设计问题和答案；

（2）做小范围的试调研，确定问卷中询问的问题；

（3）对问卷进行问题的排序、修改和审核。

3. 实验准备

（1）收集与所确定的调查项目内容相关的文献资料，小组进行认真的研读讨论。

（2）认真复习问卷设计的有关知识，编写出调查内容的提纲。

4. 实验方法

首先小组成员每人设计一份调查问卷提纲，然后采取小组讨论汇总的形式，每个小组汇总、修改完善后作为本组的调查问卷。

5. 考核办法

指导教师从问卷结构的完整性、问卷所包含内容的完整性、问题及答案设计的合理性、问题排序的合理性等方面对学生设计的调查问卷给出书面成绩占实验总成绩的30%，并选出2~3份问卷进行全班交流讲评。

6. 思考与练习

问卷设计的步骤是什么？如何设计一份有效的问卷？

（三）实验三：调查并撰写调查报告

1. 实验目的与要求

目的：

学生通过大量发放调查问卷，邀请受访对象填写调查问卷，收回调查问卷的实践训练，了解如何高效收集市场信息资料，掌握常用的访问技巧。通过实验，学习市场调查资料的整理和分析方法，并根据整理和分析的结果通过定性与定量相结合的方法，撰写市场调研的报告。

（1）学生使用SPSS统计分析方法去分析市场调查数据，为营销决策服务；

（2）掌握撰写市场调研报告的基本格式和方法；

（3）能熟练利用表格和绘图来展现数据资料；

（4）每小组交一份符合要求的纸质版市场调研报告。

2. 具体要求

（1）以调查获得的资料为基础，做到调查获得的资料与调查的观点相统一。市场调查报告的风格就是以调查过程中获得的各种资料作为基础，而资料中包含的数据资料显得格外重要，调查报告中的数据资料具有极佳的概括能力和表现能力。用数据资料证明得到的事实真相通常比冗长的文字叙述更能使人信服调查报告的客观性和真实性。在整个市场调查过程中，通常会遇到个别的问题、观点，用很多繁杂的文字叙述都难以表达清楚真正的意思，而使用一连串数值，不仅可以清楚地表述真正的意思，还可以对调查事物的本质一目了然。但是数据运用要把握合适的分寸，引用数据不足不能清楚地反映问题，使调查报告丧失一定的客观性；引用过多的数据值，显得过于繁杂，无法突出调查报告预期反映的核心内容。所以，适当地运用客观合理的调查数据，可以增加调查报告的可信任度、客观性和说服力。一篇出色的市场调查报告，必须有对情况的了解，有对数据和资料的分析，既要用资料数据说明事实的观点，又要用观点合理地驾驭各种资料和数据，两者应当相辅相成，相互参照。通过定性与定量分析高效有机地结合，达到透过调查现象看到调查研究本质的目标，从而可以对市场活动的发展规律、变化过程及其趋势一探究竟。

（2）表达的意思要准确。准确性是一份市场调查报告的命脉。准确性包括数据值要准确、调查的情况要客观真实、根据调查结果得出的观点要合理三个方面，只有完整掌握准确的资料和数据，才能根据调查报告得出客观合理的推断与结论。

3. 实验内容

对收回的问卷进行审核，留下合格的问卷；对开放式问题答案进行编码；分小组对信息进行分类统计；使用 SPSS 统计软件对收集的数据资料进行汇总和分析；按照调研报告的基本格式撰写市场调研报告。

4. 实验准备

（1）掌握描述统计学各项指标的含义；

（2）认真学习 SPSS 统计软件的各种分析方法，熟练掌握 SPSS 软件的操作技术；

（3）认真学习各种表格、图形的应用方法；

（4）认真研读撰写市场调研报告方面的要求。

5. 实验方法

市场调查报告一般是由题目、目录、概述、正文、结论、意见和建议、附件等几部分组成。

（1）题目。调查报告的题目包括市场调查的题目、出具调查报告日期、市场调查的委托方、被委托进行市场调查的调查方，一般应打印在调查报告的扉页上。

关于调查报告的题目，一般是通过标题把被调查的单位名称、具体的调查内容明确而具体地表示出来，如《关于银川市居民收支、消费及储蓄的情况调查》。有的调查报告还可能会采用正、副标题的形式，一般正标题反映被调查的主题，副标题则具体表明参与调查的单位和涉及的问题。

（2）目录。提交市场调查报告，如果市场调查报告的内容丰富导致页数较多，为了便于市场调查报告预期使用者的阅读，应当合理地使用目录或索引的形式列举出调查报告所讲述的主要章节和附录，并注明相关对应的标题、有关章节的号码及页码数，通常来说，调查报告目录的篇幅不宜超过一页 A4 纸。

（3）概要。概要主要以概括的方式阐述研究课题的基本情况与内容，调查报告是按照市场调查课题的排列顺序将所涉及的问题逐步展开，并以概括的方式阐述对调查中获得的原始资料进行仔细选择、合理评价、作出适当的结论、提出建议的原则等。主要包括以下三个方面的内容：

第一，简明扼要地说明市场调查的目的。即以概括的方式阐述调查的由来和接受调查委托的原因。

第二，简单地介绍调查的对象和调查的内容，包括调查的时间、地点、对象、范围、调查重点及调查过程中要回复的问题。

第三，简明扼要地介绍本次市场调查研究采用的方法。例如，某市场调查工作技术报告的"执行情况"部分如下：本次调查抽样采用的是二阶段的抽样方法，根据全国第四次人口普查的数据，在第一阶段调查中采用 PPS 的抽样方法从某地区随机抽选 20 个居民委员会，第二阶段调查过程中从每个居民委员会当中使用 SRS 的方法随机抽出 50 个常住居民户。抽样的置信度确定为 5%。抽样方法及入户调查均由国际认证的权威调查网站审核通过。调查问卷的设计与后期的数据处理及技术分析报告由某技术公司独立完成。抽样与入户调查由某城调查队负责协助完成。调查进行的日期从 199×年×月×日至×日。问卷的设计方式为封闭式，共计 81 个独立设置的问题。入户调查采用的是职业调查员询问居民住户并代理填报的方式。问卷发放总数共计 1001 份，收回问卷共计 997 份。抽样调查的基本情况为：抽样的男女比例与总体的男女比例基本上保持一致，居民住户的年龄分布呈正态分布；被调查居民住户从事的行业占比最多的为国营企业、事业单位以及政府机关单位；所有参与调查的被调查者中有 84.45% 的调查者享受着公费医疗政策；被调查者中 39% 的住户收入在 200 元至 400 元，45% 的居民住户收入在 400 元至 800 元，79.7% 的居民住户已结婚并育有小孩。

（4）正文。正文内容是市场调查分析报告至关重要的部分。正文内容部分必须准确地阐述全部与调查报告有关的论据，包括调查问题的提出到根据调查数据和资料得出的最终调查结论，调查论证的全过程，分析研究被调查问题的方式和方法。还应当有可供市场经营活动的决策者进行独立自主思考的全部调查结果和必要的经济市场的信息，以及对这些实际情况和内容的合理分析与恰当评论。

（5）结论和建议。得出客观合理的调查结论和发表适当的调查建议是撰写综合性调查分析报告的主要目的。这部分包括对引言和调查报告正文部分所提出的主要内容的概括性总结，提出如何利用已经得到结论和正文部分所提及的主要内容的恰当总结，提出如何利用已经得到结论为有效的措施与解决某一项具体问题可供选择的方案与建议。调查结论和调查建议与正文部分的论述要紧密对应，不可以提出缺乏理论依据的结论，也不要存在缺乏结论性意见支持的论证。

（6）附件。附件是指调查报告的正文部分未包含或没有提及，但与正文内容息息相关必须增加附件加以强调说明的部分。它是对调查报告正文内容部分的补充或是更加详细的说明。

6. 考核办法

指导教师从调研报告格式的规范性、内容的完整性、问题分析的透彻性、原因解释的合理性、对未来预测的科学性和建议的可行性等方面对学生的市场调研报告给出书面成绩，成绩占实验总成绩的50%。

7. 思考与练习

（1）描述统计的方法通常有哪些？使用时应分别注意哪些问题？试举例说明。

（2）撰写市场调研报告应注意哪些问题？

第十三节　管理沟通课程实验

一、本课程实验的作用与任务

管理沟通是工商管理类专业的一门学科基础课，同时也是一门技能课，具有理论与实践的双重特性，它是学生今后在工作岗位上发挥其能力的前提。本课程涉及沟通的含义及作用，克服沟通障碍的主要方法，横向与纵向沟通的类型、作用和主要形式，群体沟通与团队沟通的主要壁垒，团队高效运行的核心影响因素，面谈、倾听、谈判、成功演讲、书面沟通以及跨文化沟通的核心技巧等。力求提升学生的日常交流能力，以便在未来的学习、工作和生活中能够学有所用、学有所成。

本课程实验的目的在于让学生在了解管理沟通的基本概念和知识的同时，提高他们对沟通在有效管理中的举足轻重作用的认识，增强他们理论联系实际的意识，从而通过实践达到提升其沟通能力与技巧的目的。具体来看：

（1）使学生建立基本的管理沟通的意识和理念，并熟练掌握基本的个人沟通技能与方法。

（2）了解和掌握企业中高层管理人员应当具备的管理沟通知识和能力。

（3）认识经营团队成员之间合作、沟通的重要性，正确处理团队成员之间的关系。

二、本课程实验的基础知识

实验要求学生具备管理学、市场营销学、组织行为学、人力资源管理、战略管理、绩效管理等课程的基础知识。

三、本课程实验教学项目及其教学要求（见表1-102）

表1-102　本课程实验教学项目及教学要求

序号	实验项目名称	课时	教学目的、要求
1	群体沟通训练	1	要求学生掌握群体沟通的特点及要点，通过引入案例材料，设定任务小组，让学生利用现场交流实现群体的统一决策，从而提升群体沟通的能力，掌握克服群体沟通障碍的方法及策略
2	人际冲突训练	2	要求学生学习如何分析工作中所面临冲突的性质以及产生这些冲突的主要原因，并掌握处理这些冲突的策略
3	现场演讲训练	3	要求学生熟悉现场演讲的各个环节，通过训练，提高学生的表达能力、训练音调控制能力、临场应变能力、控制说话时间能力、运用大纲演讲能力以及即兴演讲能力
4	招聘面试训练	2	要求学生熟悉招聘面试的基本程序，帮助学生练习倾听技巧，并在训练判断能力的同时，协助学生发现并测试面试方面存在的问题

四、考核办法

出勤情况：20%；

纪律表现：30%；

实验总结：50%。

五、教学实验内容

（一）实验一：群体沟通训练

1. 实验目的

群体沟通是组织中两个或两个以上相互作用、相互依赖的个体，为了达到基于实现各自目的的群体特定目标而自发组成的集合体，并在此自发形成的集合体中产生交流的过程。本实验的目的在于通过引入案例材料，设定任务小组，让学生利用现场交流实现群体的统一决策，从而提升群体沟通的能力，掌握克服群体沟通障碍的方法及策略。

2. 实验原理

（1）群体沟通的含义及特点；

（2）群体沟通中成员的角色；

（3）群体沟通的要点；

（4）克服群体沟通障碍的策略。

3. 主要仪器及耗材

多媒体教室、案例材料。

4. 实验内容与步骤

本实验共分为六个步骤：

第一步：在教师指导下，由学生自由组合成6~8人为一组的案例讨论小组，并确定负责人。

第二步：发放实验材料①，让每位同学认真阅读，并按重要性进行排序。

---

① 魏江，等．管理沟通——成功管理的基石：第4版［M］．北京：机械工业出版社，2019.

飞船登陆月球

假如你是一位业务水平高超的宇航员，与另外几位同样业务能力精湛的宇航员驾驶一艘太空飞船驶向遥远的月球，原计划与已经成功降落月球、作为临时月球基地的太空母船会合。然而，因突发的机械故障，导致你们的太空飞船只能迫降在距离太空母船200英里之外的月球表面。降落时的强大冲击力造成许多精密的仪器设备受到不可逆的严重损坏，为了生存你们必须充分利用未受损坏的仪器装备独自到达太空母船与之会合。下面列出了15样状态良好的物资和装备，请根据其重要性分别标出1~15（必须全部标出），以供你们出发时斟酌其客观的重要性并做出取舍（比如，你们的体力只能带13件，就只好放弃另外2件）。

A. 一盒火柴   B. 压缩饼干

C. 五十英尺尼龙绳   D. 丝质降落伞

E. 袖珍取暖器   F. 两支0.45口径手枪

G. 一箱脱水宠物喝的牛奶 H. 两大瓶氧气

I. 星际图   J. 救生筏

K. 磁罗盘   L. 五加仑水

M. 烟火信号枪   N. 包括注射器的急救箱

O. 太阳能无线电收发器

第三步：进行小组讨论，由小组统一意见，并按重要性进行排序。

第四步：给出参考答案，各小组根据参考答案再次进行讨论。

按其重要性排序结果（正序）：1~5：HLIBO 6~10：CNDJM 11~15：FGKEA

第五步：各小组推荐代表分享决策过程及感受。

第六步：教师点评并总结。

5. 实验注意事项

（1）各实验小组在教师的统一安排和小组长的组织下，严格按照实验要求开展实验，不得随意调整小组成员和实验步骤。

（2）各小组在实验开展之前必须进行周到细致的计划和安排，并制订出具体的实验进程计划。

（3）要求 15 样物品的排序要尽量获得每位小组成员的认可。

（4）建议给予学生阅读材料及自主排序 5~8 分钟，小组第一次讨论 10 分钟，小组第二次讨论 10 分钟，小组代表发言 12 分钟，教师总结 3~5 分钟。

（二）实验二：人际冲突训练

1. 实验目的

日常组织生活中存在各种关系的冲突。个体及整个组织的绩效并不取决于是否有冲突，而是取决于冲突行为的适度性及冲突结果的有效性。本实验首先测量学生三种人际冲突处理方式，即解决方案导向型、躲避型和控制型。其次让学生学习如何分析工作中所面临冲突的性质以及产生这些冲突的主要原因，并掌握处理这些冲突的策略。

2. 实验原理

（1）人际冲突产生的原因；

（2）人际冲突的过程；

（3）人际冲突的处理方式；

（4）人际冲突中的沟通策略。

3. 主要仪器及耗材

多媒体教室、测量量表。

4. 实验内容与步骤①

任务一：

本任务共分为四个步骤：

第一步：在教师指导下，由学生自由组合成 6~8 人为一组的案例讨论小组，并确定负责人。

第二步：让每位学生回想与同学、朋友、亲戚或老师之间曾经发生一些分歧的情况，阅读表 1-103、表 1-104、表 1-105 中所列问题。在阅读这些问题时，结合学生自身实际情况打分。根据得分情况，即可看出学生所倾向采用的人际冲突处理策略。每一项陈述的答案没有对错之分，只有相应的状态评分值：7 分（总是）、6 分（非常多）、5 分（经常）、4 分（有时）、3 分（很少）、2 分（非常少）、1 分（从不）。

---

① 康青．管理沟通：第 5 版［M］．北京：中国人民大学出版社，2018.

表1-103　控制型量化评价

题号	问题	评分
1	在争议中我迫不及待地表明自己的观点	
2	当有人反对我的意见时，我会迎面出击，进行反驳	
3	我强烈地坚持自己的观点	
4	在与对方争论时，我总是坚持自己的观点	
5	我滔滔不绝，以使对方采纳我的意见	
6	在与他人争论的过程中，我坚持对方接受我的观点	
7	试图让他人接受我的观点时，我会提高嗓门	
8	在他人发表意见时，我总爱插话	
9	在争议中我坚定地表述我的观点	
10	我坚持为我的立场而抗争	
总分		

注：总得分在50~70分，说明你在处理冲突时属于控制型，总得分在10~49分之间，说明你不属于控制型。

表1-104　解决方案导向型量化评价

题号	问题	评分
1	我调整自己的想法，构想出新的方案来解决意见分歧	
2	我建议采取能综合各种观点的解决方案	
3	当其他人做出让步时，我也会有所让步	
4	我以各让一步的方式解决争议	
5	我先倾听对方的观点，然后做出评价	
6	我淡化争论的必要性	
7	我掌控着争论的整个过程，直至对方理解我的观点	
8	我试图采纳其他人的观点，构想出解决问题的办法	
9	我建议我们共同努力，想出解决争议的新办法	
10	我化解争议的办法之一是使意见分歧看起来并不严重	
总分		

注：总得分在50~70分，说明你在处理冲突时属于解决方案导向型，总得分在10~49分，说明你不属于解决方案导向型。

表 1-105　躲避型量化评价

题号	问题	评分
1	我会小心翼翼地表达自己的观点以防引发争论	
2	我会避免有争议的情形	
3	我在与他人的差异之间寻找折中点	
4	我会通过观察对方的表情来规避不必要的争执	
5	当对方与我意见相对立时，我会收回自己的观点	
6	为避免争论，我对我的观点保持缄默	
7	我不参与具有挑战性话题的讨论	
8	我会尽量避免与对方正面冲突	
9	我试图以缓和的方式讨论比较平和的话题	
10	我保持沉默，而不是与对方争论	
总分		

注：总得分在 50~70 分，说明你在处理冲突时属于解决方案导向型，总得分在 10~49 分，说明你不属于解决方案导向型。

控制型策略倾向于关注获胜的结果或是实现自己树立的目标，而从不考虑对方的需求和愿望。采取这一策略的个体通常需要依靠既有的规则和客观的条例来赢得争论。

解决方案导向型策略更加倾向于关注所争论的问题的实质，而不是参与争论的个体和整体。所找到的解决办法通常情况下是互惠互利的，无论哪一方都不会把自己看作是这场争论的赢家而对方则是这场争论的输家。

躲避型策略更加倾向于以避免不必要的冲突为首要目标，即要么躲避对方，要么干脆给对方台阶。这种策略的关注重点在于如何合理而巧妙地避免对抗而并非关心问题解决的实际结果，可以尝试采用这种策略。

第三步：安排学生思考下列问题：

（1）你发现哪种策略最容易使用？哪种最难使用？你最常用的是哪种策略？

（2）如果对方是你的朋友、家人或者同学，你的答案会有什么不同？

第四步：个人思考结束后，先进行组内讨论，然后各组选出代表进行经验分享。

任务二：

本任务共分为三个步骤：

第一步：根据每个学生的个人实际情况，独立填写"工作中发生冲突的分析研究表"（见表1-106），注意不要急于和他人展开讨论。

表1-106　工作中冲突的分析研究表

工作中经常与你打交道的人	冲突实例（包括分析冲突产生的原因）	处理冲突的方法	冲突的利弊分析（受益/受损情况）

第二步：要求学生每6~8人组成一个小组，针对各自的冲突问题进行进一步的分析，然后交流看法，一起讨论，提出处理冲突的合理化建议。

第三步：各自独立思考以下问题：

（1）今后如果遇到类似的冲突问题，你会处理得更好吗？

（2）你是否真正理解冲突产生的原因？

（3）你应该采取什么样的措施防止这些冲突再次发生？

（4）如果这些冲突再次发生，你将采取什么样的对策？

5. 实验注意事项

（1）各小组在教师的统一安排和小组长的组织下，严格按照实验要求开展实验，不得随意调整小组成员和实验步骤。

（2）各小组在实验开展之前必须进行周到细致的计划和安排，并制订出具体的实验进程计划。

（3）每位小组成员需在实验前对所要应用的专业知识进行认真的温习。

（4）任务一量表测量及个人思考15分钟，小组讨论15分钟，经验分享15分钟。

（5）任务二表格填写10分钟，小组讨论20分钟，小组建议分享15分钟。

（三）实验三：现场演讲训练

1. 实验目的

演讲是在公共场合经常使用的一种效果显著的沟通方式，它虽然可能缺乏面对面沟通的亲切感，却有着不可思议的鼓动和煽动力。演讲能力是需要有针对性的训练才能得以提高的，本实验利用六种演讲的训练方法，提高训练者的表达能力、训练音调控制能力、临场应变能力、控制说话时间能力、运用大纲演讲能力、即兴演讲能力等，从而实现良好的演讲效果。

2. 实验原理

（1）演讲的准备；

（2）演讲的心理准备和上台演讲；

（3）培养演讲才能的方法；

（4）如何克服演讲中的障碍。

3. 主要仪器及耗材

多媒体教室、朗读材料、任务卡。

4. 实验内容与步骤

（1）训练背景。通过一系列的演讲场景的模拟，使训练者体会到各种真实的演讲场景，锻炼演讲过程中需要的各种能力。

（2）训练内容。第一，短文朗读。随机安排一段阅读材料，以此加强语调、语气、音量的训练。第二，模仿演讲。随机安排学生模仿历史上著名人物的演讲，以此加强发音和言辞特点的训练。第三，看图说话。随意选择几张普通的图片，随机加以排列组合，编撰连贯的故事，故事题材不限，限时 2～5 分钟，当众看图说话，每张图片被平均分配到的时间，不能太长或太短，以此加强自我时间感的控制训练。第四，介绍训练。随机任意选择一个人、一个地方、一本书或者一种产品，仔细观察并研究所选择对象的特点，列出大纲，按照先后介绍，无须句句写出，以此加强速写提纲和言之有物的能力。第五，角色扮演。每张任务卡上写明"身份""对象""内容"三项基本要素，例如："促销员向消费者介绍商品""老师向新生致欢迎词""员工年度工作总结"等，上台演讲前五分钟抽卡并做好准备，按照任务卡上规定的身份进行角色扮演，以加强适应不同的演讲环境，训练学生临场的随机应变能力。第六，讲述故事。选择自己亲身经历过、听过或看过的精彩有趣的故事，细致研究演讲情节安排及加深听众印象的重点，运用流利、完整、动人的表达方式，当众演讲，以训练学生通过讲述吸引他人的能力。第七，即兴演讲。提前准备各种类型的演讲题目，题材可以广泛，如用单字的"雪""帘"、双字的如"风景""岁月"，或是成语如"一清二白""舍己为人"，也可以用专门性的、新闻性的，制定"演说四分钟，上台前四分钟准备"的规则，即席练习，以此训练短时间内整理意见、表达个人看法的能力。

（3）训练总结。通过各种形式的演讲训练，分析自身在演讲技能方面存在的问题和不足，重点对存在的问题通过训练加以克服。

5. 实验注意事项

（1）各小组在教师的统一安排和小组长的组织下，严格按照实验要求开展实验，不得随意调整小组成员和实验内容。

（2）各小组在实验开展之前必须进行周到细致的计划和安排，并制订出具体的实验进程计划。

（3）每位小组成员需在实验进行之前对所要应用的专业章节知识进行认真的温习。

（4）建议每个小组 3~4 人，选择 4~5 项单元内容进行训练，训练以集体方式进行，组内成员逐一进行训练，每位成员训练后，同组的其他成员帮助其分析存在和需要改进的问题，每个单元控制在 10~15 分钟内。

（5）教师作为观察者，参加不同小组的单元训练，帮助小组成员分析存在的问题，进行现场指导。最后留下 15 分钟左右的时间进行总结和点评，并布置第三个课时训练的内容，每个小组选派 1 个代表进行 3~5 分钟的备稿演讲。

（6）第三个课时开展备稿演讲的训练，教师对每位参加训练学生的演讲给予简短的点评，并进行成绩的评定。

6. 附录

表 1-107　演讲训练成绩评定表

演讲主题：＿＿＿＿＿＿＿＿＿＿＿＿＿＿＿

演讲者：＿＿＿＿＿＿　演讲时长：＿＿＿＿＿分钟

考核小组成员：＿＿＿＿＿＿＿＿＿＿＿＿＿＿＿

考核指标	优秀	良好	一般	及格	不及格
对演讲内容的熟悉程度					
演讲条理性					
演讲语言组织技巧					
身体语言和口头语言的匹配和自然度					
演讲风度					
整体评价					

注：请直接在表格的评价列中打"√"。

（四）实验四：招聘面试训练

1. 实验目的

招聘面试是组织物色合适人选，并做出招聘决策的一个重要途径，也是管理者的一项很重要的工作职责。优秀的管理人员能够通过灵活的面试技巧，招聘到能力突出、富有合作精神的员工，他们在聆听应聘者的回答时，会特别留意面试人员语言表达中流露出来的言外之意，尤其是关注非语言信息，能够从中听出同样内容丰富的弦外之意。本实验的目的在于帮助学生练习倾听技巧，并在训练判断能力的同时，协助学生发现并测试面试方面存在的问题。

2. 实验原理

（1）招聘面试的基本程序；

（2）招聘面试的原则；

（3）应聘者在招聘面试中应关注的要点；

（4）面谈的主要技巧。

3. 主要仪器及耗材

多媒体教室、任务卡。

4. 实验内容与步骤①

（1）训练背景。

招聘员工是每个管理者都会遇到的问题，招聘员工就类似于相亲，需要看清光鲜亮丽外表背后的真实东西。

（2）训练步骤。

第一步：将学生每6～8人为一组，每组分配一个主题，各组根据分配的主题设定4～6个面试问题作为备选。主题有：日常生活（比如，业余爱好有哪些？当工作与生活冲突时该如何解决?）、人际关系（比如，和哪类同学相处融洽？为什么？哪类同学无法合作？为什么?）、价值态度（你的处事态度是什么？你是否希望人人喜欢你?）、工作任务（你是否会加班工作？你会利用休息时间"充电"吗？如果会，为什么？如果不会，为什么?）等。

第二步：安排给每个小组15～20分钟的时间，让他们群策群力设想面试过程中遇到的问题并记录在任务卡上，从中选出三个最难回答的问题（如最尖锐的或者最具挑战性的）。

① 郑强国，贾静. 人际沟通与交流：第4版［M］. 北京：清华大学出版社，2019.

第三步：挑选六名志愿者，一名饰演面试主持人，五名扮演求职者，五名求职者各分发一张事先准备好的任务卡。

第四步：现在面试官给每位应聘者8分钟时间来回答问题，问题可以是刚在各组任务卡上记录的，也可以是面试官认为很重要但大家并没有提到的。各位求职者轮流回答问题，一直到八分钟的时候停止。

第五步：各组选派代表投票表决招哪位应聘者，记录每个应聘者的投票数量，并排序，注意每组代表只有一次投票机会。

第六步：请面试官选出他想要录取的应聘者，并陈述理由。

（3）小组讨论。

在展现求职者能力方面，哪些问题最有效？在揭露求职者弱点方面，哪些问题最有效？你们小组最喜欢的问题在这个过程中起什么作用？其他小组的问题对于你们组来讲，是否有一些启发？为什么？

5. 实验注意事项

（1）各小组在教师的统一安排和小组长的组织下，严格按照实验要求开展实验，不得随意调整小组成员和实验内容。

（2）各小组在实验开展之前必须进行周到细致的计划和安排，并制订出具体的实验进程计划。

（3）每个小组的主题可以通过抽签决定，以免有些主题选择的组太多，有些主题没有组选择。

（4）第一个课时的主要内容是确定问题。小组根据主题确定问题的时间为20分钟，然后每个组把确定的三个问题交给教师，并推举一位成员陈述为何确定这样的问题，每个问题的作用体现在什么地方，能起到什么效果，能揭示求职者什么样的性格特征。

（5）第二个课时的训练由六名志愿者进行招聘面试的模拟，教师指导面试主持人确定问题，如何提问。等求职扮演者回答问题结束以后，对每位求职者的回答进行点评，最后由各组代表投票确定谁是入选者，并给予适当奖励。

第二章　模拟实训教学

第一节　ERP 沙盘模拟实训

一、课程性质

课程对 ERP 的思想以及企业经营管理的相关理论做了阐述，要求学生必须全程参与课程实践，课程需在专业的 ERP 实验室集中时间统一完成。本实验是涵盖管理类多种学科知识的综合集成化应用，在实际的线下课堂教学中，更多的是结合学生以经营小组的方式得到的经营成果进行综合的数据分析，课程包含的理论知识内容和技能操作方法基本上是体验式教学或沉浸式教学的方式，让学生在实践操作中形成对于企业生产经营管理本质的认识和理解。具体应培养学生具备以下能力：

（1）企业系统运营流程认知能力；

（2）企业资源充分调配、平衡和优化能力；

（3）企业内部职能部门以及各部门职员职责的划分能力；

（4）市场环境分析与市场策略应用能力；

（5）企业经营目标规划能力；

（6）经营战略制定、实施、执行与效果验证能力；

（7）经营案例比较分析与评价能力；

（8）学生经营管理的实践能力；

（9）管理沟通与增强管理者的全局意识的能力。

二、实训目的与要求

模拟一家加工制造企业生产运营的全部过程，通过学生团队之间的通力协作与有效沟通，进行详尽的企业战略规划、合理的财务预算、模拟ERP运营管理等系列活动过程，使学生通过感悟式的学习方式认识加工制造型企业在生产运营中的重要生产经营要素，并在虚拟的竞争环境中获得经营成功的内在要求。实验强调团队协作，在实验中学生能深刻感受到团队沟通以及有效协作的必要性，能初步具备换位思考的基本认识，会对不同职位的主要职能有所体悟。

三、实训内容

ERP沙盘模拟课程包括两个实训，实训一是ERP物理沙盘，实训二是ERP电子沙盘。物理沙盘让受训者收获清晰的感悟，感受到企业运营的流程、艰难、团队协作等；电子沙盘让受训者感受到现代化的ERP软件管理流程、及时信息等为管理决策提供的便捷以及效用。在实验步骤中，将对实验一、实验二分别陈述。

课程的实训中涉及企业生产运营的诸多关键单元环节：如企业经营的战略规划、生产资金的筹集、产品的市场营销工作、新产品的研究开发、组织产品的生产工作、开展物资采购、老旧设备的改造与新产品新设备的投资、生产成本的准确核算等。ERP沙盘模拟课程中的一系列规则模仿企业实际生产经营的内外部环境。沙盘模拟实验由学生自由组成若干个同质化的产品、相互参与竞争的模拟企业，通过六个年度的模拟经营在对企业的模拟生产经营过程中，领悟科学管理的基本规律，提升学生对自身的个人管理能力，增强对企业生产经营管理能力的感受。在ERP模拟企业生产经营的过程中，涉及企业的市场环境分析、市场需求分析、整体经营战略制定、产品营销的策划、产品生产的组织、企业生产财务管理等一系列活动。实验的内容具体包括：

（1）感性认知ERP理念。认知管理信息对称状态下的企业运作；体验并学习利用相关数据测评结果做出合理决策的潜意识和必备技能；体验信息技术时代及数据分析对制定科学决策产生的作用；体验信息技术时代下基本的管理技能与管理理论。

（2）经营模拟典型制造型企业。了解制造型企业的运营管理所涉及的多方面因素，如企业的物流运作、企业的财务管理、人力资源管理、企业的产品生产、物料采购、产品销售和库存产品管理的运行规律及应当遵守的规则，在虚拟竞争环境中的市场竞争、发展战略以及具体运营等问题。

（3）了解企业经营本质。通过对资本、资产、损益等流程的演示及模拟，增强学生对企业资产、负债与权益等的感性认识，强化学生对经营成本与预期收益的深刻认知与理解。使学生更高层次地理解影响企业利润形成至关重要的因素，熟练掌握企业影响成本控制的因素及其对企业预期利润形成的影响因素。

（4）深入理解市场营销相关认知。实验内容要求企业制定市场发展战略，学生需要详细了解市场的未来发展分析、产品的市场定位及客户定位和市场环境的定位等需要考虑的多重因素。具体包括产品的生产、供给、销售三者的内在联系的分析、产品的销售价位与销售毛利的分析、市场的开拓与产品品牌的建设对企业可持续生产经营发展的分析、市场投入产出效益的分析以及产品收益的盈亏平衡点的合理预测等。

（5）清楚了解企业生产经营管理过程中与成本控制相关的关键要素。通过模拟企业的生产全部流程，学生需要模拟进行原材料的采购、产品的生产以及产成品的销售。在 ERP 沙盘模拟运营中，学生可以清晰理解以产品实际销量确定预计产量、以产品产量确定材料采购数量的基本生产经营的管理思想；通过管理企业的产品库存，学生可以充分理解 ROA 与库存的关系、准确理解 JIT 的生产思想；通过合理的成本控制，学生可以理解生产线的改造及建设的目的；通过模拟企业生产计划的管理，可以树立生产计划与采购计划相结合的意识理念及方法等。

（6）掌握预算管理在企业中的实施要点。深刻意识到企业制定财务预算的必要性和重要性；掌握现金流控制策略；理解制订销售计划、市场开发与拓展的必要性以及关键因素；根据市场和销售计划，制订生产计划和采购计划；加深对管理的融资理念等问题的理解。

（7）树立人力资源的管理意识。理解合理配置员工的必要性；认识团队成员的选择与建设的必要性；认识到实验相关职位绩效衡量与评估指标的关键要素；理解企业用"胜任素质模型"进行员工选择的思想。

（8）培养团队意识、协调能力和换位思考的意识。在模拟企业的运营中，始终需要进行高效的团队作业和做出合理的群体决策。这些团队合作工作有助于培养学生的团队协助精神、与他人的沟通能力和组织协调能力等；对学生意识到团队协助的重要性起到了十分重要的作用，强化理解企业生产经营活动的系统性以及人力资源配置理念的重要性。

（9）提升学生的表达和沟通能力。在各企业生产经营分析的环节当中，有助于学生有效提高个人的语言表达能力和说服他人的能力，同时可以培养并提升学生的逻辑思维能力，提高学生的临场反应速度和随机应变能力。

四、实训准备

硬件：ERP 物理沙盘（实验一），计算机（实验二）、实验室网络（实验二）；

软件：ERP 沙盘学习指导书，ERP 沙盘操作系统（包括后台的系列支持，实验二）；

资料：企业经营过程记录表、市场预测图、分组竞单表等。

五、实训步骤

1. 竞争模拟实战

要求在充分进行市场调查的基础上，确定各自企业的经营发展战略和方向，即根据市场预测，确定市场容量；根据预计产品销量，确定产品生产的数量、所需的原材料、加工费等——模拟企业的产品直接成本，同时确定选择生产线；依据市场预测以及销售目标等，确定企业的市场开发战略；基于竞争对手产品发展战略的分析，制定广告策略；综合企业各运营环节所需的资金，编制资金预算，确定企业的筹资状况。

ERP 物理沙盘和电子沙盘竞争模拟实战的原理相同，但要求与课时安排不尽相同，此处将分别对物理沙盘和电子沙盘进行描述，ERP 物理沙盘竞争模拟实战的要求及课时安排如表 2-1 所示，ERP 电子沙盘竞争模拟实战的要求及课时安排如表 2-2 所示。

表 2-1　ERP 物理沙盘竞争模拟实战的要求及课时安排

项目序号	训练项目	知识内容与要求	技能内容与要求	课时
1	组织准备工作	受训者分组 人员职能的确定	了解各岗位职能 熟悉各自岗位 明确企业目标	0.5
2	基本情况概述	了解接手企业的 基本情况	了解企业的财务状况 了解企业经营成果 制定企业经营战略	0.5

续表

项目序号	训练项目	知识内容与要求	技能内容与要求	课时
3	市场规则与运营规则	市场规则 运营规则	企业的物流运作流程与规则 企业的财务管理、现金流控制的规则 企业产品生产、原材料采购、库存管理、销售管理的规则 企业面临的市场环境趋势的分析	1.5
4	初始状态设定	统一设定所有企业初始状态一致	了解本企业初始状态	0.5
5	企业经营竞争模拟	开展六年的经营活动每年经营结束后的业绩评比	战略制定 融资 抢占市场，争取订单 购买原材料、下订单 生产交货 输入竞争业绩	35
6	现场点评	各组 CEO 进行总结 教师点评	总结经验，发现不足	2
合计				40

表 2-2 ERP 电子沙盘竞争模拟实战的要求及课时安排

项目序号	训练项目	知识内容与要求	技能内容与要求	课时
1	电子沙盘的简介	初步了解电子沙盘，掌握电子沙盘的操作步骤与具体方法	软件平台的基本介绍、操作方法与操作流程	0.5
2	首轮经营的第一年	进一步熟悉电子沙盘规则，熟练掌握实物沙盘的操作流程	新年的经营规划、安排年初工作、季度经营规划、年末活动总结、经营活动的记录与总结、年终财务报表编制（引入案例）	1
3	经营第二年和第三年	进一步了解企业运作的流程与经营管理的流程	教师引导、答疑解惑、经营成果点评、总结（可添加游戏）	2.5
4	经营第四年、第五年、第六年	进一步了解企业运作的流程与经营管理的流程	引导、答疑解惑、经营成果点评、总结（可添加游戏）	3.5
5	实训总结	理解企业经营管理的实质，掌握企业经营管理中分析问题，解决实际问题的方法	分析经营成果、点评学生模拟经营中出现的问题、撰写书面实验报告（可添加游戏）	0.5
合计				8

2. 教师和受训者的角色分工

无论在 ERP 物理沙盘还是 ERP 电子沙盘，教师与受训者的实际角色分工并没有转变。在 ERP 沙盘模拟的各个不同的阶段，结合任务书中安排的具体任务，教师与受训者担任着不同的职能角色，如表 2-3 所示。

表 2-3　课程的不同阶段教师与受训者的角色安排

课程阶段	具体任务	教师角色	学生角色
组织准备工作		引导者	认领角色
基本情况描述		企业旧任管理层	新任管理层
企业运营规则		企业旧任管理层	新任管理层
初始状态设定		引导者	新任管理层
企业经营竞争模拟	战略制定	商务、媒体信息发布	角色扮演
	融资	股东、银行家、高利贷者	角色扮演
	订单争取、交货	客户	角色扮演
	购买原料、下订单	供应商	角色扮演
	流程监督	审计	角色扮演
	规则确认	咨询顾问	角色扮演
现场案例解析		评论家、分析家	角色扮演

六、实训方法

（一）实训一：ERP 物理沙盘实验

ERP 模拟沙盘实训采取情景模拟的方法进行。由学生亲临职场，担任某一个具体的管理层职位的角色，亲身体验一个加工制造型企业完整的生产经营的全部过程，用系统道具协同小组成员共同操作经营企业的资金流、物流、信息流等，感悟企业实际运作中各个职能部门之间的相互配合，亲自体验团队集体的力量和自己贡献的作用，通过实验的经营成果评价，认识自己以及所在团队在生产经营实际操作中存在的不足，使广大学生具备实际动手操作、发现问题、分析问题和解决问题的能力。ERP 模拟沙盘的设计思想是：通过企业的总经理、财务总监、采购总监、运营总监和营销总监等角色的分配，通过模具化的推演，运用合理的分析工具对企业生产经营的业绩进行分析评价。

第一步，根据 ERP 模拟沙盘的经营目标设定相应的企业管理层职位角色，建立模拟的加工制造型企业，熟悉模拟市场的运营规律和运营守则，设定模拟企业的初始经营状态，形成模拟企业的实际操作的起点。

第二步，按照模拟加工制造型企业的运营守则进行系统的模具推演，形成企业生产经营的实战练习。此处按照企业生产经营的相关生产要素、财务资金状况（现金以及贷款等）、产品生产、产成品的市场销售和企业所处的市场内外部环境，进行 ERP 沙盘模拟仿真实验，形成企业的资金流、物流和信息流的实际操作练习。

第三步，通过运用合理的分析工具提升学生学习的兴趣并树立实际操作与理论知识之间的联系意识与理念。运用合理的分析工具对模拟企业的生产经营业绩进行客观合理的分析，培养学生在实际操作中的综合知识应用能力以及与技能操作有机结合的能力，并熟悉 ERP 沙盘模拟经营系统的流程与具体操作方法。具体操作如下：

1. 模拟企业简介

在学生模拟实战前，教师首先需要对模拟企业的基本情况做介绍。告知学生即将接手的企业概况，企业所属行业及企业的内外部环境，个人将在企业中担任的职位（角色）、应承担的责任等。

模拟的企业是一个典型的加工制造型企业，企业已经成立三年，三年以来专注于该行业 P 系列产品的生产开发与经营销售。当前企业拥有自主厂房（大厂房），目前厂房中配备有一条半自动化生产线和三条手工化生产线，四条生产线运行状态均为良好。当前该企业一直将全部精力关注于 P1 产品的生产，当前四条生产线全线投入生产工作；该企业只在本地市场内进行 P1 产品的销售，具有很高的知名度，客户满意程度也很高。

（1）企业的财务状况。企业的财务状况是指企业的资产、负债、所有者权益的构成情况及其相互之间的联系。企业的财务状况是由企业对外提供的主要财务报告——资产负债表表述。从资产负债表可以得到的信息有：企业的经济资源及相关的分布情况；企业的资本结构；资产负债的分析评价、预测企业的短期偿债能力和长期偿债能力；合理地评估企业的经营成果和资产负债情况。在 ERP 沙盘模拟中，将所涉及企业的业务对资产负债表中提及的会计科目进行了合理的简化，如表 2-4 所示。

表 2-4　简易资产负债表

资产负债表 填报单位：百万元			
资产	期末数	负债和所有者权益	期末数
流动资产：		负债：	
现金	20	长期负债	40
应收款	15	短期负债	
在制品	8	应付账款	
成品	6	应交税金	1
原料	3	一年内到期的长期负债	
流动资产合计	52	负债合计	41
固定资产：		所有者权益：	
土地和建筑	40	股东资本	50
机器与设备	13	利润留存	11
在建工程		年度净利	3
固定资产合计	53	所有者权益合计	64
资产总计	105	负债和所有者权益合计	105

（2）企业的经营成果。企业在一定会计期间的经营成果表现为企业在该生产经营过程中获得的利润，这是企业经济效益和经营成果的体现，由利润表（又称损益表或收益表）进行详细表述。利润表反映收入与费用相抵消后确定的企业经营成果的会计报表。利润表中包含的会计科目主要分为收入类和费用类两大类别。

在本 ERP 沙盘模拟中，根据企业生产经营中所涉及的业务对利润表中包括的会计科目进行适当的简化，如表 2-5 所示。

表 2-5　利润表

利润表 填报单位：百万元		
项目	本期数	对应利润表的项目
销售收入	36	主营业务收入
直接成本	14	主营业务成本

续表

利润表 填报单位：百万元		
毛利	22	主营业务利润
综合费用	9	营业费用、管理费用
折旧前利润	13	
折旧	5	利润表中的管理费用、营业费用及主营业务成本已含折旧，这里折旧单独列示
支付利息前利润	8	营业利润
财务收入／支出	4	财务费用
其他收入／支出		营业外收入／支出
税前利润	4	利润总额
所得税	1	所得税
净利润	3	净利润

（3）股东期望。根据表2-5利润表中的数据可知，企业在第三年经营的净利润300万元，相关生产设施老旧；主要产品种类单一，缺乏足够数量的销售市场；管理层保守的经营思维导致整个企业缺乏足够的动力和市场竞争力，企业目前整体处于毫无生气、萎靡不振的状态。基于此，公司高级管理层及全体股东一致决定将企业的发展权托付给年轻人，期望年轻的管理人员可以准确把握市场机遇、进行产品的研究开发，迭代更替，从实质上全面改变企业当前停滞不前的状态。

2. 新管理层接手企业

模拟企业的经营管理涉及企业经营战略的制定与执行、市场营销、生产管理、原材料采购、财务管理内容。在企业实际操作中，各个业务部门各司其职，在各部门的通力协作下，达到企业生产经营与发展的预期目标。

（1）企业的组织结构。企业设立之初，就会形成与企业的经营模式、规模等因素相关的组织架构。在ERP沙盘模拟中，精简了企业相关的组织架构，各实际的职能工作仅由对应的主要角色担任。

岗位职责如下：

第一，首席执行官（CEO）。带领团队成员制定企业发展重大决策，若团队成员意见不统一，则由CEO作出决策。

第二，营销总监。营销总监的主要职责是开拓产品的销售市场以及实现产品的销售。

开拓产品的销售市场：模拟企业为民营加工制造企业，民营企业多数在企业所在地经营，已经在本地市场站稳脚跟。企业一方面要稳定现有市场，另一方面要积极拓展新的销售市场、销售渠道，争取更为广阔的生存空间，才可以保证企业在产品销售业绩上实现质的飞跃（营销总监肩负着进行前期市场调研的责任）。

销售管理：产品销售和收回销售款是企业经营业务的主要内容。为此，营销总监应结合市场预期分析及客户需求制订详细合理的销售计划，选择市场以及制定市场广告投放策略，根据现有产能取得目标客户的订单，协调生产部门按订单的要求交付产品，保证销售款的收回，同时加强和客户之间的关系管理。

商业间谍：营销总监同时能担任商业间谍的角色。例如：对手开拓什么市场？不打算做哪些市场？销售上取得的业绩如何？有哪些生产线？产能如何？研发了什么产品？最近在市场和产品上可能会怎样发展？

第三，生产总监。生产总监是企业生产部门的核心人物。生产总监制订生产计划，是生产管理相关任务的最高的直接决策人员。

生产管理的主要内容包括：负责公司安全生产、库存管理及生产现场监督管理等工作，保证生产计划按订单要求及时完成，降低产品生产流程中的成本，维护内部协作关系；合理调配生产流水线、生产人员及对应的产能安排，保证良好的生产状态。组织新产品的研究开发工作，改良现有生产设备，降低产品生产过程中不必要的生产成本。

第四，采购总监。采购总监负责制订及完成采购计划，应时常对原材料供应渠道及外部市场的实际需求变化进行合理分析，保障原材料采购的成本、质量等，保证在合适的时间采购符合企业实际生产需要的原材料（成本和质量）。

第五，财务总监。企业日常生产经营过程中，企业的财务管理与会计的职能是彼此互通却又相互分离的，各自拥有对应的工作目标和相关内容。企业的会计人员主要负责每日的现金收付工作，定期评价企业的实际生产经营状况，确定经营成果。企业财务人员参与资金的募集、管理等工作；做好企业生产经营过程中每一个环节的预算管理，合理支配企业资金。在 ERP 沙盘模拟中，财务人员和会计人员的工作全部归属于财务总监的职责范围，财务总监需要参与并监督上述财务人员和会计人员的工作，同时报送企业的财务报表并做好财务的相关数据分析。在 ERP 沙盘模拟中，可以根据小组的实际人数将财务和会计分别设置相关人员。

成功组建企业的经营管理团队后，经营管理团队领导公司进行企业发展并进行销售市场开拓，应付同行业内部残酷的竞争。企业的运营成果及最终走向完全取决于企业经营管理团队的业务水平、协助等相关因素。

提示：

·学生分组后，每组一般为 5~6 人进行每个角色的职能定位，明确企业组织内各角色的岗位责任。若教学班人数较多，可在既定角色外，增设财务助理、营销助理等角色，也可增加商业间谍等角色。

·对于有 ERP 沙盘模拟游戏经验的学生来说，在 ERP 沙盘模拟的各个阶段，可以考虑增加互换角色的环节，让学生亲身感受各个职位的工作流程和工作方式，这样能使学生较为深刻地感受到换位思考。值得注意的是诚信和亲力亲为。诚信是所有企业的立足之本。在整个企业模拟运营过程中，决策错误带来的后果可以暴露出决策时发生的问题和错误，有利于发现问题，并思考和寻找解决问题的思路和方法。在模拟运营中，犯的错误越多，发现的问题就越多，收获也可能越大。

·敢于分享，乐于分享。在课程的相应环节，要设定学生的分享环节。分享环节有利于将课程中发现的问题转变成普遍认知的问题，并提供所有参加课程学生的思考。

（2）企业战略。企业战略是指在充分分析内外部环境的基础上，企业对其主要目标、预期发展方向、经营规划、生产经营策略等做出谋划。

企业的经营战略一般包括：①对外部的整体环境与内部的自身条件的合理分析。企业在准备制定对应的预期发展战略时，首先需要对外部环境和内部条件进行分析，并制定相应的战略。SWOT（Strengths、Weaknesses、Opportunities 和 Threats）分析法是常被用来做内外部环境分析的方法。该方法把本企业和竞争对手的优势、劣势、机会和挑战进行比较分析，作为决定某项决策的重要依据。②战略目标是确定企业在较长时间内完成的目标是什么。该目标要具有在一定时限内完成、可计量、总领性和可行性的特点。③经营方向指明现在和未来的一定经营期间内企业预期进入或希望退出或预期支持或预期限制的某些领域。④经营策略明确了企业将会采用什么资源开展业务以达成战略目标。经营策略对企业管理层的工作步骤、工作方法及决策方式等作出具体明确的规定，如企业的发展规划与方向、现有资源的部署、企业的主要相关管理职能（营销、人力资源、生产、财务）。⑤企业战略的实施步骤要遵循分阶段的特点，需要设定各阶段目标。

战略目标的分阶段实施，有助于企业对实施效果进行审视和评价，以适时调整战略方案，促使战略目标有效达成。

企业发展面临的战略有多个方面：

企业规模及企业发展目标的设定。想成为什么样的企业？如企业规模、产品发展、市场开拓、市场地位等。在发展目标的设定中要明确为什么选择这样的发展战略？

倾向于什么产品？什么市场？是集中确定重点市场抑或多市场投放吗？

生产设施如何拓展？面临产能、安装周期、转产的灵活性以及企业的财务状况等约束条件选择生产设施是一个始终困扰企业生产发展的难题。

如何融资？企业融资方式多样：发行股票、发行债券、银行存款、应收账款贴现等。实验中每个企业要在有限的融资方式中选择恰当的策略也是不易的。

在企业的发展中，企业战略还需适时调整。企业战略不是一成不变的，应时刻根据企业外部竞争和发展环境及内部决策环境以及同行业对手的发展，不断进行动态的分析评估，结合企业的优势和劣势，对既定战略进行适时调整。

3. 企业经营竞争模拟

经营竞争模拟是 ERP 沙盘模拟的主要环节，按照时间设定，企业按照经营年度进行运营。年度开始，由系统发放本年度的市场预测资料，发放各个市场的产品需求量、产品单价及产品的预期发展走向。每个企业需对已发布信息进行研判，讨论并对企业战略和业务策略作出决策。在 CEO 的带领下，按照简化的企业流程运营企业。

4. 现场解析

现场解析是本课程必不可少的重要内容。在每个企业年复一年的经营中，企业团队都需要对企业的经营现状及结果进行分析，深刻反思。分析其成功与失败或是得意与失意之处？对竞争对手作相应分析？审视企业经营战略是否需要调整？教师结合当前经营年的特点，对大部分学生产生的问题进行现场解读，并对相关的案例进行共同探讨，拉近理论与实践的距离。

（二）实训二：ERP 电子沙盘实验

ERP 电子沙盘（以下实验过程以新道新商战电子沙盘为例）的主要原理、注意事项与 ERP 物理沙盘一致，从教学规律来讲，ERP 电子沙盘实验是延续 ERP 物理沙盘实验的后续实验。在此，物理沙盘中讲述的原理等不再赘述，此处主要阐述学生端的 ERP 沙盘操作流程。

对于教师而言，在教师端登录后先要确定本教学班的班级人数、团队数量、制定团队编号的规则；再选择教学规则、教学订单，并进行初始化。教师的操作主要包括：①选单管理：组织学生选择订单，学生在广告投入完成后开始选单：各团队按照广告金额的大小确定选单次序，依次选单，每次只可选择一张订单。所有具有选单资格的企业完成一轮订单选择后，有两次选单机会的企业才可以参与下一轮的订单挑选。依次类推，直到所有的产品订单被选取或所有的企业完成产品订单选取。②竞单管理：是对竞单的年份及数量进行管理。③组间交易：需要教师对各个企业的交易进行公平详细的数据记录，并亲自复核交易的完成情况。④排行榜单：可选择年度运行结果进行排序，并公布结果。⑤公共信息：可以查询所有训练队伍的报表并公布。⑥订单详情：可查询所有企业每年获取的订单情况。⑦系统参数：可查询系统设置的教学规则及相应参数。⑧教学班备份：教师可以对本教学班的数据进行随时备份。⑨查询每个企业的经营数据：教师可选择用户信息并查询各企业各项经营信息，包括各企业运行时间、公司资料、库存采购、研发认证、财务、厂房以及生产信息等内容。

学生端是受训者的操作板块，包含操作流程中的30余个操作功能。主要操作功能如下：

1. 年初操作

（1）投放广告。点击系统中"投放广告"按钮。此处需要遵守以下规则及注意事项：企业没有市场准入资格的不能进行广告投放（即使投放了广告，系统也会默认其投放金额为0）；ISO是企业的认证，针对市场，不针对产品，故无须专门进行广告投放；广告窗口中，市场的名称显示为红色，则表示相关产品的研究开发尚未完成，不能进行广告投放；即使产品的资格尚未全部开发完成，也可以进行广告的投放工作；当所有市场的产品投放广告的工作完成后，要点击"确认支付"的按钮，"确认支付"一经确定则不能再返回更改；确认投放广告后，长期贷款（以下简称长贷）的本息及税金均被自动扣除（其中，长贷利息是所有长贷之和与利率乘积的四舍五入结果）。

（2）申请长期贷款。此处需要遵守以下规则及注意事项：订货会完全结束后才可以进行贷款操作，一个年度只可以进行一次贷款活动，在一次贷款活动中可以申请不同年份的多笔贷款；此操作必须发生在"当季开始"之前，并且不得超出模拟企业的最大信用贷款额度，则"已贷+欲贷"不能超出上一年度权益规定的倍数（默认倍数为三倍）；贷款的时间年限可以自由选择，但不得超出模拟企业的最大长期贷款的年限，确认后不得进行修改；贷款额度是大于或等于10的整数；利息为所有长期贷款数额之和乘以利率，再进行四舍五入。

2. 四季操作

（1）四季任务的启动与结束的具体操作。每季经营开始和结束时均需确认——当季开始、当季（年）结束（第四季显示为当年结束）。此处需注意：操作权限的按钮亮光时拥有该操作权限；如果经营管理不善导致破产，将会自动退出系统，此时需联系裁判；现金短缺可启用企业紧急融资选项（即出售产成品进行贴现或者出售固定资产进行贴现）；原材料的更新和应收账款的更新为每一季必须执行的流程，且这两个步骤操作后，之前的操作权限会关闭，并启用后面的操作权限；在对经营难度无实质性重大影响的前提下，操作顺序无严格的要求，但建议按流程操作。

（2）当季开始。产品订单选取结束后或长期贷款取得后就可以开始当季的模拟企业经营。此处需要遵守以下规则及注意事项：开始新一季经营必须当季开始；系统将会自动扣除短期贷款（以下简称短贷）本息；系统会自动完成以下操作：更新在产品的状况、产成品完工形成库存、生产线的建设状况、完工状况及转产完工状况等。

（3）当季结束。当季确定经营完成后，点击"当季结束"即结束当季任务。此处需要遵守以下规则及注意事项：系统自动扣管理费及续租租金并且检测产品开发完成情况；当厂房购置数量为0、1、2、3、4时，每季总管理费＝基本管理费（参数）。

（4）申请短贷。点击系统中"申请短贷"按钮。此处需要遵守以下规则及注意事项：每季只能操作一次；申请贷款额度是不小于10的整数；不可超出企业的最大信用贷款额度，即"已贷+欲贷"不能超过上年企业所有者权益规定的倍数（默认倍数为三倍）。

（5）更新原料库。点击系统中"更新原料库"按钮。此处需要遵守以下规则及注意事项：系统将自动提示需要支付的现金（不可更改）；点击"确认支付"即可，即使当前可使用现金金额为零也必须执行；系统将根据计算总额自动扣减对应数额的现金；确认后，从"下原料订单"到"更新应收款"之间的操作权限才会开启，之前的操作权限就会自动关闭；每个生产季只能操作一次。

（6）订购原料。点击系统中"订购原料"按钮。此处需要遵守以下规则及注意事项：输入需要的原材料数量，点击"确认订购"按钮；原材料订购确认后不可退订；可选择本季不购入原材料；相关操作每个生产季只能操作一次。

（7）购租厂房。点击系统中"购（租）厂房"按钮。此处需要遵守以下规则及注意事项：厂房可买可租；每家企业使用的厂房数量是参数，可以为1、2、3或者4；假设可以使用4个厂房，则可以任意组合，如租三买一或租一买三，且类型不限；生产线一经安装，不可在不同厂房中移动。

（8）新建生产线。点击"新建生产线"按钮。此处需要遵守以下规则及注意事项：需选择厂房的类型、生产线类型、生产产品类型；每个生产季可重复多次操作。

（9）在建生产线。点击"在建生产线"按钮。此处需要遵守以下规则及注意事项：系统会自动列出未完成相关资金投入的在建生产线；重新选择继续投资的生产线；也可以不进行生产线投资，上述的所有操作每个生产季只可进行一次操作。

（10）生产线转产、继续转产。点击"生产线转产"按钮。此处需要遵守以下规则及注意事项：在生产线上直接点击要转产的生产线（已建成且空置的生产线）；单击选择目标生产线，且选择将要进行转产生产步骤的产品；手工线和柔性线要进行转产操作，也点击"转产"按钮，但这两种生产线不会发生停产状况，也不产生转产费用；可多次操作；若转产周期不止一期，就需要持续转产。

（11）出售生产线。点击系统中"出售生产线"按钮。此处需要遵守以下规则及注意事项：在生产线上直接点击要变卖的生产线（只能出售已达到可使用状态且无产品生产的生产线，并且正在执行转产操作的生产线也不可进行出售）；变卖后的现金收入将从出售的净值中收回，金额同残值。将高于残值的净值部分作为当年费用的损益科目。

（12）开始生产。点击"开始生产"按钮。此处需要遵守以下规则及注意事项：更新生产/完工入库后，在制品已完工的生产线、刚建成的生产线，均进行新产品的生产操作；系统自动检测生产所需原材料、生产的资格以及生产加工费用；点击生产按钮即开始加工生产；系统会根据产品对于原材料的需要自动扣除原材料数量和对应的生产加工费用。

（13）应收账款的更新。点击"应收账款更新"按钮。此处需要遵守以下规则及注意事项：点击"自动完成更新"；此步执行后，之前的各项操作权限将关闭，并开启以后的任务即按订单约定交付产品、开发研究新产品、厂房生产线的后续处理等操作权限。

（14）按订单交货。点击"交货订单"按钮。此处需要遵守以下规则及注意事项：系统将自动列出当年尚未完成交货且尚在交货期的订单；系统自动检测产成品的库存数量是否足以支持订单约定的数量，约定的交货期限是否已逾期；点击"确认交货"按钮，系统将自动处理货款至应收账款或企业现金。

注意：

订单四要素：①数量。交货需企业一次性按订单数量完成，不得超出订单约定数量或未达到订单约定数量，也不可只交付部分产成品存货。②总价。交货后企业则会获得相应的应收款或现金，计入利润表的销售收入。③交货期。必须当年交货，不得拖到第二年，可以提前交货，不可推后，如规定 3 季交货，可以第 1、2、3 任意季交货，不可第 4 季交货，违约则订单收回。④账期。账期是企业的销售收入在实际交货后的一定期限内的现金回账。

（15）产品研发。点击系统中"产品研发"按钮。此处需要遵守以下规则及注意事项：复选操作，可同时操作打算开发的所有产品，每季只可操作一次；点击"确认开始研究开发"的按钮确认并退出对话窗口，退出对话窗口后，本生产经营季度不可再次更改；生产季（年）结束后，系统将自动进行检测是否完成新产品的研究开发。

（16）厂房处理。点击"厂房处理"按钮。此处需要遵守以下规则及注意事项：本操作适用于已经在用的厂房，若要新置厂房，请操作"购租厂房"；若是已有厂房且无生产线，则可出售，则会记录收入为 4Q 的应收款，并删除厂房；若为拥有厂房且配备生产线，则出售后增加 4Q 的应收账款，厂房将自动转为租用模式，系统自动扣除当年的房租，记录租赁时间；若租赁的厂房已满一年（指付租金满一年，如上年第 2 季起租，到下年第 2 季视为满年）：可以再次进行回购，同时扣除购买厂房的现金；若无生产线，可退租并同时删除厂房；若租入的厂房距离上次交租金满一年，但执行"退租"操作，则视为进行厂房续租的操作，并于当季结束时自动扣除一年的厂房租金。

（17）市场开拓。点击"市场开拓"按钮。此处需要遵守以下规则及注意事项：复选下一个生产季将要进行开发的市场，点击"确认开发"按钮；每年仅第 4 个生产季可进行一次操作；第 4 个生产季结束（即本年经营结束）时，系统将自动检测是否完成市场的开拓工作。

（18）ISO 投资。点击系统中"ISO 投资"按钮。此处需要遵守以下规则及注意事项：复选将要进行投资的企业生产资格，点击"确认开发"按钮；每年仅第 4 个生产季可进行一次操作；第 4 个生产季结束时，系统将自动检测 ISO 的生产资格认证是否完成。

（19）当年结束。第4季经营结束，当需要结束当年的任务时，点击"当年结束"按钮，则确认一年的经营完成。此处需要遵守以下规则及注意事项：系统会自动完成以下任务：支付第4季管理费；如果有租期满一年厂房，续付租金；检测产品开发完成情况；检测市场开拓及ISO开拓完成情况；支付设备维修费；计提折旧；违约扣款；系统会自动生成综合费用表、利润表和资产负债表三大报表；需要在客户端填写综合费用表、利润表和资产负债表，系统自动检测正确与否，不正确会提示，可以不填写报表，不影响后续经营。

（20）厂房贴现。点击系统中"厂房贴现"按钮。此处需要遵守以下规则及注意事项：任意时间可操作；如果无生产线，厂房原值售出后，售价按照连续4期的应收账款全部进行贴现操作；如果当前厂房配备有生产线，所得的现金是按厂房的售价贴现后再扣除厂房租金的金额；系统将自动执行全部厂房贴现的相关操作。

（21）紧急采购。点击"紧急采购"按钮。此处需要遵守以下规则及注意事项：可在任意时间操作（竞单时不允许进行此项操作）；单击选择将要紧急采购的原材料或所需产品，填写对应的购买数量后点击订购按钮；原材料及所需产品的实时价格将在右侧说明栏中列举——系统自动默认紧急采购的原材料是直接成本的两倍（可修改），所需产品是直接成本的三倍（可修改）；直接扣款并立即到货；紧急采购的原材料和所需产品的成本按照对应的直接成本进行计算，高于对应直接成本的部分，将被列入综合费用表中的损益科目。

（22）出售库存。点击"出售库存"按钮。此处需要遵守以下规则及注意事项：在任意时间均可操作；填入将要售出的原料或产品的数量后，点击出售即可，库存出售完成；原材料、产成品将按系统已设定的折扣率回收现金——默认原材料八折折扣，成品为直接成本；售出库存的损失计入费用的损益科目；收入的现金为原有出售的原料或成品的总和与折扣乘积，然后四舍五入。

（23）贴现。点击系统中"贴现"按钮。此处需要遵守以下规则及注意事项：第1季、第2季与第3季、第4季分开进行贴现操作；1、2（3、4）季应收账款可以合并进行贴现；在任意时间均可执行上述操作，不限制操作的次数；贴现的金额不能超出应收账款的金额；贴现费用为实际贴现金额与相应贴现率的乘积（只可向上取整），贴现费用计入当期财务费用中，其他部分则计入现金科目或银行存款科目。

（24）商业间谍。点击系统中"商业间谍"按钮。此处需要遵守以下规则及注意事项：除进行竞单操作时，其他时间均可执行该项操作；可对电子 ERP 沙盘中任意一家企业的详细信息进行查询，每次花费 1W（可变参数），包括企业资质、厂房数量和类型、生产线类型和数量、现有订单等与经营相关的活动因素（不包括财务报表）；查看的信息以 Excel 表格形式反馈。

（25）订单信息。点击系统中"订单信息"按钮。此处需要遵守以下规则及注意事项：任意时间可操作；可查所有订单信息及状态。

（26）查看市场预测。点击系统中"市场预测"按钮。市场预测可以在任意时间查看但只包括选单。

七、考核办法

整体实验结束后，受训者需要提交：

（1）以团队/企业为单位的经营过程模拟记录。团队/企业总结是以团队/企业为单位总结各自的经营成果，通过与竞争对手的深入对比分析，对本企业在经营过程中的成功、失败、收获进行思考，提出提升意见。以实验报告的形式提交。

（2）个人总结。要求每位学生撰写实训总结报告，统一在模拟训练后一周内提交，对自己亲力亲为的感受和体会进行总结，并对理论与实践进行思考，提出尚存的疑惑。

考核的主要依据如表 2-6 所示。

表 2-6　ERP 沙盘模拟实训考核表

主要考核指标	权重	考核标准				
		优秀（90 分以上）	良好（80~89 分）	中等（70~79 分）	及格（60~69 分）	不及格（0~59 分）
团队精神	20	凝聚力特别强，处处体现团队精神	凝聚力强，能较好地体现团队精神	凝聚力一般，团队精神体现不够	凝聚力不够，团队精神体现不明显	成员较为懒散，很少体现团队精神
经营业绩	40	连续经营三年，经营业绩列第一位	连续经营三年，经营业绩列第二、第三位	连续经营三年，经营业绩列第四、第五位	连续经营三年，经营业绩列第六位	不能完成三年经营
实验报告	20	收获体会真实，经验教训有重要意义	收获体会较真实，经验教训比较有意义	收获不够真实，经验教训有意义	收获体会不够真实，经验教训意义不大	收获体会不真实，经验教训没有意义

续表

主要考核指标	权重	考核标准				
		优秀 （90分以上）	良好 （80~89分）	中等 （70~79分）	及格 （60~69分）	不及格 （0~59分）
个人心得	10	个人感悟深刻	个人感悟较深刻	对专业知识或团队合作认识不够	对专业知识及团队合作认识不够	个人感悟敷衍了事
出勤率	10	平均达到95%以上	平均达到85%~95%	平均达到75%~85%	平均达到70%~75%	平均70%以下

注：实验一、实验二的经营业绩指标考核方法一致；具体可根据需要单独选做某一实验或两个实验都做。若两个实验都做，则实验一、实验二各占权重50%。

八、思考与练习

每年经营结束，需要反思和系统地整体分析，分析实际经营的结果与预期计划的偏差及形成偏差的相关原因。认真聆听指导教师的点评，总结自己和团队在模拟经营中的收获，完善个人的知识理论体系架构，为后期的理论知识学习奠定坚实的基础。

（1）如何增加企业的利润？

（2）如何合理安排采购和生产？

（3）如何才能拿到大的市场份额？

（4）如何理解"预则立，不预则废"的管理思想？

（5）如何更有效地监控各个岗位的绩效？

第二节　TOP-BOSS 模拟经营实训

一、实训目的与要求

管理教学在于培养学员具备担当重要企业管理职位的能力。BOSS 软件能培养学员发觉复杂现象中的各项潜在问题；有系统的分析问题结构，并进行必要的推理与归纳；能做出正确的判断，并提出一套完整的解决方案；能将自己的观点系统地陈述，并与他人沟通：能聆听他人的意见，并加以判断等。BOSS 在具体的企业经营中还能使学生达到以下学习目标：

会制定企业发展目标规划，拟订执行计划（实现目标的方法与途径）；制作简单的分析杜邦图；训练学生全面分析生产经营过程中出现的问题、思维方式及创新能力；让学生将学过、接触过的企业管理、市场营销、战略管理、生产运营、财务管理等专业课程知识有机地结合起来，应用于实践操作当中，并通过该模拟训练检验其学习成果。

二、实训内容

TOP-BOSS 是一个在计算机上模拟企业经营的系统，BOSS 软件要求由 6~7 名学员组成一个假设企业的管理决策层，在老师设定的仿真宏观经济背景、不同市场环境和产业环境下与其他同行企业（最多 10 家企业）激烈竞争，以追求企业的最大利润为其持续努力的目标。他们分别担任企业的总经理、规划经理、营销经理、生产经理、采购经理和财务经理等职务，从事各自的经营与决策活动。系统可以同时注册申请多家企业，仔细分析来自企业内外、所有可能的定量数据资料和定性环境资料与各种各样的信息，从而做出判断，经过讨论，获得代表公司现阶段经营方向的决策值，将各公司的决策方案投入产业环境，最后由教师根据标准判定企业经营的绩效并决定胜负。一般而言在竞赛过程中是以利润（净变现值）作为最主要的决定因素，同时各部门经营、管理绩效、各财务比率也是评估依据。

具体实训内容如表 2-7 所示。

表 2-7   TOP-BOSS 模拟经营实训内容

序号	实验项目	课时	实验内容
实训一	预备课		课程介绍，学生分组 规则了解，教师设定竞争环境并解释 试做第一期 简单分析第一期结果 试做第二期并简单评估各部门绩效状况
实训二	企业经营与环境影响	3	确定行业及产品，组建企业 教师设定企业经营的外部竞争环境并讲解 阅读本企业经营业绩和内部环境信息 了解竞争对手信息

续表

序号	实验项目	课时	实验内容
实训三	企业经营与战略目标规划实战模拟		写出企业经营计划目标书 通过角色互换做五期决策 写出当期分析与小结
实训四	第一次全班企业经营案例分析会（经营绩效）	2	企业经营利润高、中、低三类企业总经理发言 其他经营业绩突出的部门经理发言 老师进行合理的点评，从各个不同的知识点给以上三类企业做点评、分析
实训五	企业营销实战模拟		通过角色互换，每人做五期营销决策 每人写营销当期分析报告
实训六	第二次全班企业营销案例分析会（营销战略与策略）	2	老师选三位营销部门经理分别发言 老师点评 每位学员写一份营销总结报告
实训七	其他部门实战模拟		生产部、采购部以及财务部的实战模拟包含在以上两个部门的12期模拟中，每个人在角色轮换中，都能感受到各部门、各种岗位的职能与作用
实训八	第三次全班企业经营案例分析研讨会（资金平衡、产供销协调）	1	资金平衡研讨 产、供、销协调 老师点评
实训九	总结报告		最后2期实战模拟（60分钟） 各人结合本次企业经营实战模拟课程的演练，写出企业经营案例分析综合报告（60分钟） 老师总结（15分钟）

三、参考课时

30 课时。

四、实训材料

硬件：计算机；

软件：BOSS 软件；

资料：BOSS 软件使用概要及 BOSS 规则。

五、实训方法

包括上机演练实验室（网络）教学、面授讲学与案例分析、研讨会等。

六、实训步骤

（一）登录操作

1. 服务器端的操作

a. 点击程序—TOP-BOSS2005 进入 。

b. 单击打开竞赛管理员服务程式和企业竞赛服务程式 。

c. 修改教师端用户名和密码，单击打开 TOP-BOSS2005 系统设定即可修改。

2. 学生端的操作

a. 打开页面，点击"申请公司"按钮，多家以上，提交等待批准。

b. 学生端，审批后点击"查询公司审查进度"按钮，填写拟申请公司的名称及密码，点击查询，显示拟申请公司的资料及公司统一编号等，牢记公司名称、密码和统一编号，进入模拟系统时需要相关信息。

c. 回到初始的登录界面，输入公司的统一编号、密码进入总经理主页面，了解初期企业状况，各项说明情况。

d. 在总经理页面，点击"公司设定"按钮可任意设置各参赛成员角色名称及密码。变更后点击"储存设定"按钮即可设定成功。

e. 在"竞赛首页"点击经营决策，此项目共包含"如何制定决策""了解竞赛背景""了解产品形象""检讨前期决策"和"进行本期决策"五个子菜单。前四项可了解决策的制定及竞赛的背景资料。"进行本期决策"是由各部门经理共同做出的 18 项决策。在输入决策时，按"暂存决策"按钮暂存已经做出的决策，从而可以转到其他页面查看信息；当所有决策值都已填写好后，选择"下一步"，按确定键送出决策值，等待主持人宣布竞赛结果。

f. 在 BOSS 使用模式下，如竞赛主持人开启情报交易功能，则参加竞赛的公司可以点击"情报交易"购买产业情报，参加竞赛的公司在选择情报的种类后确认加入购买项目，再输入购买的金额即购买情报交易成功。

3. 老师端的操作

a. 在服务器端程序打开的前提下（见服务器端操作），老师打开浏览器，输入 http：//（服务器的 IP 地址）：1314 进入竞赛管理员端，填写用户名、密码，进入管理员首页。

b. 进入公司管理首页后点击"报名登录审核"可以对各申请参赛的公司进行资格审查并批准，如该参赛公司资格符合要求，主持人可按"审核通过"，即该公司获得成立，反之，如该公司资格不符合要求，则竞赛主持人可按驳回申请。

c. 竞赛主持人也可点选"新增"，自行新增参赛公司资料，新增完成后，仍由该主持人审核，才能加入竞赛。

d. 竞赛主持人可按"修改"进入审核通过名单页面，对欲修改公司资料的名单进行修改。

e. 主持人审核公司后选择"产生竞赛"，给该竞赛命名以及填写本次竞赛所要作出的说明，再选择 BOSS 经营的四种模式（即 BOSS1~BOSS4）。

f. 竞赛名称和模式确定后，老师就可开始设定总体经济环境下的三个指数：经济成长指数、季节指数以及通货膨胀指数。其中经济成长指数有 15 种模式，季节指数有 1 种模式，通货膨胀指数有大、中、小和负四种模式供其选择。

g. 老师可以选择投资抵减、折旧方式、税率水准、市场占有率延迟效果和贷款年利率进行税率资料的设定。

h. 在产业背景与企业内部资料中，BOSS 提供各市场的价格弹性、营销活动影响、研究发展影响、维护费用影响和生产方式进行设定。举例说明，北部市场的价格弹性较大，营销活动影响有较小的意义，根据规则说明可知，生产基地就在北部市场，因此北部市场的消费者比较熟悉产品，对产品形象及品牌不太重视（对应广告投入），但对价格非常关注，价格高低的变化对销售量的影响很大。因此在做北部市场时要特别注意价格的确定；国外市场价格弹性较小，营销活动影响有较大的意义，我们这样的设置想说明，国外消费者更看重产品的品牌、形象，对价格的高低反应不特别敏感，在做该市场时要注意分析研究。

i. 选择各个市场的产品生命周期走向指数，BOSS 为各个市场的产品生命周期走向指数提供高、中、低三档。

j. 对上述几个步骤的设定进行确认，并可选择对所设定的参数值是否加入随机性，最后点击"完成"。完成对该比赛的背景设定。

k. 对该比赛的背景设定完成后。点击"启始竞赛"，选择本次竞赛的名称，然后再从下面列表框的左边选择要参加竞赛的公司，点击移动至右边的复选框并确定这些公司参加本次比赛，该竞赛启始完成。

l. 点击"主持竞赛"，选择要主持的竞赛名称，竞赛开始，老师等待参赛公司送出决策。当所有公司全部送出决策后，点击"进行下期竞赛运算"进行计算。计算完成后点击"企业经营成果报表"生成经营报表并交给各公司分析，本期竞赛结束，下期开始。主持人可根据情况进行"设定情报交易"的开启及各种情报功能的价格。

m. 在还没有进行计算时，点击"重送决策"或"全部重送"可以让参赛公司部分或全部重新送决策值。点击"企业经营成果汇总""部门经营绩效汇总"和"市场产业情报"可看到各期各个公司的经营情况对比，供主持人做比较。

n. 在规定的最后一期竞赛结束后，主持人点击"期末结算"功能，这时可选择折现率和想要结算的竞赛名称，点"结算绩效"进行最终结算。

o. 竞赛完成后，主持人可通过"竞赛记录"中的"净现值排行""经营结算报表"和"部门绩效排行"了解各参赛公司的竞赛结果。

（二）课程操作

（1）学生申请注册公司——提交由老师审核。

（2）老师审核批准公司——课程规定的课程企业类型以及产品，老师审核通过，否则驳回申请。

（3）老师设置课程（比赛）名称——每设置一个课程（比赛）名称，可以容纳最多10个企业，最少2个企业。

（4）老师设置经营环境——经营环境与课程名称对应，每设置一个课程（比赛）名称，就要对应地设置一次经营环境。

（5）确定参与上课公司——设置环境后，老师点选参与课程（比赛）的公司进入所设置的环境（不少于2个，不多于10个公司），这些选入的公司，为相互竞争的企业（对手）。如果老师没有将该公司选择进来，中途无法进入，所以，开始设置环境前，公司注册一定要完成。

（6）等待学员提交决策值——参与企业是否提交决策值，老师端的管理首页有显示。

（7）运算当期决策，出结果——待参与本课程（比赛）的企业全部送出决策值后，老师点击本期运算，一分钟内出比赛（课程）结果，各评价指标出现。

（三）执行决策与分析

学员执行决策过程

（1）决策顺序参考。

a. 销售目标规划（销量的确定）$\begin{cases} \text{年销售量分解到季节销量} \\ \text{季节销售量再分解到四个市场。} \end{cases}$

b. 产品定价——定价策略的应用。

c. 广告促销计划——各市场广告投入规划。

d. 研发费用投入计划——影响产品质量——质量影响价格。

e. 原材料采购计划——根据下期生产计划，确定原材料采购计划。

f. 设备投入计划——根据下期生产计划，产能扩张计划，确定设备投入计划。

g. 设备维护投入计划——根据原材料报废率，适当投入设备维护资金。

h. 资金贷款预算——根据原材料采购计划、广告投入规划、设备投资计划、研发投入计划、设备维护投入来确定资金贷款计划。

i. 股利发放计划——根据企业盈利状况，安排股利发放计划。

（2）BOSS 各部门决策方式。企业发展规划部制定企业的总体发展战略规划，以企业规划部为主，各部门协调。根据企业总体规划进行生产安排，以生产部门为主，原材料供应、产成品销售、财务部门配合确定每个市场的预期生产量及实际销售量，要根据生产方式计算产能并考虑投资设备、搞好设备维护以提高生产效率来提高生产量；采购部门要根据生产部门对原材料的实际需求量，预计产品生产量进行合理采购，注意原材料的使用效率，销售部门根据总体发展规划目标进行合理的市场销售定价，提高产品质量的决策等；财务部门根据以上各部门的资金需求进行合理预算，并对各部门的资金使用情况进行平衡和监督；总经理负责整个生产经营的全过程，审核各个职能部门的决策项目和决策值，根据具体情况作出合理的判断和修改，在一系列审核无误后，提交最终生产经营的决策。

（3）查询决策依据并做分析。

a. 阅读软件规则。

b. 分析软件中设置的环境背景资料——经济环境、政策环境、市场环境、自然环境（季节指数）、生产班制等。

c. 阅读并分析软件中的各项报表信息——业务状况表、资产负债表、损益表、现金流动表、销售情报表等。

d. 软件中公开的竞争对手信息——市场占有率、企业利润、产品形象、产品质量、产品售价、产品销售量等。

（四）老师点评分析、指正盲点

通过竞争，出现决策依据 C/D 项目中各项内容的变化，来分析点评，找出优势与劣势，并提出解决方案（策略的应用与调整），继续下一期的竞争。

七、考核办法

评价与分析的指标体系；

企业当期净利润和总利润金额；

现有市场的总共占有率和各个分市场的实际占有率；

外部市场的景气度与趋势分析图；

现有产品的实际生命周期与发展趋势图；

产品的口碑、质量分析图；

企业各个职能部门的生产经营业绩评价表；

财务报表；

变现力比率、资产管理比率、负债管理比率等；

杜邦图、NPV 净现值；

角色绩效 40%：软件自动产生数据及格标准由老师确定；

实验报告 40%：部门经营总结报告 40%，企业经营总结报告 70%；

研讨与发言 20%：根据课堂表现与发言，评分标准由老师确定。

八、操作说明

（一）BOSS 环境设定及胜负决定标准

1. 胜负决定标准

正常营运：报表中，名次之排定是依据 NPV 的价值高低而定，而 NPV 是由式（2-1）计算而得：

$$NPV \text{ 价值} = \sum_{i=1}^{n-1} \frac{\text{第 i 期股利}}{(1 + k/4)\hat{}i} + \frac{\text{第 n 期股利} + \text{第 n 期期末经济权益}}{(1 + k/4)\hat{}n} - [\text{期初业主权益}]$$

$$(2-1)$$

k 代表折现率，由竞赛主持人决定。

2. 破产标准

由经营不善而造成总负债超过业主权益十倍的状况下，程序将自动宣告该公司破产，并于当期经营报表上公告，此时该竞赛队伍亦将被迫退出此次竞赛，无法再参加以后各期经营竞赛。

3. 竞赛主持人设定的参数值

（1）总体经济环境。

a. 通货膨胀指数：影响整体市场，共区分为大、中、小、负四种通货膨胀状态。

b. 经济成长指数：影响整体市场，共计有 12 组成长状态。成长指数上升则表示景气上升，显示购买力上升，需求量增加。

基期指数+成长指数×竞赛期数

c. 税率：影响整体市场，共计分为高、中、低三种水平。所得税计算：

正常计算方式：税前净利×累进税率；

投资抵减（Tax Credit）时的计算方式：税前净利×累进税率－（当期设备投资额×3.5%）。

d. 年利率：影响整体市场，共计有 11 组。设定用以计算利息费用，水平由 5% 到 15%。

（2）设定产业背景资料。

a. 季节指数：影响竞赛产业，共计分为 10 组。当季节指数的数字上扬时，则表示该季节的需求较为旺盛。

b. 折旧：影响竞赛产业，共计有 2 组。可采用直线折旧或加速折旧两种方式：

直线折旧：期初设备账面价值×2.5%；

加速折旧：期初设备账面价值×3.125%。

c. 市场占有率递延效果：影响竞赛产业，共分为高、中、低三种不同的效果。

d. 投资抵减：影响竞赛产业，共计有 2 组，分为有、无两种方式。

e. 产品生命周期：影响个别市场，共计有高成长、中成长及低成长三种状态。产品会经历初生、成长、成熟、衰退及死亡几个阶段。通常以 0 为起点，经由市场的开发，产品生命周期的累计值逐渐升高，到达 2 时显示市场成熟，总市场潜量趋近于饱和。之后市场潜能将开始衰退，各期的销售数量也将会逐渐递减。此一数值可以在不同市场分别设定高、中、低三种不同生命周期的成长指数。

f. 价格弹性：影响个别市场，显示降价竞争的效果，可分为大、中、小三种水平。

g. 营销活动影响：影响个别市场，显示营销费用的促销效果，共计分为大、中、小三种水平。由于价格弹性、营销活动影响均可分别在不同市场北、中、南、国外四个市场设定大、中、小不同的值，故共计有9×9×9×9种的组合方式。

h. 研究发展的影响：以竞赛产业为分析单位，共分3组。主要在影响产品质量，可分为大、中、小三种水平。

i. 维护支出的影响：以竞赛产业为分析单位，共分3组。主要在影响生产效率（材料转换系数值），可分为大、中、小三种水平。

（3）企业内部数据值设定。

（4）生产方式：属于公司内部的生产政策，竞赛主持人会设定一班制或轮班制两种不同的生产方式：

一班制生产时，加班至多可增加0.5倍的产能；

轮班制生产可采1~3班生产的方式生产，竞赛时，计算机会根据生产数量自动决定生产班次。

（二）BOSS的重要观点：产、销协调

市场潜能：显示公司能够接到订单的最大总销售数量。

（1）如果本期市场潜能≤生产量+仓储量（存货），则销售量=本期市场潜能（=最大可供销售量）。

（2）如果本期市场潜能>生产量+仓储量（存货），则销售量=生产量+仓储量（=最大可供销售量至于未能销售的部分，采取50%~50%分配：

（本期市场潜能－最大可供销售量）×0.5递延下一期；

（本期市场潜能－最大可供销售量）×0.5分给其他公司。

仓储量（存货）=上期期末存货+本期实际生产量－本期实际销售量；

各市场销售量=最大可供销售量×各市场潜能/总市场潜能；

本期产能=上期产能×0.975+上期投资额/20×一般物价指数（采用直线折旧法）；

如果原物料足够，且产能足够，则实际生产量=预计生产量；

如果原物料不足，或是产能不足，则实际生产量=最大可生产量。

由于原物料不足，可以通过紧急采购获得，故限制实际生产量的主要因素为当期产能。在原物料不足或产能不堪负荷时，计划生产量将自动调整为最大可生产量，实际的仓储分配额亦将按照原决策的相对比率重新计算：

各市场实际仓储分配额=最大可生产量×各市场仓储分配决策值／计划生产总量。

（三）重要的成本计算与说明

1. 材料相关的成本计算

（1）材料耗用：实际生产量所消耗的材料成本；

（2）材料转换系数：为一单位材料能生产的制成品单位数，主要受到维护支出费用的影响；

（3）材料单位成本计算［移动平均］：

（当期购料金额+上期原物料存货价值）（当期购料数量+上期原物料存货数量）

（4）当期实际材料耗用价值：当期实际材料耗用数量×材料单位成本；

（5）销货成本修正额：（存货解冻）损益表中的成本与费用计算，仅包括本期成本，未包括上期存货的成本，故销货成本修正额，目的在计算期初存货耗用的影响部分。

2. 人工成本（有两种互斥的设定方式）

（1）一班制。

若产量≤一班产能，人工成本=单位成本×生产数量

若一班产能<产量≤1.5倍产能，人工成本=单位成本×一班生产数量+1.5×单位成本×加班生产数量

（2）轮班制。

a. 产量≤一班产能，人工成本=单位成本×一班生产数量（实际生产数量）；

b. 一班产能<产量≤1.35倍产能，人工成本=单位成本×一班生产数量+1.5×单位成本×加班生产数量；

c. 1.35倍产能<产量≤二班产能，人工成本=单位成本×二班生产数量（实际生产数量）；

d. 二班产能<产量≤2.50倍产能，人工成本=单位成本×二班生产数量+1.5×单位成本×加班生产数量；

e. 2.50倍产能<产量≤三班产能，人工成本=单位成本×三班生产数量（实际生产数量）。

3. 管理费用（半固定费用，设定方式与人工成本相同）

（1）一班制。

a. 产量<产能，则固定费用为$150000，变动费用率为$0.32，管理费用=（150000+0.32×产能）×物价指数；

b. 产量>产能，则固定费用为$150000，变动费用率为$0.32，另增加$50000加班费，管理费用=（150000+0.32×产能+50000）×物价指数。

（2）轮班制。

a. 生产量小于一班制的产能时，管理费用=（150000+0.32×产能+25000）×物价指数；

b. 生产量大于1.35倍产能，小于两班产能，管理费用=（275000+0.32×产能）×物价指数；

c. 生产量大于两班产能，小于2.5倍产能，管理费用=（295000+0.32×产能）×物价指数；

d. 生产量大于2.5倍的产能，但未超过三班的产能，管理费用=（400000+0.32×产能）×物价指数。

4. 杂项费用（半固定费用）=（10000+0.18×本期产能）×物价指数

5. 工作班次变换成本

当期工作班次与上一期工作班次不同，所产生的换班成本。

每变换一个班次，会产生（$100000×物价指数）的费用，其方式为：

$100000×物价指数×（当期班次−上期班次）

6. 制成品存货持有成本

存货持有成本中包括资金成本、管理费用、损失及折耗等相关成本。计算方式如下：

$0.5×期末制成品存货数量×（期末标准成本/3）=$0.5×期末制成品存货价值×1/3；

制成品存货单位价值（启始值设定为$3.00）=［上期标准单价×（上期存货−本期实际销售量）+$3×本期实际生产量×物价指数］/上期存货+本期实际生产量−本期实际销售量；

期末制成品存货数量=上期存货+本期实际生产量−本期实际销售量；

制成品存货价值=期末标准单价×制成品存货数量。

7. 原物料持有成本

原物料持有成本=期初原物料存货价值×5%。

8. 运费

北区市场每单位$ 0.00×仓储分配量；

中区市场每单位$ 0.10×仓储分配量；

南区市场每单位$ 0.20×仓储分配量；

国外市场每单位$ 0.80×仓储分配量。

9. 订购成本

订购过程所产生的成本费用（如请购手续作业费、运输过程的检验费等）。

订购单位金额：

500000 以下 40000；

500001～1000000—80000；

1000001～1500000—120000；

1500001～2000000—160000；

2000001 以上 200000。

（四）各决策变量的提示与建议

（1）产品价格：$ 3.00～$ 9.00。

（2）营销费用：直接影响接单数量，有递延效果，也有累积门槛的效果。

（3）计划生产量（仓储分配量）：总生产量在不同市场的分配数（不含制成品存货）。

（4）研究发展费用：影响产品质量与市场潜能，有累积门槛效果。

（5）维护费用：影响材料耗用额（材料转换系数）。

（6）设备投资预算：影响产能，并影响当期的设备投资费用。设备投资费用：指设备所需的保险、运费及相关费用，计算公式为：$0.0000001×$（设备投资支出）^{2}。

（7）购入物料数量：假定购料于期末送达，并供下期使用。

①购料支出：当期购料金额及紧急采购费用之总额。原物料单位市价在$ 0.75～$ 2.00，视整个产业对原物料需求的情况而定。

②紧急采购：当上期结存之原物料存货数量不敷计划生产量预定之使用额时，程序会自动设定紧急采购，其采购数量将从本期购料中拨出。

紧急采购费用计算：购料数量×$1.50（并入购料支出项下）。

（8）股利支出：

①正常情况下，实际的股利支出与决策值相同；

②当业主权益小于$ 6500000（BOSS3 为$10000000），程序会自动停止发放股利，以免产生资本退回（清算股利）的现象。

（9）借、还款：

①假定均于期初发生。

②还款是以上一期期末现金为限，超过负债总额时，程序会自动调整减少，借款则依原始决策值与程序计算结果而定。

③程序完成还款之后，再依序计算现金流出与流入，如果发现出现现金赤字，则自动会产生借款行为（非正常负债）。

④产生财务费用及利息费用。

（五）税收政策

企业所得税的征收，按照税前净利的多少而采用累进税制，如表2-8所示。

表2-8　所得税税率

税前净利	税率水准（%）		
	低	中	高
净利<20万元的部分	18	22	26
20万元<净利<50万元的部分	28	35	42
50万元<净利<100万元的部分	38	48	58
100万元<净利的部分	44	55	66

若环境背景设有投资抵减项，则还能从所得税中扣抵3.5%的投资奖励额。

抵减后所得税额＝抵减前所得税额－（当期设备投资额×3.5%）

⇒企业所得税＝（税前净利×各自税率）-投资抵减额。

九、思考与练习

（1）TOP-BOSS的主要思想是什么？

（2）TOP-BOSS操作的核心要素是什么？

（3）TOP-BOSS竞争的主要方法策略有哪些？

第三节 人力资源管理实务实训

一、课程性质

人力资源管理实务课程是一门实践型的课程，本课程实践的教学模式主要分为两个方面：一是企业自身的需要、所在行业的标准和政府订立的规章制度、政策等实际影响因素融入教学实践的全过程中，主要以案例讨论、小组任务、情景模拟等形式完成，在课堂中完成或展现；二是使用计算机，将人力资源管理实践中的"管理"搬入课堂中进行学习和练习。

该课程的实践性强，某些人力资源管理职能工作也可以体现在平时的生活和学习中，因此课程在对学生的考核方式、考核指标上都可以采用一些较灵活且能够体现人力资源管理思想和实践的做法。比如，为避免"搭便车"，小组成员的得分可以用"贡献率"衡量，课程参与程度与期末总成绩密切相关等。

二、实训目的与要求

本课程是独立的实训课程。对于实务课程而言，要求学生必须参与到课程设计和学习中，希望学生形成"我要学"的状态，知道"我要学什么"。在基础理论部分的实验中，一部分实验是验证型实验，让学生感悟人力资源管理理论和实践中的问题；还有一部分实验是设计型实验，让学生尽可能接近现实企业的要求，接近社会需求。在人力资源管理系统部分的实验中，通过学习和练习，要求学生建立起 ERP 现代管理方式的初步感性认识。

在课程的全过程中，逐渐形成以学生为中心、小组为团队的学习模式。教师在课程教学中，尽量营造人力资源管理实践情境和氛围。教师从企业实际运作的角度、部门和职位工作任务需要出发，结合人力资源管理行业标准和学生学习特点，尽可能使用团队竞技训练、角色扮演、数据调查分析、作品设计、体验式训练、技能竞赛、社会服务七大应用型实验教学方法，发挥学生的能动性[1]。

---

① 鲍立刚. 人力资源管理综合实训［M］. 北京：中国人民大学出版社，2017.

在实验前，首先需要学生明确人力资源管理方向的就业面向与职业岗位（群）任职要求，如表2-9所示。

表2-9　人力资源管理方向就业面向与职业岗位（群）任职要求

岗位		典型工作任务	知识、素质和能力要求
初次就业岗位	人事助理 员工关系助理	考勤统计、人事手续办理、人事档案管理、人事文书编写、人事报表制作、员工社保办理、劳动争议调查、劳动合同管理、员工沟通、员工帮助计划执行等	基本掌握人力资源管理专业知识，对人力资源日常管理技能掌握得较好，熟知人力资源统计知识，熟悉国家主要劳动人事法规政策；具有较好的书面写作和口头表达能力，具有较好的亲和力和沟通协调能力，学习能力较强；熟练运用 Office 及相关办公软件，熟练掌握人力资源管理信息系统和相关网络工具
	招聘助理 培训助理	招聘资料准备、招聘宣传、简历筛选、面试安排、招聘资料整理、培训需求调查、培训资源管理、培训安排、培训监督、培训档案管理等	基本掌握人力资源管理专业知识，对人员招聘和培训管理技能掌握得较好，熟知心理学和教育学知识，学习能力较强；熟练运用 Office 及相关办公软件，熟练掌握人力资源管理信息系统和相关网络工具
	绩效助理 薪酬助理	考核表格发放回收、考核安排追踪、考核数据统计、考核结果上报、薪酬调查统计、工资表编制、员工奖励惩罚、福利发放、成本统计等	基本掌握人力资源管理专业知识，对绩效和薪酬管理技能掌握得较好，熟知人力资源统计知识，熟悉经济学知识；具有较好的书面写作和规划能力，具有较好的统计分析和市场调查能力，学习能力较强；熟练运用 Office 及相关办公软件，熟练掌握人力资源管理信息系统和相关网络工具
	行政助理 行政秘书	接待工作、话务工作、办公设备管理、文件管理、宿舍管理、文娱活动安排，文书写作、上传下达、信件收发、会议行程安排等	了解人力资源管理专业知识，基本掌握行政管理和企业管理知识，熟知办公室文化；具有良好的书面写作和沟通协调能力，工作效率高，条理性强，具有较强的应变能力和团队合作精神，学习能力较强；熟练运用 Office 及相关办公软件，熟练掌握人力资源管理信息系统和相关网络工具
发展岗位	人力资源专员、主管	人力资源配置、报表分析、制度建设、招聘计划制订、招聘制度制定、人才初选、培训制度制订、培训计划制订、培训课程设置、培训考核、绩效制度制定、绩效数据分析、考核异议处理、薪酬福利制度制定、薪酬调查、福利管理、劳动定额管理、劳动法律咨询、劳动争议处理	熟练掌握人力资源管理专业知识，了解管理学、心理学、营销学、生产管理等相关专业知识，具有三年以上人力资源管理工作经验，能够独立进行人力资源管理工作；有良好的书面和口头表达能力，熟悉各种文件和规章制度，熟练操作计算机办公软件及人力资源管理信息系统软件，具备较好的英文听、说、读、写能力；能够通过沟通交流更好、更快地完成工作，能够独立完成工作项目的规划并组织各部门实行，在完成本人工作的同时兼顾其他部门的工作，在大原则的前提下工作方式灵活多样，适应企业文化

续表

岗位		典型工作任务	知识、素质和能力要求
发展岗位	人力资源部经理	制定人力资源规划并组织实施，优化工作流程，组织、协调、监督制度和流程的落实，负责基层管理人员的整合和调配，选拔录用基层管理人员，负责人力资源管理体系的建设，考核基层管理人员工作完成情况，负责建立企业畅通的沟通渠道和有效的激励方法	熟练掌握人力资源管理专业知识，熟悉管理学、心理学、营销学、生产管理等相关专业知识，能指导和培训相关人员进行人力资源管理，具有五年以上人力资源管理经验，能够保证企业的人力资源管理工作正常运转；具备较好的英文听、说、读、写能力，具有较广的国际视野；能全面准确把握劳动法律法规和政策，具有较强的沟通、协调能力，能从容应对员工关系的突发事件；思维敏捷、性格沉稳、善于沟通和决断、办事公正、心态平和、沉着理智，具有强烈的事业心和开拓创新意识，具备良好的管理理念，沉着、稳健、成熟，富有人格魅力，能承受巨大的心理压力
	人力资源总监、副总经理	制定公司人力资源战略，提出企业结构设置和岗位职责设计方案，负责中层管理人员的人力资源统筹配置及监管工作，选拔录用中层管理人员，控制人力资源部门预算的使用情况，组织实施中层考核工作，优化公司人力资源管理体系，代表公司与政府及其他单位对口部门沟通、协调，建设企业激励机制	精通人力资源管理专业知识，熟悉管理学、心理学、营销学、生产管理等相关专业知识，具有八年以上人力资源管理经验，能够根据企业生产销售和企业战略需要调整与设计人力资源管理系统；具备较好的英文听、说、读、写能力，具有一定的国际工作经验和国际人脉；熟悉国内及相关国家的劳动法规及政策，具有优秀的沟通、协调能力，能从容应对企业各类突发事件；具有很强的计划性和监督下属执行的能力，很强的激励、沟通、协调、团队领导能力；责任意识、事业心、工作积极性强
	总经理	制定企业整体发展战略，负责企业各部门的协调、监督和管理，决定企业机构设置、人员编制，负责企业高层管理人员的配置，选拔录用高层管理人员，决定企业工资待遇和奖金分配方案，监督企业各项规章制度的建设和实施，建立国内外重要合作关系，创造和谐的内外环境，协调、激励各个部门的工作	了解人力资源管理、行政管理知识，通晓生产运作管理、品质管理、市场营销管理、财务管理、产品研发管理等企业管理知识；具有十年以上企业管理经验，能够根据企业生产销售和企业战略需要提出企业资源计划系统的整体要求；具备较好的英文听、说、读、写能力，具有一定的国际工作经验和国际人脉；具有很强的领导能力、判断决策能力、谈判能力、协调沟通能力、影响力、应变能力、创新开拓能力、客户服务能力；责任心、事业心强，善于激励本公司员工

资料来源：鲍立刚. 人力资源管理综合实训［M］. 北京：中国人民大学出版社，2017.

三、实训内容

本专业人力资源管理实务的课程实训走两条线：一是按照人力资源管理理论，即六大模块主线，将零散的知识点串联、整合起来。通过设置各种工作情境和条件，按照企业人力资源管理工作流程和要求，综合各种知识、方法、情境并加以应用来解决实际、复杂和重大的人力资源管理问题[①]。二是实际操作相关人力资源管理软件或模拟平台或教学平台，在对软件的操作和学习中加深对人力资源管理的认识、理解和学习，并训练学生的相关人力资源管理技能。因此，本课程的实训任务分为两个部分，实训一——人力资源管理理论，实训二——人力资源管理系统。以下仅对实训一——人力资源管理基础理论部分的实训内容做一展示，总的实训项目及课时安排如表 2-10 所示。

表 2-10　实训项目及课时安排

项目序号	实训项目	课时	备注
1	人力资源日常事务管理	2	必选
2	规章制度写作实训	2	二选一
3	企业规章制度编写实训	2	
4	工作现场仿真招聘	4	三选二
5	未来培训师现场仿真培训	4	
6	培训组织技巧综合实训	4	
7	角色扮演实训任务	4	必选
8	人事助理月度考核绩效指标量表设计	4	选做
9	人事助理工资总额核算演习	4	选做
10	人力资源管理系统的实训	12	必选
合计		32	必须选够 32 课时

1. 人力资源日常事务管理

人力资源管理发展到目前的战略管理阶段，在当前人力资源管理的战略决策越来越受到重视的情况下，虽然人力资源管理的日常事务工作在人力资源管理工作中的重要性有所下降，一些事务性的工作也可以通过外包手段等不再成为人力

---

① 鲍立刚. 人力资源管理专业实训教学方法版本学说探讨［J］. 广西教育，2018（23）：182-184.

资源管理工作的重心，但是日常事务依然是组织中最重要的基础工作之一。

人力资源日常事务管理工作包括：建立和维护人事档案及人才资料库、办理人事变更或异动手续并追踪结果、编写各种人事报表并加以分析、办理社会保险和劳动福利保障、员工考勤和奖惩、员工证件和劳动人事证照的办理、劳动合同和各种保密协议的管理、劳动合作及冲突管理等。在现代人力资源管理部门，有专门的岗位——一般是人事助理、人事专员或员工关系专员从事人事管理和员工关系工作，人事管理和员工关系工作可能合在一起，也有可能分开，视公司具体情况和规模大小而定。①

人力资源管理实践课程的模拟训练，将对人力资源管理日常工作的内容有所涉及，要求学生尝试人事月报表制作、人事结构报表制作及分析、规章制度分析和编写等人力资源日常事务工作的核心工作内容，并选择性地在课堂加以展示和交流。

人力资源日常事务管理训练包括：人事月报表制作方法；人事结构报表制作方法；人事结构报表分析；员工离职报表分析；规章制度的结构；规章制度的编号和管理。人事报表的管理主要体现在报表的制作、分析和应用上，这是人力资源管理的基础工作，也体现了人力资源管理者最基本的技能水平。人事报表主要包括考勤状况一览表、考勤统计报表、考勤异常汇总表、人事名单、人事月报表和人事结构报表。人事月报表主要由人力资源部人事助理或人事专员每月统计后制作，此表可以反映员工的流动状态和工作状态，作为公司管理层对人力资源管理进行决策时的参考依据。②

2. 规章制度写作实训

企业发展到一定规模时，需要制定一些规章制度来规范管理。对于规章制度，制定制度不难，但规章制度难以执行是最值得注意的。规章制度的实施实际上是在改变员工的不良习惯、规范员工的工作行为。在制定规章制度时，除了要确保规章制度的内容合法、制定的程序合法，还要考虑它是否具有可行性（即成功改变员工的工作习惯）。

规章制度不管内容多少、范围大小，它的编写原则、结构、编号和管理都是基本相似的。规章制度的制定中要注意：让当事人参与，注意员工的工作习惯，简明、扼要、易懂，易于操作，不求完善但求公正，对改变习惯采取措施。

①②　鲍立刚. 人力资源管理综合实训［M］. 北京：中国人民大学出版社，2017.

实训：学生通过在网络找两份规章制度。找到一份"好"的规章制度，一份"差"的规章制度，在对其进行展示和评价之后，讨论该规章制度会给企业带来的影响以及实际后果。

3. 企业规章制度编写实训

根据人力资源管理方向应用型教学需要，结合企业实际工作的要求，选择某个教学内容和企业工作项目，设定背景和要求，让学生编写和设计一些人力资源管理作品，包括：编制人力资源规划、编写职位说明书、招聘广告、招聘试题、设置绩效考核指标和标准、薪酬结构、薪酬体系、进行职位评价、编写人力资源管理各模块内容的规章制度和执行方案等。

建议题目：某公司（某）规章制度编写。实训背景材料可以让学生"自报"。

该实训任务采取作品设计的实训方法：请选择一个熟悉和喜好的工作内容，例如招聘、培训、绩效考核、薪酬福利，甚至是财务管理、市场营销、物流管理等，将以上选择的内容作为编写规章制度的对象，编写某一规章制度；除此之外，每个小组为选择的公司编写一份完整的管理大类的规章制度作品，要求制度的基本内容和结构完整、格式规范、行文流畅、编号合理。

实训参考程序和方法：①找一家心仪、代表性、熟悉的公司作为分析和写作对象。②选一项熟悉和喜好的工作内容，作为规章制度编写的内容。③要求制度内容和结构完整。④制度的编号合理。⑤小组的规章制度作品写好后，交给教师课外评分。

4. 工作现场仿真招聘

此环节由小组成员自行确定，可以选择角色扮演的方式。

仿真招聘包括：简历筛选；证件检验；笔试和测试；面试；评价中心；背景调查；体检；情境问答式面试的设计思路；情境问答式面试技术开发与应用；情境模拟式面试的设计思路；情境模拟式面试模拟试题的设计要求；情境体验式面试的设计思路；情境体验式面试试题的应用类别。

5. 未来培训师现场仿真培训

此部分要进行讲解分析。在未来培训师仿真培训中可以注意培训：企业培训师培养和发展的四个阶段；培训员担负的角色和必须具备的能力；企业培训流程管理；年度培训经费预算；成功培训师的素质修炼；成功培训师的角色定位；企业培训教材开发分析及训练；培训师的语音技巧分析及训练；培训师的肢体语言分析及训练；应对四种非正常学员的技巧分析；建立培训师自信的技巧。

具体技能包括：桌椅摆放培训技巧演习；选队长、起队名及队呼技巧性练习；培训游戏选择、组织的演习及感悟；培训寓言故事展示技巧演习；培训音乐播放技巧演习；未来培训师现场仿真培训范例展示；未来培训师现场仿真培训综合实训演习。

6. 培训组织技巧综合实训

体验式训练强调"先行后知"或"边行边知"，通过观看他人模拟仿真训练或让学生充分参与到模拟训练中感受并总结心得，获得感性认识或顿悟；在指导老师的逐步带领下，与其他参与者进行经验分享交流沟通，并针对自己在综合实训中存在的不足之处提出合理的改进方案，体验式训练的内容包括桌椅摆放、分小组、选队长、起队名及队呼、培训游戏、培训寓言故事、培训音乐、户外拓展训练、领袖风采训练营①。

在训练前学生以小组为单位自行认领任务。

7. 角色扮演实训任务

在角色扮演的实训中，实训的企业背景材料各组自选。每个小组可以根据本组熟悉的管理知识，进行培训教材开发和现场仿真培训。自行学习教案编写的技巧，设计一份教案；再根据课件制作的内容和相关专业知识，编写PPT；最后根据培训师的语音、肢体语言、应对四种"非正常学员"和建立培训师威信等技巧，每组派两位未来培训师上台为全体学员现场仿真授课并接受其他人的提问。

演习程序。①小组的划分沿用第一次实训活动所分的组别，以保证整个学期每个学生的成绩连贯性和公平性。②根据教案编写的技巧和自选的培训内容，设计一份教案（课外完成）。③根据教案的要求，收集培训相关资料，包括文字、图片和视频等，为编写PPT做准备（课外完成）。④根据教案的要求，安排培训流程涉及的工作，设计相应的培训方法和培训游戏方案，为模拟培训做准备（课外完成）。⑤根据上述准备工作、各小组安排相关人员编写PPT和准备本组的仿真培训工作（课外完成）。⑥各小组上台培训顺序的确定：以小游戏循环的结果而定（2分钟）。⑦上台培训之前，各小组在电脑旁进行本组培训方案的集体讨论和修改（10分钟）。⑧团队激励：每组模拟培训师上台演讲前，本组队员应用本组特有的方法，为其"壮行"和"助威"（3分钟/组）。⑨每个小组派两位未

---

① 鲍立刚．人力资源管理专业实训教学方法版本学说探讨［J］．广西教育，2018（23）：182–184.

来培训师上台进行40分钟的培训活动，少于35分钟或多于40分钟均扣分（40分钟/组）。⑩每组培训结束后，其他小组对授课内容进行提问：两位未来培训师主要作答，本组其他队员可以帮助补充回答（5~15分钟/组）。⑪每组模拟培训完后，将本组培训教案和PPT写上小组队员贡献率，交给教师评分。⑫为避免教师言论影响和诱导后续上台的其他小组未来培训师，所有小组培训完成后教师才进行点评。⑬教师和学生助教对各组实训过程的表现进行评分。①

8. 人事助理月度考核绩效指标量表设计

实训背景材料。B公司是一家拥有1600人的加工制造企业，企业设置有生产部门、质检部门、物流运输部门、设备管理部门、产品销售部门、财务管理部门和人力资源管理部门，其中人力资源管理部门安排人力资源经理1人、助理1人。

实训任务目标。请根据公司背景，结合公司人事助理工作说明书和相关知识，为人力资源部人事助理岗位设计人事助理岗位月度考核绩效指标量表和绩效考核指标鱼骨图。

实训分组及评分要求。本次实训任务以作品设计的实训方法进行。小组完成人事助理岗位月度考核绩效指标量表和绩效考核指标鱼骨图后，交给教师课外对小组作品进行评分作为各组的基础分；作品上必须注明本组队员在本次编写中的分工和参与情况，并对本组队员表明"贡献率"；教师根据贡献率以及小组得分的基础分数，为每个队员计算并记录平时成绩。

实训参考程序和方法。①网上查阅公司人事助理工作说明书。②每组队长组织队员进行讨论和分工。③找出人事助理岗位的总目标，作为鱼骨图的鱼头。④将人事助理岗位总目标分解为主要的支持性目标，即找出人事助理的主要工作职责。⑤找出每项主要工作职责的支持性业务，即每项主要工作职责所必须从事的具体工作项目。⑥画出一个完整的人事助理岗位绩效考核指标鱼骨图，并进行讨论和修改。⑦根据本组确定的绩效考核指标鱼骨图，编制人事助理岗位月度考核绩效指标量表。⑧区分人事助理岗位月度考核绩效指标量表中的关键绩效指标和一般指标，并设定相应的权重及分值。⑨针对人事助理岗位月度考核绩效指标量表中的内容，添加一些必要的文字说明。⑩将本组确定的人事助理岗位月度考核绩效指标量表和绩效考核指标鱼骨图交教师评分。

① 鲍立刚. 人力资源管理综合实训［M］. 北京：中国人民大学出版社，2017.

评分标准。①鱼骨图的完整性、正确性、专业性、美观性和实用性，满分30分。②每组精神面貌和队员参与程度也将影响到本组得分，满分20分（随时观察）。③人事助理岗位月度考核绩效指标量表的完整性、正确性、专业性、美观性和实用性，满分50分。

9. 招聘人事助理工资总额核算演习

实训背景材料。假定 B 公司是一家拥有 1600 人的制造公司，设有生产部、品质部、物流部、设备工程部、销售部、财务部和人力资源部。人力资源部招聘助理王菲菲，本科学历，2017 年 12 月加盟 B 公司，2019 年 12 月出满勤。假定公司每个点值为 6 元，上月度人均绩效工资是 600 元，2019 年 12 月王菲菲表现一般。

实训任务目标。本次实训任务以数据调查分析的实训方法进行。每个小组根据公司背景、人事助理王菲菲的具体情况，结合相关知识和配套材料上的数据，为人力资源部招聘助理王菲菲计算出 2019 年 12 月应得工资总额是多少，如果计算中涉及 B 公司的其他信息，不清楚的可以合理想象。

实训参考程序和方法。①明确招聘助理王菲菲的等级。②选择要素计点法对人事助理岗位进行岗位评价。③选择管理类岗位的评价要素。④针对以上选择的评价要素，确定每个评价要素的等级定义并制成表格。⑤针对管理类岗位的情况，确定该类岗位各评价要素在组织中的重要性并进行依次排序，得出各评价要素的权重。然后，假设评价要素总点数为 900，得出各评价要素点数的最高值和最低值，最后制成管理类岗位各评价要素的等级定义和点数表。⑥根据以上的等级定义和点数表，由各组队长组织本组队员评价出人事助理岗位的点数之和。⑦根据招聘助理岗位点数计算底薪（基本工资）。⑧计算出招聘助理王菲菲 2019 年 12 月应得的工资总额。⑨把对人事助理工资计算的过程和结果形成文字，指导老师统一进行评价打分。

评分标准。①招聘助理岗位评价要素选择的合理性，满分 10 分。②招聘助理岗位评价要素等级定义表的完整性、正确性、专业性、合理性和逻辑性，满分25 分。③招聘助理岗位各评价要素点数最高值的正确性和其他点数在等级定义表中分配的合理性，满分 20 分。④各组得出的招聘助理岗位点数之和的正确性和合理性，满分 10 分。⑤招聘助理岗位定薪（基本工资）数额的正确性和合理性，满分 15 分。⑥招聘助理王菲菲 2019 年 12 月应得工资总额的正确性和合理性，满分 20 分。

10. 人力资源管理系统的实训

要求学生根据所学的人力资源管理的理论和方法，在相应的人力资源管理系统中操作及学习 ERP 中人力资源管理模块的同时，将理论与实践联系起来，进一步加深理论的理解与学习，以达到让学生深入了解人力资源相关模块，并达到提高学生实践能力的作用。学生要学会设置：基础档案（公司、部门、职务、岗位及人员档案）；掌握人员信息的录入和维护；掌握招聘管理系统流程与操作。具体材料为人力资源管理系统练习手册。

四、实训准备

熟悉人力资源管理理论的各个模块内容。

硬件：计算机（实训二）、实训室网络（实训二）；

软件：人力资源管理实务学习指导书，人力资源管理系统（包括后台的系列支持，实训二）；

资料：人力资源管理实务学习指导书，人力资源管理系统练习手册等。

五、实训步骤

人力资源管理实务的实训课程分为人力资源管理基础理论实训和人力资源管理系统实训。人力资源管理系统实训按照"人力资源管理系统练习手册"进行实训。人力资源管理基础理论部分的实训步骤如下：

1. 先对学生分组

所有实训任务均采用分组应用型教学方式，"以学生为主体进行动手操作并应用在实际业务当中"是本实训应用型教学的倡导。所谓分组应用型教学，是指用一定的任务要求和考核标准将学生分成若干组，教师统一讲解和规范相关实训项目后由学生以组为单位，合作收集整理资料、编写实施方案、集体讨论修改，分工协作实施，从而解决未来工作当中存在的问题或完成未来工作任务的实训教学方法①。

在分组时注意：性别、成绩、活跃度、口才、班干等因素，尽量使每个组的结构均衡。在分组时，要求每组选出队长、副队长，并为小组起一个与管理有关，能激发队员斗志的队名和口号。分组完成以后不允许调换小组队员，也尽量

---

① 鲍立刚. 人力资源管理综合实训［M］. 北京：中国人民大学出版社，2017.

不要更换队长和副队长，因为本门课程的所有实训任务都是以小组为单位进行的，更换以后难以评价小组队员的成绩，还可以将小组分为两大阵营①。

课程在开课时自愿报名或通过学委帮助确定教师的助教，一个班级确定 5~7 位较好，助教形成一个小组——助教组，助教组除了完成正常的小组任务外，帮助教师的主要任务是：①帮助教师评价小组任务的展示环节；②点评小组任务的展示完成情况（要先于教师评价总结前进行）；③帮助教师每次课下完成小组分数的评定；④记录每位学生的平时成绩记录；⑤请两位同学：1 人负责记录各小组上台讲解时长，1 人负责照相或录像。为保证公平，助教独立于各小组之外，其成绩由教师另计。

2. 所有实训任务均要安排各小组课外编写相应实训素材

由于综合实训是将以前所学人力资源管理理论零散知识点串联、整合起来，通过设置各种工作情境和条件，按照企业人力资源管理工作流程和要求加以应用并解决实际问题，所以可能需要学生复习之前的理论知识，还可能需要收集整理资料、编写实施方案、集体讨论修改、分工协作实施等，而这些实训任务的完成是需要比较长的时间来预先准备的，综合实训对于每项工作任务只是在课堂上简单回顾相关理论知识，主要讲解每项实训实施要求。所以，必须提前安排各小组课外去完成，有时甚至前一项实训任务还没完成，就必须安排小组去准备下一项实训任务，否则实训课堂上就会出现无法实训的空档期。

3. 根据课时、师资和学情状况灵活安排实训时间和实训内容

实训课程的教学周时安排尽可能申请至少 4 个课时，若有个别需要，甚至可以向教务处申请调整教学时间。如果原计划是分别在每周进行，学生在课外准备的时间比较充分，但有的实训项目比如模拟招聘会必须连续不断地进行，2~4 课时是不可能完成的，如果等到下次再接着进行，效果会差很多，这时就要向教务处申请把若干个分散的课时集中在一起实训，不需要集中的实训仍然可以按原计划分散进行。

高校对于独立实训课时数量的安排也不同，据了解独立实训课时大部分在 20~80 课时，本实训课程的实际课时是 32 课时，人力资源管理实务实训指导书的任务在 32 课时内是完成不了的，根据学生的学情状况，选做一些项目。在课时不够，又想多点实训项目时，一些实训内容可以让学生在课外按要求编写相关

① 鲍立刚. 人力资源管理综合实训［M］. 北京：中国人民大学出版社，2017.

实训作品。如果有时间可以请学生将课外完成的作品在课堂上展示，没有时间就直接提交教师批改和评分。

4. 根据不同的实训项目及条件进行实训教学情境的设计和设置

实训教学情境包括教学"硬情境"和"软情境"，其中"硬情境"包括布置于教学场所当中、体现出职业环境、融入工作氛围并便于"做中学"的教学硬件设施。在"硬情境"的氛围烘托下，教师再采取生动活泼、引领学生积极主动参加实训活动的教学方法，把课堂和舞台交给学生去施展和体验。

5. 期末根据企业实际工作需要设计人力资源管理综合实训作品集①

课程编制和设计内容可以与不同的实训教学方法结合起来使用，也可以单独使用。在开课之初就要安排好各组人力资源管理综合实训作品集的编写工作，本课程平时的每个实训项目在实训过程中，都有可能设计不同的作品：每次平时的实训项目结束后，教师要针对实训作品水平进行点评，点评后要求各组将修改后的作品放进本组的作品集，期末教师对各组的作品设计进行评分。有关本课程不同实训项目的成绩评估方法，每个实训项目都有相应的评分要求。

六、实训方法

在教学中，教师根据学生先前知识的掌握情况和当前的学习状态，适时调整实践项目的先后顺序、调整教学的方式和要求。在教学中要注意对学生采用的激励方式，使学生将在校期间的所学知识尽可能地用来理解、感知、指导社会实践，从而尽量接近社会需求。在参照一些人力资源管理实务的教学模式和介绍后，主要有如下的实训方法可供选择。

1. 团队竞技训练实训方法及其对应的实训项目

团队竞技训练实训方法是指学生组成团队完成实训中包括的相关任务并在完成任务的过程中进行组内讨论，然后派遣小组代表表达观点从而与其他小组形成相互竞争的氛围。通过小组互动和竞争的方式，让学生加深对人力资源管理知识的理解和应用。

2. 角色扮演实训方法及其对应的实训项目

角色扮演的实训方法要求学生担任特定的管理职能岗位，处理人力资源管理

---

① 鲍立刚. 人力资源管理专业实训教学前置工作的应用性探讨——以员工招聘技术课程为例［J］. 广西教育，2017（39）：184-187.

中产生的各种事务。角色扮演可以应用于人力资源管理的各个内容模块，让学生在人力资源管理实训中体会到所担任管理层角色的责任与意义，增强人力资源管理技术的应用能力，提高人力资源管理中处理相关事务的反应能力。

3. 数据调查分析实训方法及其对应的实训项目

数据调查分析实训方法是指根据人力资源管理课程在企业实际应用的需要，对课程相关内容进行问卷调查分析并提出解决方案、对相关数据进行分析并提出解决方案、对相关数据进行计算和分析等。人力资源日常事务管理中"人事结构分析报告""招聘助理工资总额核算"等可采用数据调查分析实训方法。

4. 作品设计实训方法及其对应的实训项目

作品设计实训方法是指根据人力资源管理专业应用型教学需要，结合企业实际工作的要求，选择某个教学内容和企业工作项目，设定一些背景和要求，让学生编写和设计一些人力资源管理作品，包括人力资源规划、工作说明书、招聘广告、招聘试题、绩效考核指标和标准、薪酬结构、岗位评价体系、人力资源管理各模块内容的规章制度和执行方案等。以上的编制和设计内容可以与不同的实训教学方法结合起来使用，也可单独使用。

5. 体验式训练实训方法及其对应的实训项目

体验式训练实训方法强调"先行后知"或"边行边知"，通过设置或营造某种情境或氛围来感受并写出自己的心得，并在实验指导教师的指导下，与其他参与者交流，分享个人体验，并针对自己的不足提出改善方案。体验式训练内容包括桌椅摆放、分小组、选队长、起队名及队呼、培训游戏、培训寓言故事、培训音乐、户外拓展训练、领袖风采训练营等。如适用于"培训组织技巧综合实训"等体验式训练实训方法。

6. 技能竞赛实训方法及其对应的实训项目

技能竞赛实训方法是指实训教师通过组织、指导、带领学生，利用人力资源管理知识和技能参加各级各类技能竞赛，通过本方法不仅能展示或应用专业知识和技能，而且能深入理解知识的内涵和快速拓展知识的外延，更能通过竞赛获得足够的学习动力。这个方法需要教师开拓比较多的渠道，并鼓励学生参加。此实训项目更多的是为学生提供思路，并开阔眼界，学校对校外的比赛缺乏可控性，因此，并不能保证是在教学学期完成，并且参加人数有限定。

目前，我校工商专业学生已参加过多次"精创杯"全国大学生人力资源管理知识技能竞赛、用友"人力资源大数据分析"网络赛。该技能竞赛的专业性较强，工商管理专业与人力资源管理专业可以联合举办并演练。

7. 社会服务实训方法及其对应的实训项目

社会服务实训方法是指实训教师组织和辅导学生利用自己所学人力资源管理知识和技术，为企业提供人力资源管理日常业务服务，为人才市场提供人才交流、人事代理和薪酬调查统计等服务，为培训咨询公司提供日常培训咨询项目管理服务，为政府人社部门提供人力资源数据收集、统计和分析等服务，为劳务公司和中介提供人才寻访、招募和流动管理等服务。如"人才市场实习"即是社会服务实训方法。该方法需要教师加强与外界的联系，并开拓学生实习的路径。这个方式适合少数有意愿参与的学生。

七、考核办法

本课程的考核方式包括两个部分：总成绩＝平时成绩（占总评成绩的 70%）＋期末成绩（占总评成绩的 30%）。期末成绩就是一学期以来的每个实训结果的作品集。作品集的内容就是平时实训过程中完成小组任务时所产生的作品，这些实训过程的表现和作品水平构成本门课程的平时成绩之一（平时的实训作品占总评成绩的 35%，人力资源管理系统的训练成绩占总评成绩的 35%），而将上述作品进行整理修改、编辑成册的表现构成本门课程的期末成绩。下面讲述本门课程的平时实训成绩评定和期末作品集成绩评定。

人力资源管理基础理论平时实训成绩评定。人力资源管理基础理论实训部分平时成绩由两部分构成：一是在实训过程中的表现，二是在实训过程中所编写和使用的图形、表格、报告、规划书、心得等各类作品成绩。在实训过程中的表现是指各个实训教学项目的演习/展示表现，每次实训教学项目的演习过程由教师和学生助教在实训现场对各组在实训过程中的表现进行评分；而实训编写和使用的作品由教师在演习结束后课外评分。

实训过程的小组表现得分与实训过程编写和使用的作品得分相加构成每个小组平时成绩的基础分。每组作品上必须注明本组队员在本次演习中的分工和参与情况，并标清本组队员的贡献率，教师根据贡献率及小组基础得分计算出每个队员的平时实训成绩，由于学生助教协助教师对各组实训表现进行评分，为公平起见独立于各小组以外设立助教组，学生助教除了协助教师评分，还要编写部分作品并对各组的表现进行点评，教师可以据此给学生助教另外评分。

实训分组及评分要求。小组成立后原则上不再变动，以保证整个学期每个学生的成绩连贯性和公平性。每组作品完成后，交给教师课外对小组作品进行评分作为各组的基础分；作品上必须注明本组队员在本次编写中的分工和参与情况，并标清本组队员的贡献率；教师/助教根据成员贡献率在各组基础分的基础上计算出个人得分，作为每个队员的平时成绩。评分的标准是规章制度内容的专业性、结构的完整性、编号的合理性、观点的正确性、前后的逻辑性、行文的规范性、排版的美观性。

期末作品集成绩评定。每次实训活动结束后，学生助教主要针对实训过程的表现进行点评，教师主要针对作品水平进行点评，点评后要求各组将修改后的作品内容放进本队的期末作品集，期末时要求各组将平时实训过程中编写使用的作品再次进行整理修改并编辑成作品集。教师对各组作品集进行评分，再根据各小组队员对本组作品集的贡献率，确定每个队员的期末成绩。

作品集要求为：封面注明"人力资源管理综合实训作品集"并有体现每组形象的队标（LOGO）、队名和口号，要有各队与学生助教、实训教师的合影，目录要求"自动生成"，正文包括所有实训项目的内容，队员每人用一句话表达对于本课程感言或对管理的感悟，每人对于本组平时每项实训项目活动和作品集设计的贡献率。作品集要求电子排版，必须集体创作、分工协作。相关位置要有队名、队呼、口号、队员、队长及教师姓名。

作品集评分标准为：必须达到作品集要求；内容正确和专业；设计美观，有一定创意；文字图片排版合理美观并有一定逻辑化；必须加入在综合实训中拍摄的图片；等等。由于综合实训的成果和能力培养主要体现在平时的综合实训中，因此平时本实训成绩占总成绩的35%，期末作品集占总成绩的30%。

第四节　营销管理实务实训

一、实训目的与要求

营销管理实务的实践训练是以因纳特的市场营销平台为基础开展实训教学工作的。实训软件与互联网技术和计算机系统的有机结合，相互联系，形成市场竞争和企业合作的营销环境，让参加实训的学生担任模拟企业的营销负责人的职务，从不同角度、不同层次全方位、立体化地了解和执行与企业经营相关的营销决策；通过一系列的计算模式，以市场开拓度、市场份额、实际销售额、利润率和总资本为计算参考值反映实际营销策略与预期营销策略产生的结果之间的差距。

（1）培养学生开展市场调查的能力；

（2）培养学生进行市场分析的能力；

（3）培养学生实施广告策划的能力；

（4）培养学生进行产品设计的能力；

（5）培养学生公共关系运作的能力；

（6）培养在实训中提高就业的能力；

（7）实现在模拟中提高操作技能；

（8）培养学生在实践中增强实战体验。

二、实训理论基础

4P 理论是市场营销的重要理论基础，本实训学生主要运用的内容是 4P 相关知识，让学生先从最简单的 4P 理论着手，熟练掌握 4P 理论在实践中的运用。本实训以系统提供的产品为实训目标，让学生了解本系统的设计规则和整体思路，学习和掌握操作流程。

实训数据根据实训目的而设计，让学生通过本实训能明确 4P 营销理论的产品策略、宣传策略、价格产品和渠道策略的决策依据，理解各个策略之间的相互关联和相互制约关系。

三、实训内容

实训一：产品销售模式的组合训练（产品：手机）；

实训二：资本收益最大化训练（产品：电话机）；

实训三：综合考试（产品：大米）。

四、实训材料

硬件：计算机、多媒体机房；

软件：因纳特市场营销平台。

五、实训步骤

根据系统模块的设置，学生使用的基本流程如图 2-1 所示，但营销本身并没有固定流程，学生应该灵活运用相关营销的方法，进行操作。

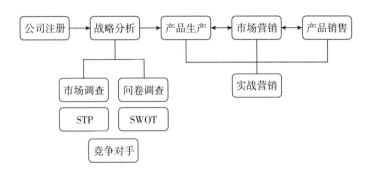

图 2-1　基本流程

1. 了解公司状况

了解公司状况，包括经营状况和收支情况。

2. 战略分析

战略分析包括市场调查、市场细分、SWOT 分析和竞争战略分析等。

（1）市场调查：参与者对企业投放至市场的产品的行业开展初步的了解。

（2）市场调查问卷：参与者可根据实际的市场环境设计调查问卷，根据调查问卷反馈的结果进行数据分析。

（3）竞争对手调查：参与者通过商业间谍、渠道信息等途径获取其他参与者的经营现状，并据此适当调整自身的经营战略。

（4）市场调查报告：参与者根据前期市场调查问卷的反馈结果，进行数据分析并编写市场调查报告。

（5）市场细分：参与者根据前期市场调查报告的数据分析结果，选取其中的某一项进行细分，设计相应的笔记与报告。

（6）SWOT 分析：根据调查数据、细分笔记等进行对应的 SWOT 矩阵分析，并熟练掌握 SWOT 的分析方法。

（7）竞争战略分析：根据前期的市场调查报告、STP 报告和 SWOT 矩阵分析的报告，调查问卷反馈的实际结果，制定符合自身实际的竞争战略。

3. 产品管理

产品管理包括产品研究开发、产品的包装和产品的生产加工。

（1）产品研究开发：产品研究开发的核心目标是产品可以适应多变的市场环境，满足消费者需求，提升企业的市场生存能力和竞争能力，参与者可根据上述因素及实际情况制定符合自身实际情况的产品研究开发策略。

（2）产品的包装：产品的包装是产品的"门面"，是给客户留下良好的第一印象的关键因素，参与者应在考虑包装成本的前提下设计最佳性价比的产品包装。

（3）产品的生产加工在一个实验周期内最多生产 10 次，参与者根据产品的实际销售情况和企业资金的占用情况安排产品的生产工作。

4. 产品的市场营销

为实现在有限投入情况下的市场份额提高，需决策采取保守、稳健激进的营销策略。

（1）目标市场：学生根据市场调查报告、SWOT 分析报告选择 STP 战略。

（2）定价策略：通过对各种层次的产品采取差异性的定价措施，不同定价策略适应不同的销售市场。

（3）广告策略：实现提高品牌知名度，以至提高市场份额和增加销售量。

（4）促销策略：采取各种各样的促销手段，实现产品的销售和营业额的增长。

（5）服务策略：通过提升产品的配套服务质量，获得顾客的好感度从而达到稳定顾客忠诚度和市场占有率的目的。

（6）渠道策略：学生需要自己决定采取何种合适的销售渠道作为产品的渠道营销策略。

5. 产品销售

学生可根据自身企业的产品营销策略、市场占有的份额，决策重点销售途径采用的是招投标中心、自由交易市场或配送发货。竞争和对抗在这里得到充分体现。

（1）招投标中心：是参与者进行销售产品的较为有效的途径，竞争程度相对比较激烈。

（2）自由交易市场：资金周转较为迅速。通过商务谈判实现进行产品买卖。实验的互动性得到充分体现。

（3）配送发货：完成产品销售订单的配货、发生的全过程。

六、实训方法

本课程采用角色模拟的竞争性实训方法。利用计算机软件模拟真实的企业生产销售、竞争的环境，由参与者担任虚拟的营销管理人员，确定该产品的产品营销策略、价格营销策略、宣传营销策略、渠道营销策略和其他营销策略，在自己的区域市场内实现市场占有率最大、销售利润最大。

七、实训教学内容

（一）实训一：产品销售模式的组合训练（产品：手机）

1. 实训简介

产品销售是公司实现利润的主要途径，营销都是为销售服务，学生掌握销售的多种模式是必须具备的本领。本实验用手机做完整的产品营销实验，训练学生在系统中以渠道合作、市场交易、招投标三种方式进行产品销售，领会和掌握三种销售模式的区别，并尽力实现产品直接销售利润最大化的组合模式。

为强调销售模式的训练，学生在本实验中的重点是学习和计算渠道合作、市场交易、招投标三种销售模式，并用表格方式统计各种销售模式的利润，最终寻求三种销售模式的最佳组合下实现直接销售利润最大化。

2. 实训目的

（1）掌握渠道合作、市场交易、招投标三种销售模式；

（2）学习计算三种销售模式的直接销售利润；

（3）学习在销售决策中三种销售模式的合理组合。

3. 实训时间

（1）实训时间：6课时；

（2）实训时间可根据学校情况调整，可调整实训年数，增加或减少实训时间；

（3）实训产品：手机。

4. 知识点准备

在系统中产品销售模式总共分为三种：渠道销售、招投标销售以及在自由交易市场销售。

（1）渠道销售：该模式是该系统中销售产品的主要方式。渠道分为超市和商场两种。系统将中国分为七大区域：华东、华南、华中、华北、东北、西北、西南，各大区域的渠道每年对低、中、高档次的产品都有固定的需求量，学生需要在这里进行竞争并将产品销售给渠道，以达到销售利润最大化。同时在与渠道合作过程中企业需支付相应的管理费用。

影响与渠道成功合作的几大因素：市场开拓区域、产品定价、品牌知名度、市场份额。

市场开拓区域：学生在与渠道合作前根据销售策略选择一个或多个销售区域，并对所需进行销售的区域进行相应的开拓方式，以达到与该区域的渠道商进行合作的前提。

产品定价：在系统的定价策略中对该区域的高、中、低三个档次的产品进行定价。系统给出了相应的参考价位，由于产品进行定价后将不能更改，对所属区域定价中，如果定价过高将会失去与部分渠道合作的机会，如果定价过低将降低销售利润。因此进行定价时需先对渠道进行调查分析，对所有渠道要求的定价与之对应可实现的利润进行加权计算，确定能实现销售利润最大化的价位。

品牌知名度：在系统的广告策略中进行广告宣传以提高品牌知名度。不同档次的产品需不同的品牌，在与渠道合作前根据所需销售的产品档次制定相应的宣传策略。

市场份额：进行广告宣传可以获得相应的市场份额，在有一定市场份额的基础上可以通过促销策略中执行促销活动提高相应比例的市场份额。学生在各区域的市场份额为整个实验的总市场份额，当市场份额不够时则无法跟渠道合作，需要通过广告宣传来增加市场份额。

在公司目前已有的市场份额、品牌知名度的情况下，学生可以通过调查得到以下目标渠道记录调查表（见表2-11）。

表2-11　目标渠道调查记录表

姓名：	学号：	公司名称：	实验年度：				
序号	区域	渠道名称	需求量	最大进货价	品牌要求	产品档次	管理费
1							
2							
3							
4							

续表

姓名:	学号:	公司名称:	实验年度:				
序号	区域	渠道名称	需求量	最大进货价	品牌要求	产品档次	管理费
5							
6							
7							

根据以上情况填写渠道销售利润统计表（见表 2-12）。

表 2-12 渠道销售利润统计表

姓名:	学号:	公司名称:	实验年度:				
区域	合作渠道	销售量	销售价格	管理费用	生产成本	销售利润	销售利润率
备注	销售利润率=销售利润/销售总额						

（2）招投标销售：每年由系统向各区域发布一定的采购标书。标书详情主要包括：产品的档次、所属区域、品牌知名度、信用等级、采购数量、投标日期、付款日期、标书价格、投标保证金、违约罚款、履约保证金。学生可以实时关注招标公告，根据虚拟企业的状况选择是否有必要进行投标。

影响招投标的主要因素有：信用等级、品牌知名度以及所在区域。招投标是实现销售另一种重要的方式，虽然其销售的利润大，但由于操作周期长、竞争性强，因此学生在进行投标时需考虑以下几点企业经营状况，确定是否有能力进行投标。

第一，了解招标采购的数量。对应企业目前最大的产能是否能够满足标书的要求，一旦中标后无法履标产生违约，将在降低企业的信用等级的同时也进行相应的违约罚款。

第二，无法参与投标的情况。在信用等级、品牌知名度以及区域不符合要求的情况下是无法参与投标的。因为竞争激烈无法确定是否会中标，初期阶段尽量避免为了投标而再去进行开拓和宣传。

第三，了解招标采购的数量。在企业的生产次数已用完的情况下，并且不确定是否能从自由交易市场以合适的价格买到相应数量的产品的情况下投标，一旦中标后无法履标产生违约，将在降低企业信用等级的同时也进行相应的违约罚款。

在确定投标后需要进行相应的投标报价，由于投标报价中没有明确的定价范围，其定价策略需根据企业的情况报出合适的价格。系统开标是由实验进行到一定时间后由老师在后台开标，其评标通过三个方面：品牌知名度、价格以及市场开拓度，分别占30%、30%、40%的比例。

在进行投标报价时，通过了解标书的评分标准，在根据企业的品牌知名度、市场开拓度选择合适的价格以便能达到最大中标可能性的同时获得更大的利润。

中标之后销售利润率计算方式如下：

$$竞标销售利润率 = \frac{（投标价 - 生产成本）\times 订单量 - 标书价格}{投标价 \times 订单量} \times 100\%$$

学生根据以上情况填写表格（见表2-13）。

表2-13　投标销售利润汇总表

姓名：　　　学号：　　　公司名称：　　　实验年度：						
标书名称	采购数量	投标单价	购买标书价格	生产成本	销售利润	销售利润率

（3）自由交易市场销售：在自由交易市场里面学生发布手机产品的买卖信息，并在线与其他厂家进行在线洽谈、签订买卖合同。

自由交易销售利润计算方式如下：

自由交易销售利润 =（合同价 - 生产成本）× 交易数量

学生填写表2-14。

表 2-14　自由交易利润计算表格

姓名:　　学号:　　公司名称:　　实验年度:						
序号	公司名称	交易数量	产品档次	交易价格	生产成本	销售利润
1						
2						
3						
4						
5						

注: 只计算销售产品的利润。

（4）销售模式的比较分析。通过对三种销售模式的讲解，以下将对三种销售模式进行对比分析：

第一，渠道销售：由于风险低、资金周转快、能最快地体现销售额且竞争力相对适中，是学生最初进入市场最佳的销售模式，而且渠道的需求量相对稳定，初期可以在渠道销售中积累经验和资本。

第二，招投标销售：招投标实现的销售利润高，但竞争力最强，学生在具备了一定实力的情况下可以进行招投标，用于提高销售利润和体现企业实力。招投标产生的销量不占用市场份额。

第三，自由交易市场销售：自由交易市场是没有竞争和风险的辅助性销售模式，不占用市场份额，且不会产生其他的销售费用。用于在学生与学生之间进行互动交易，对品牌、区域等都没有限制。主要作用为学生经营的公司之间解决库存积压以及资金的周转等问题。通常出现以下几种情况可通过自由交易市场解决问题：

首先，因生产次数已用完，并且库存不足的情况下，可通过自由市场以相对适中的价格购买产品后再去销售给渠道或进行履标。

其次，当企业生产过多，造成库存积压，需要资金周转时，可在自由交易市场将产品卖给有需要的厂家，以解决资金周转问题。

再次，在中标过程中，需要高档次的产品进行履标时，而本身投入大量资金进行研发时可在自由交易中购买其他公司的高档次的产品进行履标。

最后，在企业前期的市场开拓以及研发投入过多导致资金紧缺时可通过自由交易市场购买其他公司的产品进行销售。

5．思考讨论

（1）三种销售模式的销售利润率的比较分析。

（2）怎么合理组合三种销售模式达到销售利润最大化。

（二）实训二：资本收益最大化训练（产品：电话机）

1．实训简介

用电话机做完整的产品营销实训把 4P 理论和产品销售结合起来，让学生在总资本固定并有限的情况下，合理分配资金在市场和销售环节，寻求两者的平衡结合点，从资本的角度学习如何使资本收益最大化。

市场投入与产品销售是市场营销的主要要素，从资金的角度来分析就是两者平衡投入，达到最佳结合点，使资本收益率最大化。学生可通过不断试错和不断调整的方法寻找最佳结合点。

2．实训目的

（1）学习市场投入与产品销售之间的资金合理分配；

（2）通过计算表格等方式寻找使资本收益最大化的市场投入与产品销售的资金投入比例；

（3）通过寻找资本收益最大化的过程加深对市场与销售平衡的营销理论的理解。

3．实训安排

（1）实训时间：6 课时；

（2）实训产品：电话机；

（3）实训时间可根据学校情况做调整，可调整实验年数，增加或减少实验时间。

4．知识点准备

（1）了解产品需求量。了解不同档次产品在不同销售方式、不同区域中的需求量。系统提供了三种销售方式，渠道、招投标和自由交易市场。其中渠道及招投标是系统后台直接设定的，需求量固定，而自由交易市场是参加实训的学生所发布的交易信息，需求量不定，相当于系统的辅助性销售方式。

学生可根据前两种销售方式大概得出低、中、高档产品在某一年内的总需求量。以计算华北地区不同档次产品需求量为例，华北地区商场，超市中所有低、中、高档产品的需求量，再加上所发布的标书中华北地区低、中、高档产品的数量，大概得出系统在这一年度内华北地区不同档次产品的总需求量，其他区域计算方式类似，填写表2-15。

表2-15　市场需求预测表

学生姓名：　学号：　公司名称：　实验年度：						
区域	渠道			招标数量			总需求量

区域	低档	中档	高档	低档	中档	高档	总需求量
华南							
华北							
华中							
华东							
西南							
西北							
东北							

通过表格综合对比得出不同产品档次，不同区域的需求量，学生根据此结果合理安排产品投入，产品生产排期，选择目标市场开拓，做到资金分配合理，产品周转最快。

（2）获得订单。根据不同销售方式的要求，利用宣传、产品、市场、销售的有效协调，获得订单。

（3）市场开拓。对公司所将要运营的区域进行市场调查、销售体系的建立或销售人员的培训等活动，计算得到相对应的市场开拓度。但学生需要考虑哪一种开拓项目，开拓分值越高，市场开拓度越大，但需要付出的资金也较多，所以学生需要合理考虑选择哪种开拓项目对公司前期运营有利，待公司发展壮大后再利用哪种开拓方式有利于全面提高销售量。

（4）产品定价。产品定价的目的是跟渠道合作，产品定价在渠道的进货价格以下，且与渠道价格越接近，公司所获得的利润就越大。学生在进行某一区域的产品定价时，需要先了解渠道价格，综合得出利润最大化的定价。

通过对渠道的价格进行分析，填写表2-16。

表 2-16 渠道价格分析表

学生姓名：　　学号：　公司名称：　　实验年度：

区域	超市			商场			均值			最终定价		
	低档	中档	高档	低档	中档	高档	低档	中档	高档	低档	中档	高档
华南												
华北												
华中												
华东												
西南												
西北												
东北												

注：超市、商场的价格都为一个范围，均值中的价格则为具体数值。

通过表 2-16 得出的平均价格，学生在定价时可以略高于平均值，后期通过促销进行降价，达到跟其他渠道进行合作的目的。

（5）产品宣传。宣传的目的是提高品牌知名度，品牌知名度的好坏直接影响与渠道合作及招投标，品牌知名度过高或过低都说明资金分配得不合理。提升品牌知名度系统提供了常见的几种方式，每个区域、每种宣传方式的宣传有效度都是不一样的。学生进行广告投入以前，同样也需要综合考虑渠道及招投标中心针对不同区域、不同档次对品牌知名度的要求，通过对不同区域、不同档次产品的品牌知名度进行综合比较后得出品牌知名度分析对比表（见表 2-17）。

表 2-17 品牌知名度对比分析表

学生姓名：　　学号：　公司名称：　　实验年度：

区域	超市			商场			标书			均值		
	低档	中档	高档	低档	中档	高档	低档	中档	高档	低档	中档	高档
华南												
华北												
华中												
华东												
西南												
西北												
东北												

通过表2-17学生统计出品牌知名度在所有销售方式中的平均值，即可得出做不同档次产品所需的品牌知名度，从而合理地分配资金，并进行合理的广告投入。

通过对表2-15、表2-16、表2-17的综合分析，学生可以选择性地与价格最接近、品牌知名度最接近的商场、超市合作，且通过对标书详情的了解，选择性地参与投标，最后综合得出销售利润表（见表2-18）。

表2-18　销售利润统计表

学生姓名：　学号：　公司名称：　实验年度：							
序号	区域	定价	总销量			总收入	销售利润
			渠道	投标	自由交易		

注：销售利润率=（销售总收入/直接销售成本）-1。

进行广告投入后，可以通过促销提高市场份额，市场份额直接影响产品销售的数量，在相同的品牌知名度及价格的条件下，市场份额较高的则与渠道合作的产品数就较多，当市场份额不够时，学生可以通过广告投入或促销来提高市场份额。

学生经过几年的公司运营后，综合得出每一年度的资本收益，填写表2-19。

表2-19　资本收益率计算表

学生姓名：　学号：　公司名称：										
年度	支出总额							收入总额			资本收益
	开拓费用	研发成本	广告成本	促销成本	渠道成本	投标成本	生产成本	渠道收入	中标收入	交易收入	

年度	支出总额							收入总额			资本收益
	开拓费用	研发成本	广告成本	促销成本	渠道成本	投标成本	生产成本	渠道收入	中标收入	交易收入	

学生姓名：　　学号：　　公司名称：

注：资本收益=净利润/原始资本；渠道成本：渠道的管理费用。

5. 思考讨论

（1）资本收益最大化的要素分析。

（2）资本收益最大化与销售利润最大化的区别。

（三）实训三：综合考试（产品：大米）

1. 考试简介

为检查学生的实训结果，系统提供了一个全新的实训产品：大米，让学生考试使用。大米与前面的电子产品在属性等方面有较大差别，实训难度和实训数据也有较大不同，为获得更好成绩，学生应把前面学习和掌握的办法应用到考试中。

2. 考试规则

（1）实训的产品为大米，实训时间长度预计为三年；

（2）老师根据课时规定考试时间，自行控制实训考试的时间长短。

例如：可规定 1 小时完成一个实训年度，那么完成三个实训年度就需要 3 个小时。

3. 实训结果

（1）后台系统浏览每个参与者每年度的实训成绩，以最后一个实训年度的经营成绩为最终的考试成绩；

（2）老师可根据系统后台的自动评分结合学生实训的表现适当地调整成绩，最终确定综合成绩。

4. 考核办法

总成绩＝市场调查报告得分×5%＋SWOT 分析得分×10%＋STP 报告得分×10%＋竞争战略报告得分×10%＋营销实战过程得分×30%＋市场排名×35%

5. 思考与练习

（1）如何增加企业的利润？

（2）如何合理地安排采购和生产？

（3）如何才能拿到大的市场份额？

第五节　企业管理案例分析实训

一、实训目的与要求

企业管理案例分析既是一种对管理问题研究的手段，也是现代管理教育的一种方法。企业管理案例分析的教学目的与意义在于通过身临其境的案例分析培养学生发现、分析问题和解决问题的综合素质与相关能力，对于工商管理专业的学生而言，这是锻炼并提升解决实际管理问题、从事相关管理工作的技术能力。因此教学过程中必须深化课堂理论教学，注重对已学过的专业知识的回顾，引导工商管理专业的学生构建工商管理专业的基础知识的框架；增强学生们对自己所学习的专业知识的理性认知程度，提升理论知识向专业管理技能逐步转化的速度和效率，更深入地理解企业管理的基本原理。

二、实训内容

管理案例分析的直接对象是每一个具体的管理案例。企业的全部生产经营活动都能构成可供分析研究的案例，管理的有关组织和原理、企业的生产经营决策、生产经营计划、生产过程管理、生产计划管理、企业战略决策管理、人力资源管理等多个方面都是案例反映的内容。

案例的准备，不仅有量的要求，更重要的是应坚持质量标准。规范性文本案例分析中所要求的案例是根据教学的不同阶段目的而设置的相应案例，从简单案例到复杂案例，由单项案例到综合案例，通过对这些案例的依次学习分析，逐步实现我们的教学目的。管理案例是我们分析研究的具体对象，如果管理案例选得不当，那么必然会影响到管理案例分析的效果，甚至会导致管理案例分析教学的失败，因此，要正确选择与教学目的相匹配的相关案例指导学生有序开展学习。

1. 选择案例的原则

鲜明的教学目的是任何一个成功管理案例都具有的特征。根据教学的总体目标和阶段目的选择相应的管理案例是总的原则。

(1) 大小适中、难易适度的原则。不论是规范性文本管理案例分析，还是跟踪调查性管理案例分析，都存在一个选择案例的适中和适度的问题。所不同的只是在规范性文本管理案例分析中，选择案例的原则是由教师来掌握，而跟踪调查性管理案例的分析，选择案例的原则要靠学生自己来掌握。这里所说的选例的适中和适度问题，是在既定的教学目的指导下，针对学生的分析能力而言的。在两类不同的管理案例分析中，都有多轮的分析循环，一般来说总是按先易后难的顺序来进行的。相应地，在教学时间的安排上也应该前短后长。如果在管理案例分析的初始阶段选择的案例过难，就会使分析者能力不及，时间不够，这样就难以达到管理案例分析的良好效果；如果在后一阶段选择案例过易，不仅不能较好地展示分析者的分析能力，而且时间安排会显得过于宽松，造成时间上的浪费，成为管理案例分析教学中的失误。因此，在管理案例分析中，选择案例时一定要掌握好大小适中、难易适度的原则。

(2) 紧密联系分析者自己生活和工作实际的原则。管理案例分析课程具有较强的实践性和针对性的特征，这是由案例本身的属性决定的。任何一个案例所反映的客观存在，同分析者的工作和生活实际都有着远近不等的距离。从一般意义上说，不论是近的还是远的，对于知识学习总是多多益善。但是，由于人们受时间和精力的限制，加之知识的海洋广阔无际，其学习知识就不能没有选择，因此，在学习上应该讲究效果。在管理案例分析中要紧密联系实际进行选择案例，即选择案例时应尽量选择那些和分析者的工作和生活相接近的案例。这样做的好处是由于案例与分析者自己的实际生活相接近，分析者对情况就比较熟悉，有利于其对问题的分析和研究。同时，这样的案例使其分析的成果更具有现实的价值。从理论和实践相结合的角度，使自己的知识结构进一步得到丰富和完善。很显然，这对提高学生分析问题、解决问题的能力是大有作用的。

(3) 有利于充分展示分析者能力的原则。上述两条选择案例原则，对充分展示分析者的能力无疑也是有利的，除此之外，为使分析的能力得到更充分的展示，在选择案例时还要特别注意分析者自身的主客观条件。主观条件涉及多个方面，但概括起来主要是个人自身方面的素质，这包括智力水平、知识结构、个人的兴趣和爱好等。这些主观条件对管理案例分析有着重大的影响。在规范性文本管理案例分析中，选择案例应充分考虑分析者的主观条件，这是教师思考问题的一个重要方面，主要应从全班学生的整体角度来考虑。管理案例选择的权衡应从总体上考虑分析者的主观条件，特别是在跟踪调查管理案例的分析中，学生选择管理案例时更应充分考虑自己的主观条件。这里以其爱好兴趣为例，如果分析者对某一管理案例有分析研究的兴趣，就会转换成分析研究，主动表现出一种不怕吃苦、勇往直前的精神和力量，会对事物充满热情，这无疑就构成了充分展示其能力的源泉。相反，如果分析者对某一管理案例的分析毫无兴趣，只是为了完成任务硬着头皮去选择这类管理案例进行分析，必然不会有好的成绩。因此，选择案例时分析者应考虑自己的主观条件。

客观条件对分析者能否充分展示其能力也十分重要。例如，在管理案例分析中仅凭案例提供的信息尚显不够，或者说其自选的管理案例实体还需要靠分析者自己去搜集信息，扩大信息量，阅读有关理论书籍，查阅有关资料，做实际调查。这些书籍资料是学生可以轻松得到的，实际调查是可行的。因此，在选择案例时必须要考虑这些条件，尽量选择那些符合分析者自己主客观条件的管理案例来进行分析。

2. 选择案例的研究对象

管理案例分析的内容要体现出重视实践和重视能力培养的特点。因此所有案例的选择必须满足以下两个特点：管理案例分析以实际的企业管理案例为分析、讨论、研究对象；尊重并合理运用他人的经验，但更加看重分析者现实的分析见解。

（1）管理案例分析以现实的管理案例为研究对象。管理案例分析课程的内容主要是有关案例学习和讨论的方法、技巧等。在教师的指导下，学生以实际的管理案例为研究分析讨论对象，通过分析研究模拟和现实的管理活动，在总结管理的经验和教训的过程中汲取新的知识。学生面对现实生活，从具体的管理案例中，训练自己运用所学理论知识去分析研究实际问题的能力，进而从管理实践的层面将已学过或接触过的理论知识进行熟悉和丰富。

（2）尊重他人过去积累的经验，更重视他人在分析过程中的见解。在管理案例分析中，应该认真学习别人过去积累的成功经验、经历失败的教训，对学生分析问题能力的提高有借鉴作用。同时，也有利于学生处理问题的大局观和系统观。在此基础上管理案例分析更要重视分析者对过去的管理案例的总体概括和分析，但更有意义的是要特别提倡提出新的具有创造性的管理方案。

综上所述，学生要通过管理类案例的分析培养自己看待问题的大局观念、分析问题的客观性、解决问题的创造性。这对于工商管理专业的学生而言至关重要。因为管理是一种富有创造性的劳动，一成不变的管理模式、管理方法不具有可持续发展的前景。

三、实训程序和步骤

案例分析的教学分为规范性文本案例分析和跟踪调查性案例分析两大类。一般情况下是先进行规范性文本案例分析，后进行跟踪调查性案例分析。但是，有些教师根据教学的需要，在进行规范性文本案例分析的教学过程中，偶尔插进一次跟踪调查性案例分析也是可以的。一般情况下，从教学要求上来看，跟踪调查性案例分析难度要比规范性文本案例分析大得多，本着先易后难、循序渐进的原则，应先进行规范性文本案例分析的训练，然后进行跟踪调查性案例分析的训练。

1. 规范性文本案例分析教学的一般程序

（1）案例的选择：由教师根据教学目的确定；

（2）案例的阅读和概述；

（3）案例的分析和研究（个人准备和小组讨论）；

（4）案例分析的成果表述，通过分别发言，开展课堂讨论；

（5）案例分析的评价和总结。

2. 规范性文本案例课堂讨论步骤

第一步，发现案例中存在的核心问题。

根据管理案例中已经提供的信息确定需要分析和进一步讨论的若干问题，并从众多的问题中明确哪些是案例中存在的核心问题，分析出现这些问题的原因。

第二步，初步拟定相关的解决方案或者提出解决问题的方法。

因为每种方法或者方案的解决效果各自存在差异，要对各个解决方案、解决办法进行合理的比较和分析，找出解决效果最佳、解决效率最高的方案或者方法。在寻找合理的方案或办法的过程中，要正确使用合适的数据分析工具和数据分析方法以及各种实际管理案例中包含的相关数据，使得解决方案或解决方法得到数据层面上强有力的支持，保障获得良好的解决效果和积累相关经验。

第三步，决定案例分析的内容和方向。

通过上一步提出的解决质量最高、解决效率最快的解决方法或解决方案，适时做出合理的决策。这一步可以培养并提升学生的决策能力。

3. 跟踪调查性案例分析的一般程序

（1）案例实体的选择：教师作必要的指导，最终由学生自己决定；

（2）经济实体的调查和编写概述；

（3）案例的分析和研究，个人准备，各人分析各自的案例，最后以书面分析报告的形式提交结论；

（4）案例分析成果的口头表述；

（5）案例分析的评价和总结。

第六节　创业实训

一、实训目的与要求

目的：更好地培养学生的创业意识、激发潜在的创新精神、锻炼应有的创业能力和管理能力，发掘大学生的创业热情，提升创业实践的经验。

要求：为了更好地对每一位参训大学生进行全方位的实训，课程在不同阶段可以通过不同的训练模式进行。在创业计划书和创业准备阶段，参训大学生既可以以个人形式参加模拟实训，也可以以团队形式进行实训。在创业管理阶段，一般以团队形式组建创业企业的共同管理团队，在团队的共同配合下良好地完成创业企业的运营管理，并对创业计划书提及的预期经营设想进行实践检验。

二、实训内容

训练平台包括四大部分：创业测评、创业计划、创业准备、创业管理（见表 2-20）。

表 2-20　创业实训的主要内容

阶段	内容
第一阶段：创业测评	课堂讲解：通过测评，对自己有一个全方位的认识 模拟实训：自我测评，了解个性特征及主要不足之处
第二阶段：创业计划	课堂讲解：认识创业，介绍创业的基本知识，学习创业计划书的基本结构、主要内容、撰写方法 模拟实训：熟悉商业背景环境与运营规则，通过对创业环境的分析，完成创业计划书的撰写，其中主要是在课下完成撰写
第三阶段：创业准备	课堂讲解：认识创业过程中需要完成的所有注册流程工作，了解相关政府或机构的职能及需要填写的表单，对整个注册过程有一个清晰的认识 模拟实训：以个人或小组为单位，完成一家模拟创业的所有注册流程，包括工商、税务、质监、社保、银行、验资等所有相关部门的流程与任务
第四阶段：创业管理	课堂讲解：讲解与创业运营管理相关的理论知识，包括战略、营销、财务、生产、研发、销售、人力资源等各方面，结合企业运营数据，对各小组的绩效进行分析点评，帮助学生更好地理解创业过程所需要的理论知识与决策管理 模拟实训：完成新创办企业共八个季度的运营管理，并在与其他小组的竞争中使企业不断发展壮大，并实现创业计划书中的规划与设想，在所有小组中脱颖而出

总课时可根据实际教学情况进行调整，可安排 32~48 课时。若时间有限，可适当减少理论部分的讲解，主要放在学生实战训练与分析点评上。

三、实训准备

硬件：计算机；

软件：《创业之星》软件；

资料：《创业之星》软件使用概要及《创业之星》规则。

四、实训方法

包括上机演练实训室（网络）教学、面授讲学与案例分析、研讨会等。

五、实训步骤

1.《创业之星》第一部分：创业测评

《创业之星》的创业测评环节作为可选环节，主要用于帮助大学生对自己的优势与弱点有一个全方位的了解，以更好地做好创业前的准备工作。

2.《创业之星》第二部分：创业计划

《创业之星》的创业计划实训环节主要是介绍创业计划书的结构及主要内容，重点是介绍市场分析、现金预算、销售预测、盈利预测等方面内容的分析与撰写（见表2-21）。

表2-21　创业计划阶段的步骤和主要内容

步骤	主要内容	课时		
		讲解	操作	合计
理论讲解	介绍创业计划书的基本结构、主要内容及撰写的注意事项	2		2
熟悉系统	熟悉《创业之星》平台及商业背景规则		1	1
计划撰写	学生以团队为单位在课后完成创业计划书的编写，同时完成一份PPT展示演讲资料		1	1
讲解点评	团队向其他同学用PPT讲解创业计划书的内容与要点，每个团队10~15分钟 教师根据团队创业计划书完成情况进行综合点评，每个团队5~10分钟	2		2
总课时		4	2	6

3.《创业之星》第三部分：创业准备（见表2-22）

表2-22　创业准备阶段的步骤和主要内容

步骤	主要内容	课时		
		讲解	操作	合计
基本知识	公司登记注册的相关法律法规及基础知识	1		1
公司章程	熟悉公司章程的主要内容与填写注意事项	0.5	1	1.5
名称审核	如何为公司起名，如何办理名称预审核登记	0.5	1	1.5
验资证明	如何办理银行注资，如何办理验资证明材料	0.5	0.5	1
工商注册	如何在工商部门完成公司注册登记工作	0.5	1	1.5
印章刻制	公司印章的分类与作用，完成印章刻制	0.5	0.5	1
机构代码	如何办理组织机构代码证	0.5	0.5	1
税务登记	如何办理税务登记证	0.5	0.5	1
银行开户	如何办理银行开户	0.5	0.5	1
社会保险	如何办理社会保险	0.5	0.5	1
总结点评	各人完成情况总结点评，答疑交流	0.5		0.5
总课时		6	6	12

4. 《创业之星》第四部分：创业管理（见表2-23）

表2-23　创业管理阶段的内容

内容	说明	课时		
		讲解	操作	合计
背景讲解	介绍《创业之星》商业背景环境与运营规则	0.5	0.5	1
组建团队	组建经营团队，小组讨论，制定经营目标	0.5	0.5	1
知识讲解	介绍企业运营管理的基本知识	1		1
第一季运营	《创业之星》模拟实训第一季，实战与点评		2	2
知识讲解	企业战略规划的基本知识与应用	1		1
第二季运营	《创业之星》模拟实训第二季，实战与点评		2	2
知识讲解	市场营销的基本知识与应用	1		1
第三季运营	《创业之星》模拟实训第三季，实战与点评		1.5	1.5
知识讲解	财务管理的基本知识与应用	1		1
第四季运营	《创业之星》模拟实训第四季，实战与点评		2	2
知识讲解	产品管理的基本知识与应用 生产制造的基本知识与应用	1		1
第五季运营	《创业之星》模拟实训第五季，实战与点评		2	2
知识讲解	绩效分析的基本知识与应用创业融资的基本知识与应用	0.5		0.5
第六季运营	《创业之星》模拟实训第六季，实战与点评		1.5	1.5
知识讲解	企业创业的常见风险与防范	0.5		0.5
第七季运营	《创业之星》模拟实训第七季，实战与点评		1.5	1.5
知识讲解	团队沟通与合作的基本知识与应用， 企业经营中需要了解的工商税务知识	0.5		0.5
第八季运营	《创业之星》模拟实训第八季，实战与点评		2	2
总结点评	总结与综评	1		1
总课时		8.5	15.5	24

第四部分内容紧接《创业之星》第三部分的实战训练，在完成企业工商税务登记注册后，正式成立一家模拟企业，组建经营管理团队，并完成若干经营周期的管理。在这一环节，采用小组形式开展实训，一家模拟企业由3~6名学生组成，以团队形式分工合作，共同完成一家企业的运营管理。以团队合作的方式进行实训，一方面便于教师组织授课实训，另一方面也更有利于提升学习训练的效果。

六、考核办法

本课程是一门综合创业实训课程，更注重实践环节的体验与训练。因此，课程的成绩也以综合评定的方式评价。分数的构成主要包括以下四部分：

1. 创业计划书

占总成绩的30%，主要检查创业计划书的完整性、系统性、可行性，并通过最终经营的绩效与创业计划书的设想进行对比，检验实际完成的情况。

2. 创业注册流程

占总成绩的10%，主要检验是否完全理解了各项企业创办注册流程。

3. 创业管理实战

占总成绩的30%，通过经营实践，一方面检验创业计划书撰写的可行性，另一方面也是检验实际创业管理能力的重要方面。

4. 创业实训报告

占总成绩的30%，也是非常重要的评分项目，检验实训的学生是否对创业有一个系统深刻的认识与体会。

七、思考与练习

（1）制定公司战略时应思考哪些问题？如何制定有效的战略？

（2）目前的市场营销战略是否有问题？能否寻找新的改进方法？

（3）如何对不同产品的投资回报进行分析？

（4）分析不同产品给公司带来的利润情况，如何提升盈利能力？

第三章　跨专业综合实训

第一节　实训一：企业成立

一、实训目的与要求

（1）实践建立企业理念、经营模式、招聘、宣传等工作。

（2）激发学生的学习积极性，考验学生适应能力、演讲能力与技巧、组织与协调能力、对事务的分析判断能力等。

（3）熟悉 SQL Server 2000 查询分析器的使用。

（4）熟悉通过 T-SQL 对数据库进行操作。

二、实训流程

1. 动员会

2. 企业成立期

（1）根据实验人数确定实验竞技场组织机构的数量。

（2）每个机构竞聘 CEO 1 人，负责企业招聘及运营，招聘人数为 6~7 人，原则上选择不同专业学生担任各个部门负责人。

3. 注册

（1）教师打印注册编码（系统后台）。

（2）学生注册（系统前台界面）。

（3）设置组织构架（所有企业界面）。

（4）企业名称预先核准。①企业提交《企业名称预先核准》（注册企业）；

②业务受理（工商局）。

（5）银行开户。①企业填写银行开户信息（注册企业）；②开户业务受理（银行）。

（6）签订验资约定书。①验资约定书管理（会计师事务所）；②签订验资约定书（注册企业）。

（7）银行询证函办理。①填写银行询证函（注册企业）；②询证函业务办理（银行）。

（8）发放验资报告。①查看银行询证函，发放验资报告（会计师事务所）；②查看验资报告（注册企业）。

（9）企业设立。①企业设立业务提交（注册企业）；②企业设立业务受理（工商局）；③发放营业执照（工商局）。

（10）办理纳税登记识别号。①纳税识别号申请（注册企业）；②发放纳税识别号（税务局）。

（11）纳税登记。①纳税登记申请（注册企业）；②纳税登记审批（税务局）；③发放税务登记证（税务局）。

（12）办理银行账户结算（银行）。

（13）注册完成（注册企业）。企业经过与多家外围服务机构之间的相互交流，完成企业注册阶段。

（14）注资（教师）。注资完成，企业可以正常运转。

第二节　实训二：企业经营期

一、实训目的

根据经济管理类学科近些年实践教学的发展趋势与规律，在圆满完成了课程级、专业级、专业综合级实验教学课程建设的基础上，可以利用经济管理类跨专业校内综合的实训平台开设跨专业综合实训课程，培养学生学科知识的综合运用能力和实际问题的解决能力，形成经济管理类学科特色专业建设与综合实训的有机结合与密切联系。

模拟企业的生产经营活动，模拟仿真企业的生产经营活动和外部经营环境、竞争产生的影响，包含个人和团队扮演的多种决策角色进行模拟的竞争训练。根据公司实际的经营管理流程和工作岗位设置，采取各式的表现形式，让受训者在愉快的氛围中了解关于企业的生产经营的理念。

二、实训流程

1. 制定公司战略

公司战略决定公司的发展方向和发展高度，是企业的指导方向和纲领，公司所有人都应高度重视公司战略的制定，立足长远发展考虑公司的未来。

（1）公司成立之初，组织生产、销售、采购、财务等所有公司高管，进行高管会议，为公司做战略规划。

（2）在公司内部公布战略规划，树立长远发展思路。

（3）在公司经营过程中，做出的各项决策应考虑公司的战略发展，妥善平衡现实与长远发展之间的关系。

（4）根据市场和企业的实际情况，适时适当地调整战略规划。

2. 生产部门运营规则

（1）产品研发。制造企业开始都可以生产 L 型产品，如果企业想生产新的产品，就需要投入资金和人力进行产品研发。

产品研发分为两种类型，一种是新品研发，另一种是技术研发。新品研发主要包括 H 型、O 型、S 型三种，研发出这三种类型的新产品后，就可以生产新型的产品。

企业产品研发委托第三方研发机构进行，但企业需投入人力和资金。第三方研发机构由实验平台系统模拟担任。

（2）产品生产。实验中，我们将手机的制造过程、材料、产品等都进行了抽象，也就是说简化了产品的生产过程，将手机生产直接简化为"投料—生产—完工入库"几个环节。当然，如果要强化生产管理的训练，可以严格模拟手机生产过程。

企业产品生产可以自己生产，也可以委托其他企业贴牌生产。

企业自己生产产品，必须要拥有自己的厂房、生产线，而且还必须具备以下条件：①产品生产需要投入原材料，仓库中的原材料数量只有满足现有产能时，才能开始生产。②每条生产线的本季产量不能低于该生产线的额定产能，不能高于本生产线允许的最大产能。③各生产线可以生产企业研发成功的成品，但只能生产一种产品，如要生产其他类型产品，需进行转产。④每种产品的生产周期均为一个季度。即产品本季度投入生产，下季度即完工入库。

企业如果产能不足，可选择贴牌生产。目前市场上可承接贴牌生产的企业只有四家，每家企业的产能是有限的，最多可承接两批次贴牌生产。实验中，贴牌生产的企业是由系统充当的。

（3）产品库存费用。无论是制造企业还是贸易公司，产品存放在库房均会产生一定的库存费用。为了简化，我们假定企业将仓库建好，委托第三方对库房进行管理，相应向第三方管理公司支付产品的库存费用。

（4）产成品交易。企业之间可以通过"市场交易"将产成品库内的产品摆在市场上出售，买家只能是同类型的企业，系统不会购买各企业摆放在市场上的产品。

企业可以在市场上购买同类型企业出售的产品，买方可以按照卖方的价格要求出价，卖方确定后，买方即可获得相应产品。如果企业出现误操作，将产品摆在市场上出售，可以通过市场，用相应的价格将产品再买回来。当然自己买自己的东西是不会有任何损失的。

3. 采购部门运营规则

（1）原辅材料采购与交易。当企业采购某种原辅材料时，首先须选择供应商，确定供应商供货的时间。供应商供货的时间可选择一季度供货、二季度供货、三季度供货。每家供应商的材料价格不同，而且每季度供应材料的数量是有限的。材料款在下订单时一次性支付。库存成本在每季季末按库存的材料数量计算，在下一季度支付。

企业之间可以通过"市场交易"将原材料库内的原辅材料摆在市场上出售，买家只能是同类型的企业，系统不会购买各企业摆放在市场上的产品。企业可以在市场上购买同类型企业出售的原辅材料，买方可以按照卖方的价格要求出价，卖方确定后，买方即可获得相应原辅材料。如果企业出现误操作，将原辅材料摆在市场上出售，可以通过市场，用相应的价格将产品再买回来。当然自己买自己的东西是不会有任何损失的。

（2）产品 BOM 结构。在模拟实验企业，我们假定在可以预见的生产技术水平条件下，手机制造业可以生产的产品有：L 型——低端手机产品、O 型——普通手机产品、H 型——高端手机产品、S 型——特殊手机产品。生产这些产品所需的物料类型包括：M1——手机核心器件、M2——手机 SKC 套件（按键、外壳、触摸屏）、M3——手机显示器件、M4——手机电池器件、M5——手机外设套件（摄像器材、耳机、蓝牙、充电器件）、M6——高档装饰原料。

4. 市场部门运营规则

企业可以通过各种宣传手段，投入广告费来开拓市场和提高市场影响力。

5. 企管部门运营规则

（1）人力资源规则。驱动生产线生产、提高研发项目的效率都需要员工，企业通过人力资源招聘各式各样的人才，并且将人员分配到合适的岗位开始工作。每种类型的人员都有各种能力，企业在人才招聘时，注意能力的搭配，尽可能在减少人力成本的同时，提高工作效率。

（2）信息化规则。通过信息化的实施，能够从各方面获得能力提升，系统为企业提供了多种信息化实施手段以提高企业竞争力，其中包括生产能力、人力资源水平、销售能力、产品性能。

6. 销售部门运营规则

（1）销售方式。第一，制造企业销售产品给贸易公司。①谈判。制造企业通过与贸易公司谈判，签订销售合同进行产品销售。这是制造企业最主要的销售方式。②电子商务。也就是通过在系统模拟的市场中进行竞单销售。采用此方式销售产品，企业必须投入广告费，开拓市场，才能接到该市场的订单。③竞标。制造企业分别可以在经营的第三季度和第五季度参与市场竞标取得销售订单。竞标必须按照招标人的要求准备标书参与竞标。

第二，制造企业之间的交易。制造企业之间可以通过"市场交易"将产成品库内的产品摆在市场上出售，买家只能是同类型的企业，由系统模拟的商家不会购买各企业摆放在市场上的产品。企业可以在市场上购买同类型企业出售的产品，买方可以按照卖方的价格要求出价，卖方确定后，买方即可获得相应产品。

第三，贸易公司销售方式主要是电子商务，即通过在系统模拟的市场中进行销售竞单，实现销售。参与销售竞单，必须开拓市场，投入广告费，才能接到该市场的订单。

（2）市场开拓。市场开拓分临时性开拓和永久性开拓。当某季度进入该市场的有效资金达到或超过该市场的临时性开拓所需资金时，当季度该市场标注为开拓，表明该市场临时开拓成功。市场开拓后，企业可以接收本市场的订单，临时开拓的市场每季度需要支付市场维护费用。当某季度进入该市场的有效资金达到该市场的永久性开拓所需资金时，该市场视为永久性开拓成功，永久性市场开拓之后，企业可以接收本市场的订单，企业不需要支付维护费用。

企业进入市场的有效资金数额直接影响企业在该市场的市场影响力。市场影响力计算方法为：某市场影响力＝该企业市场有效投资总额/该市场所有有效投资总额。市场影响力将直接影响企业在该市场的销售竞单的竞标扣分，影响办法见"销售竞单规则"。

（3）广告宣传。企业可以通过各种宣传手段，投入广告费，来开拓市场和提高市场影响力。当企业投入资金进行广告宣传后，将在下一季度产生相应的市场影响力。市场影响力将影响竞标扣分。企业的广告宣传主要是委托第三方广告代理公司进行的，第三方广告代理公司由实验平台系统模拟担任。

（4）产品定价。在每个季度参与竞争的前一季度，必须对参与竞争的每个产品进行定价，否则当市场开拓后依然无法参与竞争，从而无法获得订单。

（5）销售竞单。竞单是企业获得订单的主要途径，竞单采用反向拍卖的方式，在企业已开拓市场中进行。当订单时间到期时，竞标扣分最低者，获得该订单。

（6）最大订单数量。企业采用电子商务方式获得的订单数量根据企业的销售能力确定，制造企业初始最大允许订单数量2个，贸易企业初始最大允许订单数量20个，企业可能通过开展信息化，提升企业的销售能力，进而提升最大允许订单数。

（7）订单交付。订单在交付时间之前，只要库存满足订单要求，便可以进行交付产品。交付完成后，将在下一季度收到货款。如果企业当季度急需资金，也可以贴现，货款在交付当季度即可收到，但是要收取此订单总额20%的贴现费用。订单交付时，卖方企业要委托第三方物流公司将产品发送到合同约定的交货地点，并支付运输费用。

（8）订单交易。①制造企业之间可以通过"市场交易"将订单出售给对方。②订单在未出售完成时（如出售方没有确认交易），订单依然属于出售订单的企业。当订单到期时，依然会扣除企业20%的违约金作为惩罚。③如果企业出现误操作，将订单挂在市场上出售，可以通过市场，用相应的价格将订单再买回来。当然自己买自己的东西是不会有任何损失的。

7. 财务部门运营规则

（1）税费。①增值税：17%（材料、产品全部为不含税价格）；②企业所得税：25%；③城建税：增值税、营业税的 7%；教育费附加：增值税、营业税的 3%。个人所得税、营业税、房产税、契税等按相关财务规则制度执行。

（2）费用分摊与固定资产折旧。①产品研发费用在研发成功以后的当季开始按 4 个季度分摊。②固定资产折旧采用直线法，不考虑残值。

（3）转账付款。以下业务企业须开出转账支票到银行转账，其余业务采用委托收款结算方式，当业务发生时，银行直接从企业账户中付款。银行付款后，企业需在银行取得委托收款的付款凭证联，作为付款依据。①贴牌生产；②采购原材料；③制造企业之间的交易。

第四章　论文及实习指导大纲

第一节　学年论文

一、学年论文的教学目的和任务

1. 目的

本课程属于工商管理专业本科的实践教学环节，实践对象为工商管理专业的本科生。本实践环节的目的是使学生有运用专业基础知识进行写作的能力。

2. 任务

学生通过学年论文写作实践，初步学会收集资料、归纳总结资料、提出问题、解决问题，从而初步掌握毕业论文写作的基本规范、基本方法，逐步提高研究、分析问题的能力，解决问题的能力，为今后进一步完成毕业论文的撰写奠定基础。

二、学年论文的主要内容

学生可以从以下选题中选择写作题目：

（1）工商企业管理理论与实践研究；

（2）市场营销管理理论与实践研究；

（3）人力资源管理理论与实践问题研究；

（4）电子商务与物流管理理论与实践研究；

（5）企业战略管理理论与实践研究；

（6）企业组织管理理论与实践研究；

（7）企业生产管理、质量管理理论与实践研究；

（8）经济管理理论与实践研究；

（9）管理信息系统及计算机辅助管理研究；

（10）指导教师确定的研究方向或题目。

三、学年论文的基本要求

（1）学年论文的资料主要包括以下几部分：封面、中文摘要、关键词、正文、参考文献、附录。

（2）立题简明，合理解释某个管理类的现象。作为一种论文习作，学年论文主要锻炼学生对日常经济生活中某个具体的管理类现象的观察、辨别和独立思考的能力，要求能够将一种管理现象由外到内、层次清晰地分析清楚，说明学习者已经初步具备了理性的管理思想和管理理念，这种理性思维是工商管理专业的学生必须要达到的一个思想境界和精神层面。

（3）掌握简单明确的论述方法，以理论解释为主要方法，运用本科阶段所学习过或接触的某一方面理论知识对前期发现的管理现象进行合理的分析与阐述。

学年论文要求可以基本正确地应用某一管理理论的方法、思想或理念，使对管理现象的分析结果包含着一定的理性管理思维的色彩，以达到撰写学年论文的目的。

（4）语言文字意思表述准确，语句通顺流畅。学生无论如何都应当在语言文字意思表述方面体现出经过高等教育的必备的文化素养。语言文字运用方面的基本要求是：语义准确、表达简洁、文笔流畅且不存在语病。

四、成绩评定标准

（1）工商管理系本科学生必须在三年级第二学期结束前完成学年论文一篇，字数 5000 字左右。

（2）撰写学年论文，应在深入理解和把握读物的基础上，经过独立思考和潜心探讨，写出自己的心得体会或对读物进行评论。

（3）学年论文应严格按照毕业论文规范写作。凡是属于剽窃的文章，成绩按零分处理。

（4）对学生所完成的学年论文，分优秀、良好、中等、及格、不及格五等予以成绩评定，及格以上者按学年论文计算为 2 学分。

（5）学年论文评分标准是：写作态度占 30%（不按规定时间提交论文者，成绩按零分计），论文质量、思想内容和文字表达占 70%（抄袭他人文章者，内容不健康、格调低下者酌情扣分乃至"写作态度分"评为零分。文字表达要求做到结构完整、条理清晰、文从字顺、语言简洁、内容充实、感情真挚、言之有物、言之有据）。

第二节　毕业实习

一、毕业实习的目的及意义

毕业实习是学生开展社会实践活动必不可少的环节，是对学生将本科阶段所学、所接触的专业知识高效转化并运用于社会实践、学生个人工作能力和社会适应能力的综合检验。工商管理专业是社会实践性比较强的专业，要求学生通过毕业实习，接触实际，了解社会，学会理论联系实际，提高综合素质、业务能力和社会实践、适应能力，尽最大可能减小学校与社会生活存在的差距，使学生在进入未来的工作岗位前有一个合理的、过渡性的适应期间，便于本科毕业后可以尽快地找到适合自身发展需要的工作并快速适应工作岗位的需要。

二、毕业实习的内容及要求

1. 实习要求

（1）毕业实习通常安排在工业企业或商业企业进行。在实习老师的带领与指导下，毕业生独立深入实习单位的各个职能部门、生产车间或者外部销售市场进行广泛的市场调查研究，熟悉企业产品生产、经营策略制定、组织协调等管理型业务，参加企业有关生产经营的实际工作。

（2）坚持理论知识联系实际需求，运用本科阶段所学或接触的专业理论知识发现、分析和解决实际实习中出现的各种问题，不断提高自身的实际工作能力、业务质量水平、整体综合素质和社会适应能力。

（3）为毕业论文的写作积累资料和实践素材。

2. 实习内容

全面了解企业经营管理现状。主要包括：

（1）企业概况、产品结构和工艺流程。

（2）全面了解企业经营管理循环——供应、生产、营销各环节的决策、计划、组织、人员配备和控制工作。

（3）企业组织机构设置，各职能部门之间的相互协调机制。

（4）企业各项管理制度的建设、执行、监督和完善，以及竞争机制、监督机制和激励机制的作用。

（5）了解企业经济效益、经营状况与财务状况，筹资、投资、运营资金、成本及利润分配管理，重点了解企业在资金和成本管理方面的特色。

（6）企业文化和企业形象的构筑和传播。

（7）找出实习单位某一领域中存在的不足，提出自己的合理化建议和改进措施，并加以总结。

3. 组织实施

（1）成立学院实习领导小组，由学院主要领导、各系、教研室主任、实习指导老师组成。

（2）实习方式。实行集中实习与分散实习相结合，原则上集中实习的学生人数应在总人数的50%以上。学生应服从学院实习领导小组做出的统一实习部署安排，确定专业实习的形式和时间。集中实习由学院统一安排学院学生到学校、学院两级到实习基地参加集中实习。分散实习是由学生自行选择、自行联络与其本科阶段所学专业相关的业务部门或单位进行分散实习。

（3）带队实习组织。学生集中实习人数达到15人及以上的，学院应当指派专任实习教师带队，但1名专任实习带队教师带领的学生人数一般不应超过30人。学院要加强对实习专任带队教师的管理与监督，并采取相应的激励措施鼓励各个专业的教师尤其是青年教师积极主动承担校外实习的带队工作。

4. 实习纪律

（1）严格遵守中华人民共和国的法律、各项法规制度，遵守社会公德。

（2）严格遵守实习单位的规章制度和工作纪律；保守国家机密，保守商业秘密，严禁徇私舞弊、收受贿赂。尊重指导教师和带队教师，虚心向业务部门的负责人或有经验的员工请教。

（3）自觉维护学校、学院的荣誉，不做违法乱纪、越过道德底线的行为。

（4）强调组织纪律性，对于选择分散实习的学生，分散实习开始后两周内必须将实习地点告知学院办公室，提供信息务必真实无误，不得弄虚作假，欺瞒学院老师并时刻保持与学校、学院的联系。

（5）实习期间无特殊情况或突发情况，不得擅自中断实习。因故必须请假时，严格遵守学校、学院和实习单位的请假制度，不履行请假手续及假满不及时归队者，均视为旷课并按照旷课处理。

（6）学生因违反实习纪律而造成重大不良影响或重大财产或名誉损失者，由学校或实习单位按相关规定给予相应处分。

三、实习基地情况

学生毕业实习采取集中与分散实习相结合，基地为校外基地。

四、时间分配

时间安排如表 4-1 所示。

表 4-1　毕业实习时间安排

序号	内容	实习方式	时间（天）
1	明确实习要求和具体实习任务，拟订实习计划		2
2	学生深入实习单位进行实践锻炼		36
3	实习结束		1
4	撰写实习总结		1
5	整理实习日志		1
6	进行考核评价		1
	合计		42

五、考核方法与成绩评定

实习学生必须在学院规定的时间内完成全部的毕业实习任务，并提交书面的实习日志，实习总结（报告）和单位鉴定表（必须加盖实习单位公章），方可参加毕业实习的成果考核。

专业实习的考核成绩由学院实习领导小组根据学生在实习期间的表现进行综合评定。即根据实习单位的具体意见、指导教师的意见、学生实习材料的完成情况综合评定学生的毕业实习成绩。成绩按优秀、良好、中等、及格、不及格划分为五个等级。凡毕业实习成绩不及格者,不能取得相应的实习学分,须重修及格后方具备毕业资格。

六、日志、报告的内容与要求

(1)实习日志填写要求根据实习时间安排,详细填写实习工作内容及感受。

(2)实习报告撰写内容要针对工商管理实习内容撰写实习体会、经验等内容,要求思路明确,条理清晰。

第三节　毕业论文

一、目的和意义

毕业论文是本科阶段现行教学计划中的一个必不可少的有机组成部分,也是一个综合性的实践教学环节,是学生结合自身在本科阶段已学或接触到的有关管理类、经济类的知识理论、数量分析方法、数据统计方法及计算机应用方面的知识来发现、分析、讨论、解决某一个现实的管理类、经济类或社会其他方面问题的实践,是培养方案设置的培养目标必不缺少的重要环节。通过毕业论文的撰写培养学生综合运用所学、所接触的基础理论知识、基本管理类技能进行分析和解决实际管理类问题的能力,使学生进行有关科学研究的综合训练。同时,也能促进教学和科研水平的提高,为我国的社会主义市场经济建设服务。

二、选题原则

总的方向是,面向经济建设,面向企业管理实际,坚持教学基本要求,努力实现教学、科研和生产经营的结合。

(1)符合教学目标的要求,有利于熟悉、深化理解和扩大学生本科阶段所学知识,有利于学生得到较为全面的综合提升训练,有利于锻炼学生独立自主的工作能力。

(2)尽可能结合生产经营、科研和实验室建设的实际任务,调动学生的主动性、积极性，增强学生的责任感和紧迫感，激发学生的创造精神。

（3）选题分量和难度要适当，使学生能够在规定的时间里经过努力完成，也可选择有生产经营背景、从实际中抽出的自拟题目，使学生获得理论联系实际的综合训练。

三、类型及基本要求

1. 毕业论文进度安排

（1）指导教师下达论文选题，由学生自由选择指导教师，确定论文写作题目。

（2）指导教师下达毕业论文任务书。

（3）学生填写开题报告，并做开题答辩。

（4）上交论文正式文稿。

（5）指导教师对毕业论文评阅。

（6）毕业论文答辩。

2. 课题的分配原则

采用指导教师事先拟定的题目，经学院学术委员会审查确定后，由学生选择。毕业论文选题遵循"学生个人自选志愿与毕业论文指导小组调剂分配相结合"的原则。当学生本人志愿与毕业论文指导小组调剂分配有矛盾时，学生应服从分配。

3. 毕业论文的指导

加强毕业论文的指导，是顺利完成毕业论文和保证毕业论文质量的关键。系（或教研室）应根据所选课题的性质和教师的特长，合理配备好指导教师，一般应由讲师以上职称有经验的教师担任，也可以根据需要和可能配备一定数量的青年教师协助，也可以聘请校外生产经营、科研单位的具有中高级职称的管理人员和科技人员参加指导。

（1）指导思想：指导教师应坚持把培养人才放在首位，贯彻因材施教的原则。对学生必须严格要求，让他们独立完成课题所规定的任务，获得全面训练以达到教学的基本要求。同时，必须注意因材施教，成绩差的学生多做具体指导，成绩好的学生可以从深度和广度上提出更高的要求，使他们的能力得到充分发挥。指导教师以身作则，言传身教，带出好的思想作风和学风。

（2）指导方法：指导教师应立足于启发引导，充分发挥学生的主动性和创造性，既不包办代替，也不放任自流，抓住关键时机、关键环节进行指导和督促检查。指导教师应在实验室教师配合下做好文献资料、机器设备、耗材等的准备工作并向学生作开题报告，说明课题的来源、意义，提出要求，推荐文献资料以及规定阅读数量。学生接受任务后，通常经过准备阶段（调查研究、搜集资料、综合文献拟订实施方案和日程计划）、实施阶段和结束阶段（数据文档整理、结果分析评价、撰写论文等）。指导教师应在不同阶段和不同环节，进行定期指导和检查，及时发现并解决遇到的问题，以保证毕业论文的速度和质量。

4. 毕业答辩

答辩是毕业论文中不可缺少的环节，目的是训练学生的概括和表达能力。答辩委员会，由毕业论文领导小组提名经学院学术委员会（或校领导）审定，一般由学校和校外有关部门的干部、教师、科研人员、工程技术人员、管理人员等组成。

学生应在规定的时间内将论文（设计）交给指导教师审阅、修改，指导教师应按论文评定标准认真进行论文成绩评定，并写出评语。然后再由1~2位有中高级职称的教师（或聘请校内外具有中高级职称的科技人员）进行论文评审，写出评审评语。评定内容应包括：

（1）学生的工作态度，完成毕业论文任务的情况。

（2）论文的质量、水平和价值。

（3）运用基础理论和专业知识的情况。

（4）独立工作能力。

（5）创新性（新观点、新思想、新方法、新理论等）。

答辩时间一般安排在毕业论文环节的最后一周，按课题性质分成若干答辩小组进行答辩。每个答辩小组必须有两名副教授以上职称的成员；答辩小组根据答辩评定标准进行答辩成绩的评定。

四、任务及深度要求

通过毕业论文的选题、调研、撰写、排版和答辩，使学生得到一个综合性的训练，达到熟练运用有关知识分析、解决管理等方面的现实问题、理论联系实际的要求。培养学生资料调研能力、撰写科学论文的能力，培养学生的演讲能力、思辨能力、应变能力。

毕业论文选题范围包括：

（1）工商企业管理理论与实践研究；

（2）市场营销管理理论与实践研究；

（3）人力资源管理理论与实践问题研究；

（4）电子商务和物流管理理论与实践研究；

（5）企业战略管理理论与实践研究；

（6）企业组织管理理论与实践研究；

（7）企业生产管理、质量管理理论与实践研究；

（8）经济管理理论与实践研究；

（9）管理信息系统及计算机辅助管理研究；

（10）指导教师确定的研究方向或题目。

五、考核办法

毕业论文考核成绩分为三个部分，一是论文成绩，主要由论文指导教师给出，主要考查学生的学习、工作态度，查阅中外文资料、调查研究、分析和解决问题的能力，实验操作技能等方面所反映出来的独立工作能力，占论文总成绩的30%。二是评阅成绩，由评阅教师给出，主要考查论文质量，占论文总成绩的20%。三是答辩成绩，主要考查答辩质量，由答辩小组给出，占论文总成绩的50%。

毕业论文按照百分制评定，可参照优秀（90~100分）、良好（80~89分）、中等（70~79分）、及格（60~69分）、不及格（60分以下）的标准。全班成绩应基本符合正态分布。

学生毕业论文的最终成绩，由答辩委员会确定。

六、毕业设计（论文）时间分配

毕业设计（论文）时间分配情况如表4-2所示。

表4-2　毕业设计（论文）时间分配情况

序号	内容	时间
1	选题	第7学期10月初
2	开题报告	第7学期10月下旬
3	任务书	第7学期11月上旬
4	论文初稿	第7学期12月下旬
5	定稿	第8学期5月中旬
6	答辩	第8学期5月下旬
	合计	8个月

参考文献

［1］彭剑锋.人力资源管理概论［M］.上海：复旦大学出版社，2005.

［2］付亚和，许玉林.绩效管理：第二版［M］.上海：复旦大学出版社，2008.

［3］程延园.员工关系管理：第二版［M］.上海：复旦大学出版社，2008.

［4］付亚和.工作分析［M］.上海：复旦大学出版社，2009.

［5］文跃然.薪酬管理原理［M］.上海：复旦大学出版社，2004.

［6］徐芳.培训与开发理论及技术［M］.上海：复旦大学出版社，2009.

［7］周文霞.职业生涯管理［M］.上海：复旦大学出版社，2004.

［8］许玉林.组织设计与管理：第二版［M］.上海：复旦大学出版社，2010.

［9］萧鸣政.人员测评与选拔：第二版［M］.上海：复旦大学出版社，2010.

［10］邓维斌等.SPSS 19 统计分析实用教程［M］.北京：电子工业出版社，2013.

［11］时立文.SPSS 19.0 统计分析从入门到精通［M］.北京：清华大学出版社，2012.

［12］薛薇.SPSS 统计分析方法及应用［M］.北京：中国人民大学出版社，2016.

［13］马连福，张慧敏.现代市场调查与预测［M］.北京：首都经济贸易大学出版社，2016.

［14］李昊.市场调查与预测［M］.北京：中国人民大学出版社，2019.

［15］陈启杰.市场调研与预测［M］.上海：上海财经大学出版社，2004.

［16］胡祖光，王俊豪.市场调研与预测［M］.北京：中国发展出版

社，2006.

　　［17］林根祥．市场调查与预测［M］．武汉：武汉理工大学出版社，2005.

　　［18］李世杰，王峰．市场调查与预测［M］．武汉：武汉理工大学出版社，2005.

　　［19］薛薇．统计分析与 SPSS 的应用［M］．北京：中国人民大学出版社，2015.

　　［20］王新玲．ERP 沙盘模拟实验教程［M］．北京：清华大学出版社，2017.

　　［21］何晓岚，金晖．商战实践平台指导教程［M］．北京：清华大学出版社，2012.

　　［22］鲍立刚．人力资源管理综合实训［M］．北京：中国人民大学出版社，2017.

　　［23］高毅蓉，高建丽，王新玲．ERP 人力资源管理实务［M］．北京：清华大学出版社，2011.

　　［24］杨保军，陈明．工商管理专业实践教学指导书［M］．宁夏：黄河出版传媒集团宁夏人民教育出版社，2015.

　　［25］鲍立刚．人力资源管理专业实验教学方法版本学说探讨［J］．广西教育，2018（23）：182-184.

　　［26］鲍立刚．人力资源管理专业实验教学前置工作的应用性探讨——以员工招聘技术课程为例［J］．广西教育，2017（39）：184-187.

　　［27］卢奇，等．经济管理综合实验［M］．北京：高等教育出版社，2015.

　　［28］刘军，马敏书．电子商务系统分析与设计［M］．北京：高等教育出版社，2010.

　　［29］蔡剑，叶强，廖明玮．电子商务案例分析［M］．北京：北京大学出版社，2011.

　　［30］王化成．财务管理教学案例［M］．北京：中国人民大学出版社，2001.

　　［31］何青．财务报表分析［M］．北京：中国人民大学出版社，2014.

　　［32］左旭，李秀莲．会计综合实验教程［M］．北京：科学出版社，2009.

　　［33］杨淑君．会计综合业务模拟实验［M］．北京：科学出版社，2015.

　　［34］荆新．财务管理学［M］．北京：中国人民大学出版社，2021.

［35］陈心德，吴忠编．生产运营管理：第二版［M］．北京：清华大学出版社，2011.

［36］马风才．运营管理［M］．北京：机械工业出版社，2017.

［37］陈荣秋，马士华．生产运作管理：第五版［M］．北京：机械工业出版社，2017.

后　记

　　随着全球化发展和企业竞争的不断深入，中国日益重视应用型人才的培养。2019 年教育部提出，"推动本科高校向应用型转变，是党中央、国务院重大决策部署，是教育领域人才供给侧结构性改革的重要内容"。因此，开展产学结合与校企合作培养的具有更宽的基础知识和更强的动手实践能力，基础扎实、知识面宽、适应能力强、实践能力强高层次应用型人才成为工商管理专业培养的重要目标。北方民族大学商学院一直重视应用型人才的培养，2015 年就组织教师编写专业实践指导书，以推动实践教学工作的开展，并不断规范实践教学。在 2019 年版人才培养方案中，更新了实践教学平台，增加了创业实验。在多年的教学实践中，专业不断建设，教学改革不断深入，探索出了许多具有特色的教学模式。实践教学改革也在不断探索，实践教学质量也在不断提升，为进一步总结实践教学改革的成果，我们依照新版培养方案着手编写北方民族大学商学院《工商管理专业实践教学指导书》修订版，作为自治区一流基层教研室建设成果之一。本书也是宁夏回族自治区产教融合示范专业——工商管理专业群的建设项目。

　　教材的修订希望能够更为全面、深入地体现教学成果，增补遗漏，使内容不断完善，提高教材的广度和深度，以更好地指导实践教学。这一版指导书除了对原有课程实验进行更新外，还加入了《经济法》《电子商务管理》《物流学》《网络营销》《基础会计》等专业基础课的课程实验，使得整个实验体系更完整。在模拟实验中，加入了创业实训，提高学生的创业意识与能力。

　　本教材由杨保军教授设计全书的框架结构与写作思路，商学院企业管理教研室全体教师积极参与，完成最终的撰写工作。此外，模拟实验参考了浙江精创教育科技有限公司、深圳因纳特科技有限公司、贝腾科技有限公司相关产品的指导手册，在此向所有提供帮助的同行和朋友们表示衷心的感谢！

为感谢伙伴们的倾情付出，特将工作分工记载如下：

内容	执笔人	统稿
序	杨保军	王悦
人力资源管理课程实验	祁伟宏	王悦
管理学课程实验	高晓勤	王悦
市场营销学课程实验	田敏	王悦
战略管理课程实验	景娥	王悦
运营管理课程实验	景娥	王悦
电子商务管理课程实验	王金云	王悦
管理沟通课程实验	张锐	王悦
统计学课程实验	孔红缨	王悦
市场调研与预测课程实验	孔红缨	王悦
网络营销课程实验	王春	王悦
经济法课程实验	丁婷	王悦
基础会计课程实验	黄丽霞	王悦
物流学课程实验	刘建功	王悦
营销管理实务实训	张伟	王悦
企业管理案例分析实训	高晓勤	王悦
ERP 沙盘模拟实训	郑惠珍	王悦
TOP-BOSS 模拟经营实训	王悦	王悦
人力资源管理实务实训	郑惠珍	王悦
创业实训	张伟	王悦
跨专业综合实训	王悦	王悦
论文及实习指导大纲	杨保军	王悦

受水平能力所限，本书还存在许多不足之处，敬请各位前辈、同行及读者批评指正！

工商管理系

2021 年 1 月